長友千代治［著］
NAGATOMO Chiyoji

江戸庶民の読書と学び

勉誠出版

はしがき

江戸時代、国が治まり平和な世の中になると、男子も女子も、読み書き学問の芸を身につけることが第一とされた。親が子に教育を授けることに熱心であった状況は現存する本屋出版の啓蒙書からも活き活きと伝わってくる。都市部の商工業の発達は労働力を近辺からの丁稚奉公に頼ったが、彼等の教育は預かる主人に委ねられていた。後継者の養成は家業発展の基礎であり、子供には自覚して学ぶことが求められ、手跡の稽古 算盤に始まる教育が重視された。成長独立すると士農工商の各家業に精を出し 立居振舞に気を付け 律儀実直に生きること、その隙に学問 素読 謡 茶の湯 料理 生花 俳諧 浄瑠璃等 諸芸能を身に付けるが、それも決して家業を疎遠にしてはならなかった。学問する目的は、四書五経の教えを理解し身を修め 体認することであり、その要義は五常（仁義礼智信）、五倫（親義別序信）の道を実践することにある。学力を身に付けたからと言って威儀を作り弁舌を飾り 佞人《ねいじん》の真似等するな、と厳しく誡めてもいる。学問は道理と無理とを弁《わきま》え、身の行いをよくするためにするのである。

手習い稽古や算盤、或は素読 学問、諸芸を学ぶには教科書があった。その製作は写本に始まり、出版本屋による活字本や整板本に進展するが、出版動向は当然読者との需給関係によった。始めは古典の複刻、次に生活に必要な実用書、また読物の擬古物語《パロディー》、さらに新しい娯楽書 風俗本に移り、自ら本屋 書林 書舎 書堂 草紙屋 浄瑠璃本屋等を称した。相互に競争する本屋は読者の需要を機敏に見定め、例えば当時広く出版された医学知識に関するものをみれば、中国医学書を近松弟岡本為竹《いちく》に口語訳させ主として大本で漢字片仮名交り五十数編が出版されると（貞享二年『医方大成論諺解』宝永六年『医学入門諺解』等）、今度は元禄三年に閲読に便利な横小本五冊の漢字片仮名交り本『袖珍医便』の出版があり、元禄五年には半紙三ツ切本漢字平仮名交り本『医道日用重宝記』、これを宝永七年に横小本に改版して『医道重宝記』が出版され、江戸時代に九版、明治時代にも三版されて鉛活字版もあり、何代も家庭常備書とされた。

また、娯楽読本出版の顕著な例には、戯作《げさく》と総称される大衆小説がある。遊里遊びを描く小本の洒落本《しゃれぼん》、劇画で中本の黄表紙《きびょうし》、黄表紙を合綴した合巻本《ごうかんぼん》、会話体小説の滑稽本《こっけいぼん》、お女中本と呼ばれる人情本《にんじょうぼん》、さらには中型読本《ちゅうがたよみほん》等がある。これらの文学様式《（ジャンル）》の創出には出版本屋と作者に営利目的があり、貸本屋を介在させず、読者に直接の販売を狙ったものである。

このように出版文化の開花とともに広がりを見せる江戸庶民の読書や学びについては、出版本屋や作者、その世代の状況を総合して、今後一層の解明が待たれよう。

そこで本書では、江戸時代二六五年間を、世代交代、親の跡を継いで子に引き渡す三十年間を凡その区切りとし、庶民が書物に学びまた読書する様相を、啓蒙書から出版本屋や作者も含めて、具体的に考えてみることにした。当時の人々の営みを近世の出版文化をめぐる諸状況から照らし出すことができていれば幸いである。

平成二十九年九月九日

長友千代治

目次

凡例

・資料の引用は、読み易くするために、適宜仮名を漢字に直し、また句読点をつけ、場合によっては送り仮名や意味を括弧「　」や（　）に記した。

第一章　近世初頭の書物と読書瞥見

近世も中期以降になると、四民、即ち士・農・工・商が様々な書物から啓蒙教化され、日常生活で色々に重宝していることは各方面から明らかにされてきている。それは書物が整版印刷されて、四民の需要に応えられる商品になったからである。需要とは何か。それは生活に必要な知識であり、人間関係に役立つ教養であり、また娯楽である。近世中期以降、書物と読書がこのような役割を荷っていたことは、第二章以下で述べる。

近世初頭、慶長（一五九六～一六一五）・元和（一六一五～二四）期には、朝廷を中心とする堂上貴族、また徳川家康（天文十一〈一五四二〉～元和二）を中心とする武家方、或は寺社の学僧の間でも、書物の相互貸借、書写本製作などが普通であり、学問や読書は極めて熱心に行われていた。これは近世中期以降における四民の教化啓蒙の淵源になるので、その全体像を最初に瞥見しておくことにする。

近世初頭の書物と読書については、堂上貴族や家康側近の記録を探索するのがもっとも有効と考えるが、ここでは便宜上、東京大学史料編纂所編『大日本史料 第十二編』（一～五十）の「学芸、遊戯」を中心に必要な記事を抽出した。各記録については、現在では一段と厳密な校訂を経た定本も多いが、ここでは引用書名及び引用文は該書によっており、通行の漢字に直し、また読み易く現代語訳し、片仮名は原則として平仮名に直した。なお角括弧［ ］は原注、丸括弧（ ）は筆者注である。記録は同じ事案に各々精粗があり、また記事内容も難しく、大部でもあり、読解は容易ではない。以下は蟷螂の斧の削り屑を、任意に項目を立てて並べてみたものである。

最初に、堂上貴族の間で学問や読書が盛んに行われていたことを覗いておく。

〔土御門泰重卿記〕（陰陽家泰重 寛文元年〈一六六一〉七十六歳没の慶長から寛永二十年迄の記録。欠年がある）元和三年正月二十二日。櫛笥［藤原隆朝］が読書に来た。○二月四日。『大学』を読み終えた。また、一条殿［兼遐。後陽成帝第九皇子。法名恵観］に伺候。今日は祝日につき、『錦繍段』を読み始めた。四月三日、五月二日伺候、読書、六月二十一日に授読終る。目出度い。

○二月七日。雨天、終日止まず、門を出ず、『江次第』六巻目の校合を終わる。

○二月八日。一条殿伺候。書籍を見分（分類カ）する。

○二月九日。院御所（仙洞御所。後陽成帝）より借用中の本を返進する。『十八史略』二部。『同史略抄』一冊。『蒙求』三冊。『王沢不竭抄』。『本朝文粋』。「各一冊づゝ返上仕候」とあるのは、各冊点検確認しての返上であろう。

○五月五日。長橋局に参り『延喜式』五十冊を申し出、写す。

○十二月十五日は山科参議（後出『言緒卿記』の記録者）が読書に来る。

ここには授読のこと、写本製作のこと、借本返却のことがある。登場人物を改めて確認すると、記録者の土御門泰重、一条兼遐、院御所、長橋局、山科言緒など堂上貴族の知識人たちである。

読書や学問の外に、遊芸などが取り行われていたことも最初に言及しておく。

〔時慶卿記〕（西洞院時慶　寛永十六年〈一六三九〉八十六歳没の天正十五年〈一五八七〉から没年迄の記録）慶長十四年三月十四日。小倉作左衛門の女中が今年初めて来て、盲人勾当城初を連れ立った。シャミセン（三味線）、小弓を持たせ、平家も一句語った。薄暮に帰る。夕食を申し付け、輿舁二人を申し付ける。〇四月四日。先日少納言内儀と局の双六の勝負があり、今日振舞があった。汁は局方より、食は少納言方より賄う。欵冬《やまぶき》の汁。

〔梵舜日記〕（吉田神竜院梵舜　寛永九年七十歳没の天正十一年からの記録）元和元年三月二十七日に四条河原に操《あやつり》があり見物。喜庵同道で見物。芝居迄にスイ（水）風呂、菓子が来た。晩食は当所で寿《すし》を用意。「一入之慰也」。水風呂の接待といい大変な御馳走であるが、恐らく四条河原操芝居からの招待であろう。去る二十二日は萩原宅で碁興行、本因坊道碩、宗桂が来た。

〔土御門泰重卿記〕元和元年八月二十日。院御所へ伺候、「ゑびすまはし（夷廻。〔言緒卿記〕には「ヱベスカキ〈夷舁〉とある）があり、西洞院父子、山科右衛門佐（時緒卿）、甘露寺、園侍従、北畠祭主、予（泰重）も夜終る迄見物。常の如し。次に甲子祭（甲子の夜に大黒天を祭る）。

〔涼源院記〕（日野資藤　寛永十六年五十三歳没の慶長十七年から寛永十五年迄の記録）元和七年正月二十日。午（十二時）刻以後、中納言所［日野光慶］でアヤツリ［操芝居］。藤向・宝慈院、同道。操が終わって振舞があり、沈酔して帰宅。（もっとも、院御所においては、操や夷舁が頻りに行われていたことは以下の記録がある。〔時慶卿記〕慶長十八年二月十六日、九月十一日、慶長十九年正月十七日。〔言緒卿記〕慶長十九年九月二十一日、二十二日など）

以下、このような環境の中での書物のこと、また読書・学問のことを略述する。

一　書物の探索と入手

書物を読み、或は学問するには、書物がなければ始まらない。近世初頭には堂上貴族においても、徳川家康を中心とする武家方においても、必要な書物は相互貸借して読むか、或はそれを書写して整えていた。

〔慶長日件録〕（舟橋秀賢 慶長十九年四十六歳没の慶長五年から十八年迄の記録。欠落年月もある）慶長十年正月二十六日。全斎の来談。禁中には『うつほ物語』の完本がなく、宮川智光院へ全部目録を尋ねに遣っても完本のないこと、その智光院は先年清光院が方々尋ねても全本のないこと、『源氏』よりは少しはましとの返事をしたと言う。本はあっても揃本がなく、禁中でも方々に手配しなければならない情況である。しかもその本がある所の情報は共有されていたことが分る。

〔言緒卿記〕（山科言緒 元和六年四十四歳没の 慶長六年から元和五年迄の記録）には書物貸借のこと等色々と記録がある。

○慶長十七年三月二十九日。中御門右大弁が来て『公卿補任』を借りたい由、正親町院より上下二冊を貸す。

○四月十九日。近衛殿より相国寺慈照院の「錦繡段の抄」を持来。二十八日に返却。次に『拾芥抄』を借りたい由で上中を貸す。十一月十三日に二冊が返却される。

○二十一日。土御門新蔵人より『錦繡段』を借る。

○三十日。禁裏から、阿野実顕朝臣が承って書状が来、『方輿勝覧』二十冊全、『三百詩』〔全、亡父奥書あり〕

を全て貸進。『百官』幷『礼節新判〔板〕』を買う。
○五月五日。禁裏より『方輿勝覧』返却。『三百詩』は六月十日に返却。
○五月十三日。中御門右大弁が『公卿補任』第一巻を返した。また『后奈良院・下』を貸す。
○二十七日。悟心院の『古文真宝抄』四冊を借る。
○七月二日。『錦繡段抄』、古澗の本の下を拝借。
○十二日。当番に参り、『三聚韻』を拝領。
○九月二十二日。禁裏へ『(近代)諸家伝』上下二冊を貸進。十二月二十八日に返却される。

見たい本、また読みたい本はどこにでもあるのではなく、それを探索しなければならなかった。それにも不足本があり、完本を見付けなければならなかった。但し、そんな状況でも書物所在の情報はお互いに共有されていて、貸借は互いに気持ちよく行われていたと、ここでも推測できる。

〔本光国師日記〕(南禅寺金地院崇伝 寛永十年六十五歳没の慶長十五年から没年正月迄の記録) 慶長十九年十月二日、『禅林類聚』二十冊を臨済寺へ返す。使は権介がする。
○三日。『十七史』全六十冊(内、一冊不足。但し『前漢・別本』一冊を加う)を、本箱共に林道春へ渡した。御文庫へ入れた由、門首座の切手が道春より来た。同日、『延喜式』全五十巻(但し、内十三・二十四不足)、『群書治要』全五十巻(但し、第四・十三・十九・二十冊不足)を、共に箱に入れ御城へ上げた。奥で御前へ上げたとの道春の書状二通がきて、目安箱に録ってある。

○四日。『世継〈大鏡〉』全三冊を山禅高へ返す。請取状が来て目安箱にある。使は権介。

権介は使用人で、本の取り扱いに馴れた専任者と思われる。金地院に限らず学文者にはこのような人物を必要としたと思われる。またここでは本の貸借請取書が目安箱に取り置かれているのも注意点である。これも必要なことである。本は返した返さないの悶着は、現在でも見聞きする。

二　書物書写と慶長写本

イ　書物貸借と書写

〔時慶卿記〕慶長十九年四月十八日。院御所に召され南光坊書写本の『釈和抄』を校合。『改元次第』四冊を拝借。御前で御酒を給い、また番所で食事。『日本紀』『延喜式』『略書』等を御目に掛けると御感あり。十九日は『改元次第』一冊、書写終る。三月二十三日に『改元次第』の校合が終り、二十四日に皆々返上。『改元次第』の表紙を用意。四月一日は『改元次第』に付き御意を得、また書写本を御目にかける。番所で御酒を給う。

○四月三十日。院御所より『貞観政要』拝借の者が返上を申し出ないので、「堅く返事申入。何方への義ぞ。如何」とある。書物貸借に、恩義のあることを厳しく言う。

○五月四日。『延喜式抜書』を返す。十日から十六日は『日本書紀抄』朱点、満じて上皇へ返上。経師より、先日の『改元次第』四つ、連歌双紙一つが出来て取り寄せた。『日本書紀』の表紙も誂える。紙はこちらから遣わす。写本ができると表紙を用意し、経師に製本を誂えさせたのである。

○五月十八日。仙洞より『日本書紀』を、平松を以て拝借。二十九日、六月一日から十九日迄（但し、五日と十一日はなし）点を写す。八日、十二日、十四日には平松が朱点をする。西洞院時慶には書物担当の使用人平松がいたことが分るが、これは他家でも同じあろう。書写には校合、点検者がいる。

ロ　慶長写本

最高権力者である徳川家康は、武家の法度を制定する大事案に対して、堂上貴族から寺社に至る迄 諸記録を集め、まず写本を作らせた。これがいわゆる慶長写本であり、家康が高く評価される見識の一つでもある。その概要は〔御写本譜〕（近藤正斎）等に出ている。その要点は次である。

慶長十五年九月 金沢文庫本『群書治要』二部の書写は御写本の事が筆記に見える最初である。十八年七月 写本仰せ付けの沙汰があり、十九年四月『群書治要』『延喜式』より公家武家の法度となるべき箇条を抜粋させ、御熟覧の後、二十日に至り、公家中の法式を糺し定めるため、諸公家中の記録、悉くの書写を命じた。それより中秘書（宮中所蔵の書籍）を始め、貴族 寺社迄、諸本の訪進があった。十月二十四日遂に日本の記録書写の命があり、二十七日 記録三通を書写し、禁中・江戸・駿河に分貯するとの盛挙である。慶長の御写本というのがこれである。

公武一代の大典の制置は至大至広であり、和漢古今を参稽互察し、天下後世に伝え、弊害をなくすために、皇朝の旧書、貴族、武家の記録を収集、検討する。この際、旧記を秘して出さず、後日その書を以って援証しても、拠用してはならないとの令達に、秘本も皆々出した。

十月二十七日起筆、十一月十五日より休み、正月十日より再開、翌年正月に至り書写竣功。

この間の経過を記録に辿ると次のようになる。

〈駿府記〉（筆者は家康の近侍者とされるが不詳。慶長十六年から元和元年迄の記録）慶長十九年十月二十七日。家康は金地院崇伝と林道春に、京都五山より能書の者各十人を選び、南禅寺金地院で、古記録一本三部宛の謄写を命じる。○十一月六日。吉田神竜院より『諸家系図』七冊進上。九日。南光坊伝長老に、今度の諸家記録書写に就き、『日本後紀』『弘仁格』『貞観格式』『類聚国史』『類聚三代格』等、仙洞院の所蔵有無の尋ねに、南光坊より記録の書立てが来た。『扶桑略記』「将門純友謀反之次第（将門記）」が在る由。○十日。仙洞から『類聚三代格』六巻（聖武より後一条院迄）『年代略』十九巻『類聚国史』二巻、『古語拾遺』『名法要集』『神皇系図』を南光坊が院使として持参。

〈本光国師日記〉慶長十九年十月二十四日。金地院と板倉伊賀守（京都所司代）連名で、京都五山宛、各十人ずつ能書者を記録書写に出すよう命じる。また諸家より借用したい記録類の目録も、伝奏所へ持参させた。その目録。

『日本後紀』『続日本後紀』『文徳実録』『国史』『類聚国史』『律』『令』『弘仁格』『同式』『貞観格』『同式』『延喜格 同式』（十三二十四巻御前本は欠）『三代実録』『延喜儀式』『延喜雑式』『類聚三代格』。

右の外、諸家記録共、何も残らず写させたいとの御尋ねである。

『百錬抄』『令』『江次第』『類聚国史』『類聚格』は御所様にある由。

『新儀式』『北山抄』は九条殿にある由。
『西宮抄』は官務にある由。
○十月二十六日。送達。書写者十人は、明二十七日早天、南禅寺へ詰めること。各人机、硯、筆を持参すること。御油断のないこと。
○二十九日。伊賀殿内 近藤源左衛門が各寺院より寄せられた記録類を持参。妙覚寺から『暦林問答抄』三冊『西宮抄』四冊『諸家系図』三冊『簾中抄』一冊。要法寺から『扶桑集』六冊。本圀寺から『太子伝』二冊。書立は別紙にあり、また近藤源左衛門にも渡すが、判形（受取印）をくれと言うので、「理屈過ぎ候」と言った。これらの本は南禅寺へ持たせて遣る。本を預かって届けに来た者が重責を自覚して、判形を求めたのであろう。
○十一月朔日。記録謄写者の法度がある。朝は卯刻（六時。日の出）以前に集り、晩は酉刻（六時。日の入）に退散の事。書写者はこの間投宿の事。急用が出来、寺役であっても堅く詰め、油断のない事。
○十一月三日。二条家より出す『江次第』『御家之旧記』は秘本の由。奇特に嗜みの所持本に満足の思し召し、「写し候時も念を入れ、奉行を付け置き、他見の無き様にと仰せ付け」があり、書写終り次第返上する、と礼状を書く。
○十一月十七日。院御所より拝借の目録。『日本後紀』『類聚国史』『新国史』『弘仁格 同式』『貞観格 同式』『延喜格』『延喜儀式』『類聚三代格』『律』『令義解』『政事要略』『柱下類林』『法曹類林』『本朝月令』『姓氏録』『江談』『除目抄』『会分類聚』『扶桑集』『李部王記』。
これより以後にもまだ、書物提供書写、またその返進の記録が続くが、これは省略する。

○十二月十二日。金地院は南禅寺で書物書写の衆が、寒に入り硯も凍るというので、当月十五日から謄写を休み、来春正月十日から再開することにした。

〔大坂冬陣記〕（『羅山別集』所収）慶長十九年十二月十六日。金地院と道春は古記録の謄写の終わった分を家康に献じた。次項〔御本日記付注〕に出ない『続文粋』を含む十四部である。

〔御本日記付注〕（近藤正斎。『御本日記』の解説書）には「慶長書写本」につき、次のことがある。

先代旧事紀　神竜院　五冊　一箱に入

古事記　同　三冊

此等の本を諸家より捜採せられて、此に至て新写功成りしを云しなり。凡そ慶長の御写本は、みな紺紙の表紙にして、外題は白き紙。紫の綴糸なり。紙は今の直紙《じきし》（美濃紙）に似て厚く、仙過（泉貨紙。楮の靭皮を荒く厚く漉き、質強く包紙や合羽等の料紙に使う）の薄きやうなるもの。卦ひき（罫引）は薄墨なり。字体雅古、みな僧筆なり。神竜院とは其原書、この寺より出るを云ふ。

前記二書の外に十一部について同様の記事と書誌的な解説があるが、前出例に従って列挙する。

『釈日本紀』（同〈神竜院〉　二十九冊　一筥）。『明月記』（冷泉　六十三冊　二筥）。『三代実録』（三条大納言　二十冊　一箱）。『続日本後紀』（同　十冊　一箱入）。『文徳実録』（広橋大納言　五冊）。『西宮記』（壬生官務　二十二冊　一筥）。『山槐記』（九条殿　十五冊　一筥）。『菅家文藻』（五条　七冊　一筥）。『類聚三代格』（同○院御所　六冊）。『内裏式』（官務　二冊）。『江次第』（二条殿　二十冊　一筥）。

三　印刷本

近世初頭の印刷本については、既に岡雅彦氏に『江戸時代初期出版年表〔天正十九年〜明暦四年〕』（勉誠出版、二〇一一年）の成果がある。ここでは印刷本製作について、同じように記録をみることにする。

写本には筆・硯・墨・紙の用意が必要であったが、印刷本・活字本では現在の鉛活字のように銅や木で文字を一字一字作字しなければならず、一方整版本では全文を版木に彫刻しなければならず、それには共に熟練の刻工を必要とし、その工程には相当な費用と長期間を要した。但し、一度整え終ると、以後は何度も繰り返し印刷できて重宝する。

整版は仏教経典や五山版等で教科書的な統一性を必要とするもので多く行われ、写本の個々に惹起する誤りを克服することができた。

〔慶長日件録〕慶長十二年十一月朔日。「（般若）心経開版出来、令摺見之処、刊工不上手、字面不似愚筆之勢、不快々々」とある。舟橋秀賢の自筆版下を用いて整版にしたが刻工が下手で自分の筆勢がなくなり、不愉快極りないというのである。後の俳書出版等で序文にわざわざ序者の版下を用いて巻頭を飾ったのとは大違い、稚拙であった。また、「新板史記」を拝領したことも記録されている。

〔当代記〕（編者は亀山城主松平忠明ともいうが不詳。安土桃山時代から元和元年迄、算定四十六年の世相を記す）慶長十四年冬。「此五三個年、摺本と云事仕出。何の書物をも、於京都摺之。当時是を判と云。末代の重宝なり」とある。整版印刷も含めての事と思う。前述したが、〔言緒卿記〕慶長十七年四月三十日には「百官幷礼節新判

〔板〕買了」の記録がある。本については未詳。

活字板は一字板ともいわれ、銅活字または木活字を一字ずつ配列して作文するものである。

○〔慶長日件録〕慶長八年正月二十一日。『白氏文集』から「上陽人」「陵園妾」「李夫人」「王昭君詩四五首」「長恨歌伝」等を『五妃曲』と名づけて選抜、一字板を以て百部の新摺を申し渡された。

○四月一日。山科言経、西洞院時慶が拝領。

『慶長勅版考』（近藤正斎）に『長恨歌琵琶行』のことがあり、後陽成帝の勅版で、『錦繍段』（慶長二年七月）『日本書紀』（同四年季春）『四書』（同四年）と版式・字様を等しくするという。匡郭縦八寸四分、横五寸六分。界行。天地単辺。左右双辺。八行十七字。字の大きさ方四分ばかり。この本は四周双辺で、「紙墨頗良し。意《おも》ふに、最も後に撫印せられしものならん」とある。即ち、後陽成帝勅版の規格があり、資材に進歩のあることを言う。

徳川家康は、慶長十年三月、活字版『東鑑』五十一冊を刊行した。家康の読書歴は道春の年譜に記され、彼は『東鑑』を『延喜式』と共に常に読んでいる（『御本日記続録』）。家康が円光寺元佶に命じた活字板には『三略』（慶長五年四月）『周易注』（同十年四月）『七書』（同十一年七月）もある。三書は版式同じ、匡郭縦七寸二分、横五寸三分。八行十七字。

『大蔵一覧』の板行経緯については次の記録がある。

〔駿府記〕慶長十九年八月六日。家康は伝長老（金地院崇伝）から『大蔵一覧』を献ぜられ、林道春にこの書は重宝故、幸い銅字二十万字があるので百部か二百部開板するとし、翌慶長二十年三月二十一日に命じた。○六月晦日。道春は『新板大蔵一覧』十部を駿府から二条城へ持参、御覧あり、文字鮮明、諸人も賞美した。今度駿府で銅字数十万を以て百二十五部を申し付け、毎一部に朱印を押し諸寺へ寄進を命じた。○閏六月八日は廓山上人に、九月十七日は不残上人に遣す。後の『御本日記続録』（近藤正斎）には、元和二年『群書治要』とともに本朝銅活字の始め、不朽の盛時、万世の垂訓等と記す。

ここから明らかになることの一つは、活字（銅活字）版というのは配り本ということである。『五妃曲』は個人に配領されており、『大蔵一覧』は諸寺への寄進とされている。

〔本光国師日記〕元和元年三月二十一日。金地院は「御諚（仰せ）」として、『大蔵一覧』の板行につき「物書衆」六七人を臨済寺 清見寺に出すよう申し入れるが、臨済寺には折節人なく、漸く一人を出すと言うので、今日改めて西の丸へ寄越すよう催促した。三月二十六日には「請取申御扶持方之事（板行用目）」畔柳寿学様」宛があり、これには畔寿学老の手書き裏書がある。それを要約する。

合壹石八斗は、大蔵一覧はんぎ（板木）の衆、上下十八人、三月二十一日より同晦日迄の御扶持方である。但し、毎日壹斗八升ずつ。／校合一人。字ほり（彫）二人。うへて（植字）三人。すりて（印刷）二人。字木切一人。

この更新の記録は、文面通りに十日間ずつ、四月晦日迄続く。扶持は一日一人一升宛てである

この間、三月晦日には、金地院は此の方の『大蔵一覧』五巻の字が「乱脱」なので、京の不二丈室（無ければ五山で手配を依頼）へ校合の飛脚を遣わす。

『群書治要』の板行は『大蔵一覧』の板器（版行器具）や経験を活用しながら進行した。

〔本光国師日記〕元和二年正月十九日。家康は金地院と道春に『群書治要』板行をまた命じ、今度は職人を京都から招くため板倉伊賀守に手配方を申し入れた。

木切二人。彫手三人。植手十人。摺手、五人。校合三人。以上、二十三人。

次は板倉伊賀守との遣り取りの概略である。

○正月晦日。京都には校合者のいないこと、二十人は路銭を一人銀二十目ずつ要求したので渡した。

○二月七日。校合人は、五山衆一山二人ずつとの命により、近日下す。

○二月二十五日。唐人五官に鋳字の命により、四人を京から呼び下したい。

○二月晦日。京諸職人四十人。二月二十三日より二十九日迄、日数七日分の御扶持方、合二石八斗。但し、一日に一人に付き、米一升宛て。

○二月二十三日。『群書治要』の板器につき、駿府西の丸御納戸から取り出し、三の丸で点検、道春から畔柳老人への報告。

一銅大字、五万八千六百四十六。一同小字、三万千百六十八。是は前方より百箱に入れてある分。

一銅大字、八千八百四十四。一同小字、千五百十四。一同丁付字、十。是は駿府で『大蔵一覧』板器に仕立て、前方の百箱の内へ加入したもの。

一銅卦〔罫カ。下同ジ〕長短合百五十四本。此の内八十三本は前方よりあり、七十一本は『大蔵一覧』の時に仕立つ。

一すりばん（摺盤）十三面。此の内五面は前方よりあり、八面は『大蔵一覧』の時に仕立つ。

一つめ（詰）木四十八本。此の内二十四本は前方よりあり、二十四本は『大蔵一覧』の時に仕立つ。

一以上、卦十二本、『大蔵一覧』の時に仕立つ。

一紙水打板五枚、同断。　一木硯、四つ。同断。

一字木箱。四つ。但し、字木入、何も蓋なし。同断。　一字切簟笥、一つ。同断。但し、木字大小五千八百八十九入。

一篇反し板、八つ。同断。　一をしごう、一つ。同断。　一すり（摺）板、四つ。同断。

一のみ（鑿）、一つ。同断。一金槌、一つ。同断。


これらのことから推測して、銅活字版とされる『大蔵一覧』『群書治要』には、銅活字に不足字があり、木活字を新調補充していることであるが、既に検証は終わっているのであろうか。

板行作業は、駿府三の丸能芝居で行われたが、この時も「群書治要板行之間諸法度」が出ている。
○二月二十三日。一朝は卯刻より酉刻迄。その後に休息の事。一高談、口論を一切禁止。一各々励み合い、油断しない事。一御座敷 舞台 楽屋で、私の細工等して御屋敷中を荒してはならない。一人々 私の知人に、見物等入れない事。

さらには、『群書治要』板行の間、奉行人役者衆（従業者）の外は、出入りを禁じる。

○三月十三日。道春より、清見寺・臨済寺・宝泰寺へ『群書治要』の書写を命じた。四十一・四十二・四十三の三冊は臨済寺。四十四・四十五・四十六の三冊は宝泰寺。四十七・四十八・四十九・五十の四冊は清見寺。罫積八行十七字の料紙を添えて送り、活字版植えに用いるので、点も頭書も不要なことを書き添える。

以下は、『群書治要』板行について「手形」（支払証文）の記録である。

○四月二十六日。五山衆十人の書写校合の扶持方は、三月朔日より四月二十九日迄、日数五十九日、一人につき一日に三升宛て。○四月二十五日。京の諸職人へ板行作料は、「合一貫目は、大黒丁銀也」。

○四月二十六日。銅字数大小一万三千鋳立料は、「合三百五十目は、大黒丁銀也」。

四　書物の譲渡、融通、本売

書物は大切に蓄蔵され、またその書物は互いに貸借され、写本に作られてもいた。このことは書物は個人蔵でありながら、どの本はどこにあるという情報が共有されていたのである。そんな中でお互いに本を貸借したり譲渡し合う。新しく購入した書物を見せ合ってもいる。

〔慶長日件録〕慶長十二年十一月二十七日。船橋秀賢は、『唐文粋一冊』『太平御覧二冊』『綱目集覧十六冊』等勅本不足の処、所持の分を進上した。一方、彼は『新板史記』全本を拝領した。「年来所望の処、無力の故感得（書物入手）せず、毎度事欠く処拝領、満足大慶々々」と記す。ところが、この月晦日になり、拝領した『新板史記』が一冊不足と分り、全本を取り替えて下さる。

○十二月朔日。召しにより勾当局へ参り、「沽却（買）の書籍共見せ下さる。自分の御用に立つ物の書き付けを申し入れた。○二日。『白氏六帖』不足本一冊を拝領。○十三日は書籍拝見。○二十七日は「分部類」、御書院の棚に積む。

〔土御門泰重卿記〕元和元年三月八日。本屋、『太平記』『拾芥集（抄）』を持来、買い置く。価、銀子四十目。

〔鹿苑日録〕（相国寺鹿苑院主の歴代記録。該年は顕晫。長享元年〈一四八七〉から享和三年〈一八〇三〉迄）。元和元年三月十八日。書籍を鬻《ひさ》ぐ物来る。大小十二部を買う。

○二十七日。八条殿下より書籍見に来る。『周易』『詩経』『春秋』『孝経』等十点。

○閏六月三日。南禅寺金地院に行き、書物を見る。

〔言緒卿記〕元和二年六月六日。清水寺参詣。次に「セハウ坊」（要法寺の世雄坊カ）所へ参り『文選』『荘子』『日本紀』を求む。○六月十三日。仙洞へ『延喜式』二冊を返進。

〔中院通村日記〕元和二年三月二十八日。今日青蓮院に行き、その時『闕疑抄』を返される。また『続故事談』を借進。○正親町三条実有より書状が来る。『古今集』上巻一冊（古筆。神妙手跡。鳥子 鍮泥銀泥にて鳫画、又金銀の沙苛）、『朗詠』上一巻、「続後撰和歌十首」ばかり巻物。この三種は誰人の手跡か目利き依頼である。翌朝、知見のないことを書状で返答した。

○四月六日。印盛より来状。先日良庵（伊勢在住。後出）から、伊勢に定家卿自筆『古今集』の由で金二十枚、十四五枚なら石主殿（石川忠総）が所望であり、奥書等を見て目利きせよとの依頼である。
○五月十［　］日、甫竹が『古今集』を持来し、偽筆と判じた。為家法印の手跡は定家に似る。
〔涼源院記〕元和七年八月十五日。双紙売が来て、『和玉篇』『下学集』『大学』『御成敗式目』を買う。

五　虫払と目録

様々な方法で書物が蓄蔵されると、その管理が必要になる。禁中の虫払はその代表例である。現在で言えば図書館の曝書点検であり、司書職を総動員して行われる。

〔慶長日件録〕慶長八年六月十九日。晴。今日より三日間、禁中書籍虫払。唐櫃等取り出して清涼殿、紫宸殿、小御所、記録所などで風涼する。二十二日に終了。○慶長十年六月十日から十二日の間も書籍虫払があり、諸記録に載る。

〔土御門泰重卿記〕〔時慶卿記〕元和四年六月八日から十三日迄、禁中虫払。また目録作成の命がある。○八日。書籍校合の衆は、西園寺中納言〔公益〕、菊亭中納言〔経季〕、中院宰相、冷泉少将、五条、東坊城、西坊城、予（泰重）、舟橋の九人。手伝衆は日野大納言、同宰相、西洞院父子、烏丸弁、飛鳥井。都合十五人。長櫃九つ。書籍の部類、又は類本事類の分類、目録匡合。今日半分終り、残りは明日の事にする。○十一日は虫払の員数を記す。書籍奉行九人の外、二十三人。名前は省略する。書籍は、紫宸殿に櫃九つ充満、虎間御殿大小箱三十三充満。残る本は清涼殿に充満。非蔵人 蔵人に陪膳をしないように訴訟。書物を汚さぬ配慮である。

〇十三日。書籍点検、皆目録に合せ取り置き、御蔵へ納める。類本が多かった。不足本を取り出し、上へ上げる。

〔本光国師日記〕元和元年晦日。家康は二条城で僧雲叔が寄贈した書籍を点検させた。片山宗哲、上田善次が、数寄屋の御書院で校合、書き上げた目録がある。漢籍が主で、四書五経・詩集・仏典・史書などで、判断し難い記述ながら、次の算出をしてみた。

総点数一四一部。この内、半数以上の本に次のような注記がある。

大不足本 三十八部。不足本 三十四部。麁本 三部。綴じ様乱雑 一部。取り合わせ 一部。

これまで略述してきていることとも考え合わせると、近世初頭には写本・刊本に拘わらず、欠本や不揃本は半数に近かったと推測される。

六　読書始、進講、講釈、会読

書物の収蔵は、読むために行われるもので、現在のように片方で文化財保存の意識はなかったであろう。近世初頭の書籍や読書は、天皇を中心とする堂上貴族、或は五山の学僧、家康を頂点とする上級武家方で、進講・講釈・会読の形で行われている。それは第一に書物の不足であり、識字能力者が限られていたことにもよる。続けて後章で説くように、江戸時代中期以降の四民（士農工商）は、書籍を個人的に、多く啓蒙教化書、実用教習書、或は娯楽読物にしているが、それでも近世初等の上流階級の読書習俗の伝統のあることは疑えない。

イ　読書始

〔慶長日件録〕慶長九年十二月七日。親王方の読書始はどうなっているのか、大蔵卿〔舟橋国賢〕に尋ねよとあり、天正七年（一五七九）十二月二十三日に当今（後陽成天皇）御年九歳、小御所で読書始があったことを、九日に詳しく報告した。○十二月十三日。儲君（政仁親王）小御所南妻戸で読書始、侍読は舟橋国賢。十四日十七日にも親王御方に「孝経奉授」とある。

即ち、読書始は堂上貴族の子弟が初めて漢籍を読む儀式である。

一方、その年始めに初めて読書することも読書始という。

〔お湯殿上日記〕文明十年（一四七八）一月二十二日には「宮の御方（後の柏原帝）、御どくしよはじめ、御笙、御箏はじめ」とある。近世では「よみぞめ」と言い、男子には初学の読物ということで『大学』、女子は「めでた物語」の御伽草子『文章草子』が読まれた。

ロ　進講

進講とは、天皇や貴人に対して学問を講義することを言う。

〔慶長日件録〕慶長十年十一月五日。船橋秀賢に明後七日から『孝経』講義の勅定があり、巳（十時）の刻より黒戸で序を講じた。見台が置かれており、八条宮、聖護院宮両所が聴聞、その他四辻少将迄。○十二日。先日の『孝経』の義理の御不審等を申し上げ、眼病で休講。〇十二月七日。『孝経』「開宗明義章」より「孝平章」に至る。〇慶長十一年正月四日。去冬の『孝経』の残りにつき勅定があり、「三才章」「孝治章」の分を申し上げげた。「孝経注抄」を持たせた。

〔土御門泰重卿記〕元和元年七月二十八日。建仁寺両足院〔東鋭利峯〕が禁中の学文所で『論語』を講じた。予（泰重）、倉橋〔泰吉〕が聴聞、他に諸公家数多。〇四日。八月二日、四日、七日、十日、十三日、九月十六日、二十五日に進講は終わった。この間、八月四日と十日に御振舞があり、相伴するが、十日は長老、阿野〔実藤〕宰相、予の三人。〇二十八日。両足院へ杉原十帖、緞子一巻を下賜、使は予がした。

家康も『論語』を読ませている。

〔駿府政事録〕（駿府城における慶長十六年～元和元年間の記録。幕府御金改役後藤庄三郎光次著作との記載があるが、林道春説もある）慶長十八年六月三日。家康は道春を召し『論語』を講じさせる。暑衣一重、黄金二枚を与えた。〇慶長十九年四月七日。今夜道春を召し『論語 為政篇』を読ませる。

〔駿府記〕元和元年八月五日。四日に二条城を出て水口に入り、霖雨により滞留三日、奉従の道春に『論語 学而篇』を読ませる。〔丙辰紀行〕（林道春著。元和二年成立の東海道名所記）には、去歳八月四日の事として、夜の更ける迄侍し、家康が『論語 学而篇』を読めとある時、家康が「能竭其力　能致其身」の所を自ら読み、「能」の字に心を付けるべきで、なおざりでは忠孝は立ち難い、親には力をつくし、君には身を致すというのは、いずれが勝るか評論せよと問われ、趙苞が故事を以って答えたのが忘れ難いと記録している。

〔駿府記〕元和元年七月五日。家康は大御所南殿で『源氏物語抄』に仮名を付けさせた。配分された公家衆は日野、三条、飛鳥井、冷泉父子、烏丸。〇九日。冷泉為満に『（源氏）奥入』のことを問い、定家自筆『（源氏）奥入』を所持する（後出）と、注釈の話などがあった。〇二十日。中院道村が『源氏物語』「初音」巻を読んだ。〇二十九日。御数寄屋で「箒木」巻を読んだ。金地院、冷泉伺候。〇八月二日も「箒木」巻を読んだ。

〔中院通村日記〕元和元年六〔七〕月十八日には、二条城で中院通村が源氏を進講するに至った経緯がある。まず冷黄門〔冷泉為満〕が来て講義の内命があるので覚悟すべき事を告げるが、自分には堪えられず、先輩に歴々がいる事を言うと、去年駿河での飛鳥井黄門〔雅康〕の講義が心に叶わず、自分に読ませる発意という。これを聞き愈々思い煩ったが、覚悟をした。

〇十九日午（十二時）刻冷黄門同道、二条城御書院で対面、源氏本を持参したかの問いに、否と答えた。金地院崇伝・唯心軒〔日野穎資〕らが御前にいた。金地院に明日は容易せよと言われた。

「源氏抄」等のことを尋ねられ、唯心軒が『河海抄』『花鳥（余情）』等があると言うと、家康は両抄は世間に流布している、別抄の事と言う。また、重ねて休聞〔連歌師昌休聞書。昌琢祖父〕、林逸〔町人饅頭汁宗爾聞書。逍遥講〕等の事を言うと、御気色甚だ善からず、それらは皆町人の所作との御言葉があった。また『明星抄』のことかと尋ねると、そうだがその抄はよいのかの沙汰に、予（通村）は遠くにいたのでとかくの言葉もせず謹んでいたが、予に向い、源氏を講ずべき仰せがあった。まず今迄の辞したい旨を謹んで申し上げたが、講じよとの命令があった。抄は『（源氏）奥入』〔定家直筆で以前に冷黄門が持参〕がよいと言われた。

帰宅のついでに溝口伯耆守〔宣勝。通村の乳母の家で堀川に在る〕に今度の仕合せを語る。後刻参内、二条の事を尋ねられ、悉く話した。「桐壺」を講じよとの話に自分の本は他に貸して相手を失念しており、即ち官本を借りて亥（午後十時）刻頃に退出。帰ってから題号など心覚えを条書に書いた。
○二十日。巳（十時）の上刻、冷黄門に同道、二条城へ参る。金地院から一二度御尋ねがあり一段と懇切。暫くして御書院の西、御数寄屋の中間の廊下の座敷へ渡御、即ち［書院］西方の杉戸を開く。金地院が出、予や冷黄門に会釈、予を同道し、言緒朝臣［山科内蔵頭］が追従、杉戸下で金地院に有り難いと言われ、予も御礼を申し上げ、近所で伺候した。『（源氏）奥入』［本箱からは出ていた］が持ち出されて冷黄門に渡し、源氏引歌等も読ませるとの仰せである。
　此処は八畳敷位で、家康は東向き、南光坊［豪海僧正徹山］と金地院は西向き、冷黄門は縁北向き西方、自分は縁北向き東方、少し家康の前を向く。自分は金地院に向いて始めた。「初音」祝言の所 文字を読ませるべきか、或は「桐壺」を読むかとたずねると、家康は何事の尋ねかと問い、金地院の説明に、それなら「初音」がよいと御本青表紙美濃紙本を取り出し、冷黄門が「初音」を読む。殊の外高声である。自分は自筆六半本を半丁ばかり読み、長老の気色を窺うと、まず講ぜよとのことで、本書の詞（言葉）の分ばかりを講じた。天地人を三才に比べることは読まなかった。このように半丁ずつ読んだ。長老の気色次第に読み、十二三丁に及んだ。伝奏衆が来たとのことで、又の事として終った。四丁箇所で家康の不審があり、義理を付けられることがあり、全部その通りと答えた。歯固《はがため》の事がこの巻にあるか［勿論在る］、その事は適切でないかどうかを聞き分けるとの尋ねに、御気色から善悪を答えた。講釈中と終ってから、二三度称美された。今日は伊達政宗・藤堂高虎が聞き又称美、『（源氏）奥入』も見た。他に伝奏以下公家衆十余人も聞く。このごろ予は講釈のことで暇がない。

家康の源氏の知識は「抄」にも広がっているが、言わば正当筋の学者やその書物を評価しているように思われる。家康は内容をよく読み取り、不審に目を付け、理の通った解決を心掛けているように思われる。

〔土御門泰重卿記〕元和七年二月八日。中院通村は、また『源氏物語』の進講をする。予（泰重）聴聞。酉（午後八時）に終わり、大御酒。上様は数献、予と通村は酔裡、正体なし。艮（銀子）五枚拝領。○十四日。女院〔中和門院近衛前子〕御所で通村が源氏を読む。御振舞あり。○十五日。源氏を聴聞。左府〔近衛信尋〕、三宮〔好仁親王〕昨日の如し。その他、阿野〔実顕〕、中御門〔資胤〕等数人。その後振舞。その後、懸物・鬮取があり、予は団扇一本を取る。○十九日。終日、女院御所で『源氏』聴聞。御相伴。二十日、二十五日と続く。以下同じように、三月は一日・五日・七日・十三日・十七日。四月は二十日・二十三日・二十五日。五月は二日・八日・十二日・十八日。九月は二十五日・二十八日。十月は四日・五日・二十四日・二十五日・二十六日。十一月は四日・七日・十二日・十三日・十四日。十二月は四日。この進講がどうなったかは元和八年の記事を欠くので見届けられない。常の如き振舞も行事の内か。

八　講釈

講釈は、講尺とも書かれる。原典にもとづいての講義で、語句や文章の意義を説明することである。よく知られているが、はじめは後陽成天皇（元亀二〜元和三。一五七一〜一六一七）の『源氏物語』講釈から始める。

〔お湯殿上日記〕慶長九年三月一日。小御殿で『源氏物語』の講釈があり、内々の男たちが聴聞に伺候した。

これは諸記録にあるが、以後四月六日・十一日・十六日。五月八日・二十一日。八月二十三日〔果てて御鞠があった〕・二十八日。閏八月三日・八日。九月十三日・二十八日。十月三日。十月十八日と続いている。

〔言緒卿記〕慶長九年十月十八日。禁中黒戸で「葵」の講釈。参仕の衆は西園寺・花山院の両大納言、予〔言緒〕、三条宰相中将、鷲尾宰相、三条三位中将、光広・氏成・之仲・実久・季継・秀直・忠長・総光・為親の各朝臣、雅賢、時直、基久、隆致、宗信、宗勝、顕成、秀賢等である。

〔言緒卿記〕慶長十九年四月二日。土御門泰重と院参し、『伊勢物語』の御講釈を承りたく申し出、許された。『伊勢物語』、『同抄』二部、『同系図』を借る。○七日。仙洞より『伊勢物語』の講釈を九日から始めるので参るよう使が来た。○八日。泰重と仙洞へ諸白二樽、肴二種を御礼に届ける。
○九日。仙洞で『伊勢物語』の講釈、七段迄。参加の衆は実顕〔阿野〕・時直〔西洞院〕・冬隆〔滋野井〕の三朝臣。予〔言緒〕、孝治〔竹内〕、泰重〔土御門〕等。この外、院の衆。
○十一日から十六日迄で終る。時直、泰重、予で御礼参上。
○五月二日。仙洞より『伊勢物語之系図』返進を催促され、上申。
○九月十二日。仙洞へ『伊勢物語直解』『講談』二冊を返進。泰重に『伊勢物語之系図』を貸与される。
○十九日。仙洞より『伊勢物語直解』をまた借る。
○十月十四日。『伊勢物語直解』を返進。不審など種々御意見を伺う。

二　会読

始めに記して置きたいのは諸芸稽古のことである。〔資勝卿記抄〕元和五年正月二十八日。公家衆に、諸芸稽古の式日（定例日）と課目を定め、禁中で学ばせることにつき、九条殿・近衛殿・一条殿と共に参内、諸公家衆も残らず伺候する。「諸芸目録」を各々請ける。これは去々年に仰せ出され、今度式日以下を改められたのである。天子は御稽古の人数外で、連句のみが人数とある。

諸芸式日事
二日 有職。六日 和歌（歌道）。十日 儒学。十三日 樂、郢曲。十九日 連歌。
二十三日 詩文学。二十五日 歌学（歌道）。二十七日 連句。二十九日 詩。
右此分也。式日に御触なくとも、伺公可申旨也

「有職之御人数」は二十一人。「歌道（歌学）」の人数は二十九人。「連歌」の人数は八人。「有職」と「歌道」には十三人が共に名を連ねている。「連歌」では、「連歌」の（高倉）嗣良朝臣のみが連歌だけで、他は両方に名前を連ねている。これは天皇発起の「有職」「歌道」「連歌」等を主題とする寄合稽古になるが、今風に言えば研究会になろう。後の、例えば元禄五年（一六九二）『万民重宝記』の「諸芸会日」等は、その道の宗匠がいて不特定多数の四民を相手に、経営されるものであった。

会読は数人が寄り集まって同じ本を読み合うことを言う。相互に講究することが目的である。

〔鹿苑日録〕元和元年七月十八日。日大納言殿［日野資勝］が来て『源氏抄』中の不審を問う［鹿苑院は顕晫が当主］。

○二十日。同じく不審を問う。『源氏抄』に「褂」の字があり、「褂《ウチキ》」と訓ずる。「大褂」「小褂」の語があり、男女共に着用するという。或る人の説に、「褂」は公家装束の具という。また「髐圧子、サラホイテと訓」。『玉篇』に考えると「火交切」とある。

○八月三日。大徳寺 沢庵和尚光駕。杉原十帖と唐扇一握を賜う。吸物を以って盃を勧める。古澗和尚仙洞三千跋を携え来臨。同じく饗す。黄昏に及び、豊仙蔵主一軸を携え来る。

○四日。老父に到り語り合い、東坡詩につき「泗間ニ宿シテ」は古訓、現在は「宿泗ノ間」と訓ずる。共に所名で『大明一統志』にあると言う。後考すべきである。○十一日は金地院で茶の湯の会があり、十三日夜は雪渓宅で連句会があり、このような話題は続出したであろう。

○十月二十二日。易講釈のために嵯峨に行き、唯心私宅に宿る。○二十三日。松岩寺で易講釈を始める。焼香一両を呈する。講釈が過ぎて舜岳は晩炊を設ける。二十四・二十五・二十六・二十八日、同じような或は軽い饗応があった。○十一月一日。易発起の衆、善長寺一光長老の松岩寺で晩炊を設く。○四日。易学衆中で鹿応院に行き、夢窓国師の宝珠、仏牙舎利など拝見。○八日。易講釈が終り、笠の一件を伝授した。

○十二日。伝授納畢。各々松岩寺に行き、礼を言い、銀子一枚、杉原十帖、諸白二樽、強飯一桶、肴三重を呈上した。会読にも交遊の側面がある。

〔中院通村日記〕元和二年正月十一日。信行院が来た。扇二本。〔趙〕子昂『千字文』〔日本新刻本也。真草〕を恵む。〔但、朔日也〕

○二月十四日。経師藤蔵を召してカルタを摺らせた〔石川主殿頭所令新刊也南蛮のアソヒ物也〕。伊勢国に住む良庵が来て、杉原一束を恵む。彼は故船橋秀賢（慶長十九年没）に四書を受講、今は石川主殿に出入りする。この頃は新註四書を講じている（但し、秀賢は新註は講じなかった）。

〇十五日。良庵が来て『論語』を講じるのに『〔論語〕集註』本を所持する人がなく、古註の序とは相違するので、「学而篇」より読ませた。良庵が集註本がよいと言うので、今日集註本を借りよせ明日より講ずる手配で、自分が官本の大全十八冊、集註五策（冊）を借ることにした。聴衆は右金吾、祐孝、祐甫等。講義の前、未（午後二時）の上刻に煮麺・小豆飯。申（四時）の下刻に小膳。散会。

〇二十九日。良庵、祐甫、祐好（孝）が来る。『大学』序を良庵が講ずる。

〇五月四日。祐好（孝）、祐甫等が来て、予（通村）が『伊勢物語』を講じた。祐好（孝）の発起で、七段を読む。また祐好（孝）が師匠となり「暦算」を習う。祐甫も同じく学ぶ。


これらの記録を見ると時代が動き出していることが知られる。

①日本新刻本『千字本』が贈り物にされていること。
②南蛮の遊び物カルタが新刊されていること。
③新註で、『論語集註』が講じられていること。
④各自に得意の領分があり、相互に講じ、学び合っていること。

〔梵舜日記〕元和四年九月二十二日。三条六角堂内照高殿で、饅頭屋宗二孫宗伯が『日本書紀・神代上巻』の講釈を始め、初めから聞く。初段、成純男迄。撰者や時代のことを一々講じた。二十三・二十七・二十九・十月二・四日・七・十一・十三日、十五日に終った。上下巻を十回で終わったが、梵舜は悉く聴聞した。十七日には照高院殿へ談義の御礼に、蜜柑折を進上、丁度宗伯に御振舞の時で大酒になった。

ここで言いたいのは、家康が貶した町人学者が、堂上貴族や社寺の学者に互して活躍を始めていることである。

第二章　近世における出版と読書

江戸時代は、整版本により、知識・教養・娯楽・情報を、広く四民に伝達した時代である。この整版本は、内容や読書のあり方の変化に対応して、大きさにさまざまなバリエーションが存在する。近世における出版と読書を考えるうえでは、この書形の知識は欠かせないものである。そこで、本章では、まずはじめに本の大きさについて記して置くことにする。

江戸時代は大本《おおぼん》（美濃本）と半紙本《はんしぼん》の二系列の工業規格となり、それぞれその半分の大きさの本を中本《ちゅうぼん》、小《こ》本《ぼ(ほ)ん》と呼ぶ。横綴にした場合には、横中本、横小本と言う。三等分した形の本はそれぞれ三ツ切本と言い、大本（美濃）三ツ切本、半紙三ツ切本と呼ばれる。また、中本、小本を二等分し、三ツ切本を二等分三等分した本を、特小本《とくしょうぼん》という。それ以下は豆本《まめほん》と言う。

大本は縦約二七センチ位、横は約一九センチ位である。半紙本は縦約二四センチ位、横は約一六センチ位である。

大本型の物の本（学問書）を明窓浄几に端座しての読書から、半紙本、中本、小型本と娯楽・実用書への方向を辿り、その読書態度も四民の屈託のない自由なものになっていった。

一　寛永期の整版本出版

江戸時代の書物製作には、凡そ次の三方法がある。

○それまで長く続いてきた伝統的な筆写本。例えば、『本光国師日記』慶長十五年（一六一〇）九月五日の条に、家康が鎌倉五山等の物書く僧に命じて、『群書治要』を写させたとあるように、筆写本作成の事は日記や記録類に書き留められている。

○秀吉の朝鮮出兵によってもたらされた新技術の古活字本と、それにもとづく元禄初め頃からの新活字本。慶長二年勅版『勧学文』には「命工毎一梓鏤一字棊布之一版印之、／此法出朝鮮甚無不便因茲摸写此書」とある。『御本日記続録』には官版慶長二十年『大蔵一覧』は元和二年『群書治要』とともに「本邦銅活字版の権輿」とある。

○仏教経典類の印刷に用いられてきた整版印刷を引き継いで革新された整版本。古典類では慶長二年版の易林本『節用集』や『新古今和歌集聞書』が古い。

慶長（一五九六～一六一五）前後から寛永時代初期には記録や古典類が、従来の写本から古活字版や整版本でしきりに翻刻出版されている。現在ではこれら出版史の研究は著しく、中でも岡雅彦氏による実見悉皆調査を旨とした『江戸時代初期出版年表（天正十九年―明暦四年）』（勉誠出版、二〇一一年）の調査報告は一大結実であり、研究発展の基礎が新たに築かれた。過去には『国書総目録』（岩波書店）等があり、この他にも作品別に個別の調査がある。

『江戸時代初期出版年表』の索引から試算してみると（間違いのあることを恐れ全て筆者の試算であることを断る。以下も同じ）、出版総数は約二五八〇点弱、古活字版は五三〇点弱、古活字から製版に移行したもの（逆もあり古活字版も整版もあるものとするのが妥当かも知れない）は二二〇点弱、整版だけでの版行は一八三〇点強である。これを慶長・元和期に限定してみると、慶長期二十年間の出版総数は約三九〇点、うち古活字版は約二八三点［七二・六%］、整版は約一〇七点［二七・四%］であり、元和期（一六一五〜二四）十年間の出版総数は約二三〇点、内古活字版は約一五九点［六九・一%］、整版は約七十一点［三〇・九%］である。出版点数は徐々に増加し、古活字から製版への増加傾向が見て取れる。古活字から整版への転換は『当代記』慶長十四年の記事に「此冬、此五三個年、摺本と云事仕出、何の書物をも京都に於て之を摺る。当時是を判と云。末代の重宝なり」とあり、寛永時代（一六二四〜四四）になるといよいよ著しく、寛永二年には出版総数約六十六点の内古活字版は二十三点、整版は四十三点と逆転する。このことは読者増加に対応するための整版による発行部数の増加、即ち商業出版への変革であったと推察される。

製作部数は、一般的には、写本ではせいぜい十部程度まで（大抵は転写 製作一部であろう）、古活字本では一〇〇部程度（文禄四年〈一五九五〉本国寺版『法華玄義序』は一〇〇部）である。『慶長日件録』慶長八年正月廿一日に、『白氏文集』から五妃曲を選び一字板（活字版）一〇〇部新摺。『駿府記』慶長十九年八月六日に、『大蔵一覧』一〇〇部か二〇〇部を家康が林道春に命じ、同廿年六月廿日に版行百廿五部とある）、整版本では一〇〇〇部程度以上と推定されており、それはそのまま書物の需要数、即ち読者数と考えられる。寛永頃になると読者数が増加し、大量印刷のできる整版出版への移行は必然であったと考えられる。出版の流れは寺院版・勅版・官版・私版等から、書肆版への方向を辿る。

それでは寛永時代頃の整版による出版の実情はどうだったのか。このことについてはかって「商業出版の開始」として概説しているので（岩波講座『日本文学史・第七巻』一九九六年）、ここでは必要な範囲で改めて纏めてみることにする。

イ　記録や古典類の翻刻

慶長前後から寛永時代初期には記録や古典類が、写本から古活字版や整版へと頻りに翻刻出版されている。当初は仏書、或は医学書の出版が目につくが、今は上述の文献を参考に、四民（士・農・工・商）を対象にしていると見られる二三の書物の出版情況を概観してみることにする。

『竹取物語』を例にとれば、古活字版で慶長年間版、元和年間版、寛永年間版があり、次に整版本で正保三年（一六四六）版に始まり、寛文三年（一六六三）版、元禄五年（一六九二）版と続いている。

近世初頭以来広く読まれた『太平記』は、古活字版に慶長八年版、同十年版、同十二年版、同十五年版、慶長頃の刊年不明版、元和二年版、元和年間版、寛永元年版、寛永年間版、慶安三年（一六五〇）版、刊年不明版等がある。整版本では元和八年版、元和年間版、寛永八年版、同九年版、明暦年間（一六五五～五八）版、万治三年（一六六〇）版、寛文四年版等がある。『太平記』の出版で言えば、各版の正確な出版部数は不明にしても、古活字版百部程度がほぼ二年に一回都合十一回、それも時代が下るにしたがって、間隔が狭まるのは購読者の増加と思われる。整版出版も都合六回あり、これが元和年間からの古活字版の出版と並行しているのは、明らかに購読者の増加と推測できる。

『先代旧事本紀』の整版は「寛永廿一甲申歳孟夏吉辰」出版であるが、別に出版元を異にする次の三種の出版がある。①「洛陽書林前川茂右衛門開板」、②「寺町貞安前町瀧庄三郎」、③「二条通観音町風月宗智刊行」である。『古事記』についても同様で、『先代旧事本紀』の③を「(削去)観音町風月宗智刊行」と改めている。

ロ　往来物・節用集・地図等基本実用書の出版

次の段階では、基本実用教習書の出版があげられる。正確・規範・共用性を備えて、教育資料・教科書として出版されるのが「往来物」や「節用集」で、共に鎌倉・室町時代以来写本で行われてきたものの整版による出版である。整版本では、当初は奥付を欠く出版人不明の本が多いが、往来物で早期に明らかになるのは、①『菅丞相往来』で寛永六年二月安田弥吉版、②『小笠原諸礼集』は寛永九年五月中野市郎右衛門版、③『万昳方目録』は寛永十一年十一月西村又左衛門版であり、出版人の明記は購読者への情報提供であろう。これらの往来物にも再版や覆刻版が多く、これも需要の多かったことを明らかにする。『江戸時代初期出版年表』では『庭訓往来』の出版は、慶長十一年以来二十三回にも及ぶ。

節用集も整版出版の特性を生かしている。『易林本節用集』は出版人の住所氏名を「洛陽七条寺内平井／勝左衛門休与開板」と記しているが、この住所氏名を欠いてやや後に出来た本があり、こちらは複刻のようである(日本古典全集「易林本節用集解題」)。そうであれば買い求める者が多くなり偽版の出現と推測される。慶長二年易林の奥書には、客が鉅(巨)巻を携えて来て、「此節用集十字九皆贋也。正諸於韻会礼部韻。諾則命工刻梓焉」とあり、定家仮名遣いを基準にして校定したものである。ここでは持参の写本の「贋」(似て非なる字。即ち誤字)が正され、「刻梓」(整版出版)されたことが注目点になる。正確・規範・共用性を基本とする教科書や辞書作りに、整版印刷が利用されているのである。

『節用集』で刊年だけが記されるものは別として、刊年・刊行地を明記するものに『節用集』「慶長拾六年九月日／洛下烏丸通二条二町上之町刊之」があり、刊年・刊行者を明記するものに『下学集』「元和三年丁巳孟夏吉日焉／杉田良庵玄与開版」があり、刊年・刊行地・刊行者を明記するものに『二躰節用』「寛永十二年林鐘仲旬／四条寺町大文字町／中野市右衛門開板」がある。住所や刊行者を明記するのは、不特定多数の読者の購読を期待する広報宣伝の意味がある。『江戸時代初期出版年表』には『倭玉篇』の出版も慶長十年以来十四回も記され、刊年・刊行地・刊行者が記されるのは寛永戊寅（十五）仲冬日／洛陽四条坊門／敦賀屋久兵衛」からである。

地図の出版にも整板印刷の特性が活かされている。京都の地図の最初は『拾芥抄』所収の「左京右京図」で、『拾芥抄』は慶長古活字版に二種があり、整版に「寛永壬午（十九）孟夏吉日／西村氏吉兵衛新刊」、明暦二年（一六五六）版がある。一枚物地図の最初は寛永前期（寛永十八年迄）版の『題額』（通称『寛永平安町古図』）で、この板木に四周の名所旧跡を増補したのが寛永後期版『平安城東西南北町名幷之図』であり、これには三種類がある。この寛永版はさらに訂正が加えられ、刊記を「新板／慶安五（一六五二）辰正月／山本五兵衛開之」と改めて書肆版となる。地図は転変興亡する事象を増補・訂正・消去して、最新の正確な標示が必然であり、これに整版印刷の技術を生かして大部数を印刷するのである。もう一例をあげると、承応三年（一六五四）五月板元北山修学院林無庵の板木は伏見屋が買い求めて、寛文二年（一六六二）『新板平安城東西南北幷洛外之図』の書肆版になり、奥付に「誤りと替りたる所を悉く改め、伏見屋板と号して」、整版の特質を生かして板行したのである。（大塚隆氏『日本書誌学大系18・京都図総目録』青裳堂書店、一九八一年）。後述するが、「毎月大改」する「吉原細見」もこれに類し、棚橋正博氏には『新吉原細見』は明暦四年（一六五八）春に刊行されているとの最新報告がある（「古書通信」二〇一七年一月号）。

『江戸時代初期出版年表』によれば、吉田光由の和算書『塵劫記』は寛永四年に古活字版（版行者不明）と整版（杉田良庵玄与）が出、その後整版で十回もの記載がある。『国書総目録』には江戸期に四頁余もの記載があり広く流布しており、算学発達の基礎を築いた。もっとも光由は四度も改訂しているが、偽板も多いという。

八　謡本・浄瑠璃本等慰み本、連歌・俳諧の式目書

謡本や連歌俳諧の式目書の出版もある。謡本の出版も古典覆刻ではあるが、例えば寛永卯月本の奥書に「右百番之本者観世左近大夫入道暮閑章句付以令加奥書之本写之畢／寛永六年卯月日」とあり、太夫の正確な本文詞章を整版印刷して、写本で個々に惹起する誤謬をなくしたものである。この観世流謡本の特色は、粗末な装幀で、一番綴じ、しかも中本で、江戸初期から刊行されており、「当初から謡本購買者の層が厚かったことを物語っている」（表章氏『鴻山文庫本の研究』わんや書店、一九六五年。二三一頁）。さらに「寛永中本」と称される諸本は、再版や覆刻を重ねている。

このことは近世に勃興流布した浄瑠璃本でも同じである。『はなや』六段本は、巻頭に「天下無双薩摩太夫以正本開之」とあり、巻末には「正本／寛永十一年四月吉日／西洞院通長者町　さうしや太郎右衛門開板」とある。時代が下って、ますます浄瑠璃が流行する中で、宇治加賀掾（寛永十二年～宝永八年。一六三六～一七一一）が、それまで太夫の間で堅く秘していたのを、「稽古本八行《くだり》を、四条小橋《はし》つぼやといへるに板行《はんかう》させ、浄るり本に謡《うたひ》の如くフシ章《しやう》をさし始めしは此太夫」（『今昔操年代記』享保十二年、一七一九）であった。音曲には正確に統一された本文や節付が不可欠であり、太夫の節付に毫厘も違いないと奥書して、それを出版本屋が宣伝文句にしているのである。

連歌俳諧の式目書の整版出版も早期のものである。『連歌至宝抄』は寛永四年正月版で版行者不明、『はなひ

草』横小本一冊は寛永十三年二月二条通玉屋町村上平楽寺版である。松永貞徳（元亀二年〜承応二年。一五七一〜一六五三）が実作で俳諧の模範を示した『新増犬筑波集あふらかす よとかは』横小本二冊は寛永二十年春二条寺町野田弥兵衛板である。貞徳が加点を乞われた句に古今の句を加え、四季類題別に編集した『崑山集』中本十三冊には、刊記「慶安四（一六五一）暦仲秋吉辰日／崑山館道可処士鋟板」（巻十三付録）がある。慶安五年三月板の『尾陽発句帳』には「崑山集の開板出来侍りて、三条本屋にすり置しを見て当座／板にしてもするや崑山玉霰（不存）」があって、三条の本屋は再版本の刊記「明暦二年（一六五六）丙申夷則吉祥日／寺町通丹福寺前町／秋田屋平左衛門板行」のことと推定されている（集英社古典俳文学大系1『貞門俳諧集一・崑山集』解題、一九七〇年）。俳書にも本屋の市中営業が確認される。

以上の謡本・浄瑠璃本・連歌俳諧等は四民の慰み本であり、早くから整版本での出版販売があった。

二　新しい読物の出版

見てきたような古典類、基本教習書、慰み本の出版の次の段階としては、現代向けの新しい読物の出版が始まる。それは時代が下るに従い、その時代の読者の志向に適う新しい読物や実用書が、時代とともに変化して行くことになる。それも同じように伝統に即して作られた娯楽読物、笑話集や擬古物語《パロディー》に始まり、次いで現代生活に必要な知識や技術書、風俗書などへと移行する。

新しい読物とは、中世文芸の流れに立ついわゆる仮名草子で、大本型漢字平仮名交りの読物であり、例えば『薄雪物語』は「寛永壬申（九）十二月吉日中野氏道也梓」（中野小左衛門。後出の道伴の弟）であるが、本書は寛永期に古活字本三種、整版本三種、その後江戸時代に二十五種の異板があるという（渡辺守邦氏「近世文学資料類従 仮

名草子編13『薄雪物語』解説」勉誠社、一九七三年）。

『尤之双紙』は『枕草子』の擬物語であり、「寛永九年林鐘上旬／大宮通三条二町上恩阿斎開版」本があり、この後版に「寛永甲戌（十一）六月吉日 書舎中野氏道伴刊行」（中野市右衛門。道也の兄）があり、また後版と同じ奥付・刊記で「丁子屋仁兵衛刊行」版もある。これらのことは後版に「書舎」とあることからも分るように、本屋の売り本であることを明確にしている。道伴は既に寛永五年『黄帝内経霊枢註証発微』にも「書舎道伴梓行」と記しており、さらにまた後述のように「書林」とも称している。出版の初めは寛永元年の『天台名目類聚鈔』が確認され、寛永期には約五十点の出版がある。

尤も「本屋」と名乗るのは、古活字版『（魁本大字諸儒箋解）古文真宝後集』に「慶長十四己酉年陽月下旬／室町通近衛町本屋新七刊行」とあるのが最も古く、この新七には前年慶長戊申に『四体千字文』の開板があるが、本屋の呼称はない。これに次ぐのは『中庸私抄』の「于時元和七暦重光作噩仲冬吉辰／本屋二兵衛開版焉」である（但し、二兵衛の名で元和四年『九千句』の開板もある）。さらには本屋意斎（寛永二年『中庸章句抄（中庸私抄章句）』）がおり、本屋理兵衛（寛永七年『闕疑抄』）もいる。

寛永初期迄に、このような本屋に関する呼称では「書堂」があり、元和九年の『難経本義』は「書堂／洛下六条坊門／道以板開板之」とあり、寛永六年『山谷詩集註』には「洛陽書堂／大和田意閑開板」がいる。

「書肆」の呼称は寛永五年『黄帝内経霊枢註証発微』に「二条通松屋町／書肆 武村市兵衛板行」とある。

「書林」の呼称は寛永六年『医方考・脈語』に「書林 猪子梅寿新刊」がある。但し、「梅寿」には慶長十三年『黄帝内経素問註証発微』以下寛永八年『新添修治纂要（本草異名並和名）』迄、書林とは記さずに三十点余の出版がある。寛永七年になると『増注唐賢三体詩』には「書林／又左衛門板」があり、『楽邦文類』には「書林 道伴梓行」があり、『倶舎論頌釈頌』に「書林　三木梓行」がある。

「板木屋」の呼称は寛永九年の『錦繍段抄』に「板木屋勝兵衛」とある。

草紙屋を名乗る者は前出のさうしや太郎右衛門、さうしや九兵衛（寛永十五年『ともなが』『あぐちの判官』）がある。

少し時代が下ると現代風俗を内容とする出版物も登場し、中本仕立ての役者評判記は書肆版『野郎虫』で、「万治三庚子年（一六六〇）四月上旬烏丸 本屋仁兵衛開板」と「四月上旬 正本屋 五郎兵衛開板」の二種がある。ここにも本屋、正本屋とある。『剝野老《むきところ》』は「寛文弐壬寅（一六六二）天中夏吉日／通油町 ますや開板」であり、「ますや」には寛文七年初春遊女評判記『吉原すゞめ』の開版もある。

改めてこの期の商業本屋の呼称を整理してみると、本屋、書舎、書堂、書肆、書林、板木屋、さうしや（草紙屋）、正本屋などがある。

ここでは、商業本屋の始めとその総数も探りたいのであるが、勅版や官版は別として、『江戸時代初期出版年表』にも記されるように、版元名の分らない出版物があり、版元名は分っても名前だけで姓氏の同定し難いものがあり、寺院版や個人蔵版があり、営利書肆版を明確にすることは極めて難しい。その「版元名索引」に掲載される総数を敢えて数えてみると八百九名であるが、商業本屋はその三分の二になるか半数になるかどうか、一々の検証が必要になる。

二　元禄期三世代目の出版

いわゆる元禄期というのは、延宝（一六七三～八一）・天和（一六八一～八四）・貞享（一六八四～八八）・元禄（一六八八～一七〇四）・宝永（一七〇四～一一）・正徳（一七一一～一六）の各時代を含めて四十年余をいうもので、幕初以来三世代目に当る。整版出版が主流となる寛永期は二世代目であるが、幕初以来の平和な時代の繁栄が、三世代目の文運隆盛をもたらした。この期の出版についても市古夏生氏に『元禄・正徳 板元別出版書総覧』（勉誠出版、二〇一四年）の労作があり、内容は『増益書籍目録』（河内屋利兵衛の元禄九年版六種・同十一年版二種、丸屋源兵衛の宝永三年版四種、同六年版二種、正徳五年版一種。計十五種）について、書物総数七二〇〇点弱を版元別に分類し、その書価まで記載したものである。出版点数は『江戸時代初期出版年表』の約二五八〇点弱に対し本書『元禄・正徳 板元出版総覧』では約二・七八倍に当たり、市中営業板元四五九軒（板元不明一）が記されている。このことは、それだけ読者に橋渡しする本屋がいて、書物を購買する読者がいたことの隆盛を物語る。収載書について出版年代を明らかにしていないのは、それは当代流布の出版物としての扱いであろう。一方では、当代の出版総総点数ではなく俳諧書等の登載がないこと、さらには出版の隆盛とともに重版（海賊版）や類版（類似版）が明らかにならないのは、『増益書籍目録』そのものの分析であるから致し方のないことである。

イ　百科事典類の出版

元禄期は知識啓蒙の時代であり、地方への関心も広まり、それは中国にまで及んでいる。その象徴となるのがいわゆる元禄の三大百科事典の出版である。

元禄十年版平野必大の『本朝食鑑』は大本十二巻十冊で整版出版されている。シナ明の『本草綱目』の影響を受けて我が国の日用食物全般、動植物性食品について名称、食性、食法、能毒等を詳述した大著である。

正徳五年版寺島良安の『和漢三才図会』は一〇五巻、首巻一巻、目録一巻、大本八十一冊の江戸時代最大の事典

である。これも明の五圻の『三才図会』を模倣した図説百科事典で、三十数年の長い年月をかけての編纂であった。宝永六年版貝原篤信の『大和本草』は十六巻、正徳五年版付録二巻、諸品図三巻、大本十冊は、博物学としての本草学をわが国で初めて開いたもので、一三六二種の名称や形状、効用について解説している。

これら三大百科事典の内、前二者は大本型で漢字漢文、後者は漢字片仮名文で製作され、編集に長い年月をかけている。今に至る迄その資料的価値は高く、必須の知識庫とされている。

これらに対して、横小本型平仮名交り本の出版がある。元禄二年版書肆編の『合類日用料理抄』は横小本型五巻五冊本である。内容は酒、味噌、醤油、餅、麵、菓子、漬物、豆腐等各種日用食物の作り方、果物持ち（保存）様、魚鳥の料理の仕方等を解説するのが特色である。

元禄七年成稿、享保三年版の『万宝全書』は、横小本十三巻十三冊本である。和漢の画印、古筆、茶入、諸道具、古銭図、銘尽等の絵図付きの解説をする簡易な趣味の美術事典である。

この頃は国内地方への関心が頗る顕著になり、それは貞享四年初版『諸国案内旅雀』七巻七冊、元禄三年『東海道分間絵図』の版行があり、元禄十年版菊本賀保の『日本国花万葉記』横小本十四巻二十一冊等の出版に見ることができ、共に版を重ねている。前者は東海道、伊勢、木曾各種道中記等の集成であり、後者の内容は日本全国の地誌で、山城から五畿内に始まり全国に及び、居城人名、諸国の城主領主、神社仏閣、山嶽名所、名物等を網羅している。経済社会の繁栄が日本全国への関心を広めたもので、序文には「実に四民の至宝、万代の遺文」とある。豊富で充実した内容はこれも現在においても重要な資料である。

以上を纏めると、大型本漢字漢文体の本は専門初学者向けであり、それらの内容を受け継いで、小本型漢字平仮名本は四民向けの実用書になる。主として出版本屋によって企画編集され、製作費用を少なくして安い価格で四民への販売を目論んだものである。

□　医学書類の出版

医学書の出版については、近松門左衛門の弟、岡本一抱（号為竹。正徳六年、一七一六。六十二歳没カ）の事跡から始める。既に調査報告をしているが（拙著『近世上方作家・書肆研究』所収「近松弟岡本為竹」東京堂出版、一九九四年）、一抱は元禄期に医学諺解書五十数編を書いた名のある医学者である。諺解書というのは、一抱の場合、中国医学書を平易に口語訳することで、大本漢字片仮名交り文での製作である。一抱の編述態度については、元禄八年（一六九五）の『万病回春病因指南』の長岡恭斎の序文に、「辛鈔苦纂幾便初学、近頃又登病因指南書一書」とあり、また元禄十五年『元禄大平記』巻七の四には「今の学者《がくしや》を指折《ゆび》てみる」には、医学において一抱等を、「百人の中にて十人。十人勝《すぐつ》て五人三人と指折《ゆびをり》する人々」といい、巻五の四「初学《しよがく》の為《ため》によい事をいふ」には「仮名抄の説きやうは、手近《ちか》く一筋ニ、岡本《おかもと》為竹《いちく》の述《のべ》られし、大成論《たいせいろん》、格致《かくち》論の諺解《げんかい》の如く、さらさらと聞こへ易きやうに編み候はゞ、初学の迷ひもあるまじく候」とある。両書ともに一抱の諺解書を「初学」を対象として、彼等を指導する大学者という。「大成論《たいせいろん》」は『医方大成論諺解』で貞享二年刊大本五巻五冊、「格致論」は『格致余論諺解』で元禄九年刊大本五巻五冊である。

これに対して元禄三年刊『袖珍医便』横小本五巻五冊は漢字片仮名交じり文で、京都中村孫兵衛から版行されている。蘆桂洲の編著で凡例の最初に、「此ノ書至《シヨイタツ》テ俗語《ゾクゴ》ヲ以《モツ》テ書《カキ》シルス事、片郷《ヘンキヤウ》カタイナカノ野巫医《ヤブイ》、或《アルヒ》ハ医療《イリヤウ》ニ志《ココロサシ》アル俗家《ソクカ》ノ其理《ソノリ》ヲ知《シリ》ヤスカラン事《コト》ヲ欲《ホツ》シテナリ」とある。即ち、片田舎の藪医者や医学志願者への教科書にしたいというのである。そのため最初に、巻の一「医学次第」で、医者の心構えを説くが、要約すると、医道に志を深くし治療を業としようと思う者は、儒学の勧めがなくては医書の宗旨は明らかにし難く、四書五経の文理を大体理解して、その後に『素問』（中国最古の医書。九巻）『難経』（周の秦越人の医書。二巻）を逐一に極めよ、そうすれば療治書の理を自ら明らかにして誤ることはない、等と説く。近代は医を業とする者が、学問の功を積んで薬を施す者は稀で、渡世のために全く文盲の輩が一、二の妙薬、仮名書の医書で療治するものが多く、さらに、医は人の命の生死に与かるもの故、平生心がけて、医書を極め知ることが肝要といい、診察、療治、薬性について見るべき書を挙げている。「医師心得《いしのこころえ》」には、医者は貴《き》《たつとし》賤《せん》《いやし》親《しん》《したし》疎《そ》《うとし》によらず、一様に心を尽くして薬を施せ、また婦人や若い女を療治する時は、仮にも戯れの言葉を出してはならず、脈をとる時は近くに人のいる時にせよ等とあり、不審を立てられると一生の害になる等ともある。以上のことからして、本書は初心初学の医者の学習教材として、横小本漢字片仮名交り文で製作されている理由が理解できる。片仮名と平仮名とでは、片仮名の方が格上である。

元禄五年刊『医道日用記』は半紙横三ッ切本、漢字平仮名交り文である。序文には「こゝに非家《ひか》の初心《しよしん》のために医道日用重宝記《いたうにちようてうほうき》と号《かう》し、浅《あさ》きより深《ふか》きに至る問津《もんしん》の一書《しよ》をなして、傍辺《はうへん》の素生《そせい》に便りせんとす」とある。本書は専門外の初心者を読者にして、京都の上村平左衛門、江戸の万屋清兵衛、大坂の雁金屋庄兵衛の三都版で、家庭医学書としての出版である。この『医道日用記』は宝永七年に改刻改題されて『医道日用重宝記』（序題）横小本一冊となり、序文を本郷正豊が書き、「医道重宝記《いだうてうほうき》は片郷《へんきやう》の庸医《ようい》或ひは医道《いだう》に志《こゝろざし》ある俗家《ぞくか》のために、古人此書《こじんこのしよ》を著《あらは》す」とあるが、本文に若干の増補はあっても新編ではなく、四民家庭医学書としての内容は替らない。この書も前と同じ三都版である。その後、享保三年（一七一八）に大坂柏原屋清右衛門が主力版元になり、『医道日用重宝記』あるいは『医道日用綱目』等の標題で、江戸での売り弘め本屋に変動はあるものの、江戸時代を通じて九版が確認され、明治期（一八六八〜一九一二）にも三版され、鉛活字版もあり、購読者が長くついている。

『医道療治重宝記』は最初半紙横三ツ切本で、四民読者を対象に出版された。原版は元禄時代初期が推定されるが、未確認である。万延元年（一八六〇）の後印本には「是啻《たゞ》医学《いかく》者のみ是を得《え》て益《ゑき》を取にあらず。病家《ひやうか》素人《しろうと》も又是を取りて見るべき所の重宝《てうほう》なり。しかれ共是を童蒙《とうもう》に授《さづ》（け）て訓解《くんかい》見やすからず。故に又やはらぐるに平《ひら》かなの目《め》やすきを以てし」たとある。この類は他にも正徳五年版『小児療治調法記』、享保三年版『骨継療治重宝記』等がある。

纏めると、最初出版書として大本型の漢字漢文、同じく漢字片仮名交り文、小本型の漢字片仮名交り文、漢字平仮名交り文への移行が辿れるが、これは出版本屋が読者対象を上層の専門家から中・下層の四民読者へ広げたもの、即ち元禄期三世代目の新しい購読者を対象にしたものである。それは出版地の三都のみならず地方の読者をも対象にしている。例示は、生活に大切な医学書であったが、必要な実用知識を身につけたい四民が大勢いたことは他の出版書にも窺える。

八　書翰書法書の出版

書翰書法書でも同じことが言える。寛文九年（一六六九）『書翰初学抄』は大本上中下三巻の漢字文で、京都井筒屋伝兵衛刊である。後版に天和四年（一六八四）京都大津屋庄兵衛を主力とする京都・江戸の四軒相合版がある。但し、両版は同じではなく、後版の下巻二四丁以下は増補改刻である。本書はさらに享保二年版、同十五年版、嘉永四年（一八五一）版もある。これに対して、元禄八年版『書札調法記』半紙本六巻六冊が漢字平仮名交り文で出版され、購読者を四民に設定している。凡例には次のようにある。

一、凡此書初巻《およそこのしよしよくわん》より四巻に至る迄は、当流《たうりう》に用《もちゆ》る所の文章《ぶんしやう》を悉《ことごと》くこれを綴り、進状《しんじやう》返状《へんじやう》ともに、上中下を分ち、上江遣（わす）状には頭《かしら》に貴と記し、中へ遣（す）状には頭《かしら》に同と記し、下は下と書して、しかも書状毎《ごと》に替字《かへじ》を悉く入（れ）て、又側らに高下《かうげ》の品を記して、童蒙《どうもう》の助けとする耳《のみ》。

第二項は省略して、三、四項を記す。

一、五巻には全て書方《しよはう》一巻《まき》の作法《さはう》、折紙《をりかみ》、箱肴《はこざかな》の書（き）様、目録《もくろく》、手形請状《てがたうけ》等の文言《もんごん》、弁人倫《じんりん》の替名《かへな》、毎月毎日の異名《いみやう》、衣服《いふく》、器材《きざい》、魚鳥《ぎよてう》の言葉遣ひ等、悉くこれを載す。

一、六巻には書状世話字《せわじ》、高下《かうげ》の大概《がい》を記し、万物《ばんぶつ》の異名門々《いみやうもんもん》を立《たて》て、繰り返しこれを示し、又世話難字尽《せわなんじづくし》、弁書《かく》・㝵《かく》の如き同訓《どうくん》にして、意旨《いし》の違《たが》ふ文字を粗連《ほゞつら》ねて、巻末《くわんまつ》とするのみ。

この『書札調法記』が、差し出す相手を上中下、即ち上輩 同輩 下輩に分つ中で、上に遣わす状には、上輩は「貴」、同輩は「同」、下輩には「下」と書いて、童蒙の助けとするとあるので、中層の人々をも対象にしていることは明白である。この半紙本『書札調法記』は京都の小佐治半右衛門の出版で、読者対象を四民に定めて、書翰文等各種文書のき方を、凡例に示すように、従来の往来物を伝承しながら、新生活に必要な教習内容を盛り込んでの出版であった。

『書札調法記』の諸本のうち奥付を欠き、「享保七年（一七二二）寅二月吉日」の識語のある本があり、第一〜三巻を『書札調法記』、第四〜六巻を『書状調法記』と外題替して、二種の本に仕立てたものもある。これは二種ともに全冊原題簽揃いであるから、意図した重版（海賊版）である。出版者が商品価値の高い本を重版、類版し、また分冊外題替するのは珍しいことではなかった（拙著『江戸時代の図書流通』所収「近世後期大坂出版の状況」思文閣出版、二〇〇二年）。

元禄八年刊『書札調法記』の後版には、元文五年（一七四〇）に覆刻版の九書肆相合版もある。明和四年（一七六七）の皇都七書肆相合版は元禄八年刊本の後版であるが、これにも書肆に異同のある版がある。元禄八年刊の系統で刊年不明の吉野屋仁兵衛版もある。

なお写本の一冊本を散見するのは、個人備用に写したものであろう。整版本の重宝記の写本に所持者の個人名が記されている本は少なくない。

二　実用書出版と四民教育

元禄期には、出版本屋が四民識字者を購読者に設定し、内容を漢字文から平仮名交り文にして読み易くし、書型も大本型から小本型へ移して取り扱い易く、且つ安価にし、内容書型ともに、庶民化の方向が進んでいる。例示は百科事典、医書、書翰書法書（往来物）であったが、この傾向は他の日常生活に必要な算法書や料理書についても同じである。それではこれら教化啓蒙書には何か教育理念があったのであろうか。

『文章指南調法記』は中村三近子（寛保元年、一七四一。七十一歳没）の二十五歳の編著であるが、享保十四年（一七二九）五十九歳の時には士農工商の四民を購読者にした『四民往来』半紙本四冊があり、巻の四「商之部」には「入学文章《にふがくぶんしやう》」があって、行儀作法が無躾なため寺子入学願をしたので、「書読《しよどく》之《の》御教訓《ごけうくん》精々《せいぜい》奉《たてまつり》頼《たのみ》候」等の文例がある。六十一歳の時には『俗字指南車』の編著があり、没後の宝暦六年（一七五七）には『文章指南調法記』が出ており、巻の四には同じく「(通)入学文章《にふがくぶんしやう》」があって、勉学の意味付けを記している。引用本は安永十年（一七七八）の求板本からである。但し、「第四章　一　学問入学吉日」にも記すように「寺入り」と「入学」は厳密には区別される。単純に言えば、「寺入り」はいろはから始まり、「入学」は素読《そどく》《そよみ》から始まる。

御息方甥子達《ごそくがたおいごたち》、御勤学思召立《ごきんがくおぼしめしたち》、昨日者日柄茂相奇候故《さくじつはひがらもあいすぐれそろゆへ》、先生江御入学之由《せんせいへごにふがくのよし》、読書講習共《とくしよかうしうとも》ニ、無間断御出《なくかんだんごしゆつ》精《せい》、不暨申存《ずおよばもうすにぞんじ》候、総而《そうじて》、出家《しゆつけ》、士《さむらい》、医家之分《いかのぶん》、文盲ニ而者《もんもうては》、生涯差支《しやうがいさしつかへ》も恥掻《はぢかき》、口惜事多《くちおしきことおほく》候、其内博覧《そのうちはくらん》ヒロクミルニ無之共《なくとも》、詩文者《しぶんは》拙共不苦《つたなくともずくるしから》、唯簡《ただことすくなに》経書之要儀計《けいしよのやうぎばかり》御学《おんまなび》候ハヽ、於忠孝之道無限御利益可有之《おいてちうかうのみちなきかぎりおんりえきあるこれ》、世上並之腐儒者之挙動不羨《せじやうなみのくされじゆしやのふるまいずうらやましから》候、御繹故無腹臓得御意《おんたづねゆへなくふくざうえぎよい》、猶御学問之要領《なをごがくもんのやうれい》（カンヨウ）大抵《たいてい》ヲムネ書付進《かきつけしんじ》候。

大学《だいがく》身を修むるの一句にすぎず　論語《ろんご》二十篇ともに仁の一字にこへず　孟子《もうじ》七篇ながら仁義の二字をいひつくす　中庸《ちうよう》心術の大事をのべたり　小学《せうがく》孝悌忠信の外なし　近思録《きんしろく》知行の二つをよくいひのぶる

易《えき》天地鬼神の妙をかたる　書経《しよきやう》古聖人の徳行をかたる　詩経《しきやう》国々の治乱をかたる　礼記《らいき》威儀進退（たちいふるまい）をのぶ　春秋《しゆんじう》乱臣賊子をいましむ。

右之書籍《みぎのしよじやく》、強一章毎之穿鑿《あながちいつしやうごとのせんさく》ニ不及《ずおよば》、一言一句之干要体認《いちごんいつくのかんやうたいにん》こゝろにとゞめて仕《つかまつり》候得者《えば》、一生之受用《いつしやうのじゆよう》、不《ふ》足無之由《そくこれなきよし》承《うけたまはり》及《および》候

この文章には、世は既に学問の世の中になっているという前提があり、男子は皆入学出精していること、出家、武家、医家（これらが主な入学対象者）は文盲では恥を掻き、口惜しいことと言っている。詩文の作り様は拙くてもよく、簡潔に経書の要義を学べば忠孝の道に限りなく利益を得るのであり、世間並みの腐れ儒者等羨むことはない、という。そこで学問の要領として示されるのが、四書五経である。その読書は何も一章ごとの穿鑿（吟味）はいらない、一言一句肝要を体認（十分理解して身につけふるまえる）すれば、一生の受用、不足はないという。

これは出家・武家・医家等上層子弟向けとはいえ、「書読之教訓」（前出『四民往来』）の究極の目的が四書五経の「体認」にあることは、江戸幕府が朱子学を文教政策の指導原理においた幕初以来のことで、他に価値基準は求められなかった。このことは横小本『袖珍医便』の医学学習にも見た通りである。社会生活道徳の基本は四書五経にあるというのである。

ホ　四民の勉学向上心

元禄期、四民識字者を対象に、教化啓蒙書出版の盛行を見てきたが、井原西鶴（元禄六年、一六九三。五十二歳没）や近松門左衛門（享保九年、一七二四。七十二歳没）らは、中・下層の人々が勉学向上心に満ち溢れている状況も書いている。

江戸時代初期、上方中心の経済社会の発展は、寛文頃（一六六一〜七三）に最盛期に達し、元禄期に向かって下降線を辿るとされているが、それを受けて元禄文化が生まれ、その中で西鶴の代表作とされる『日本永代蔵』が貞享五年（一六八八）に書かれ、経済成長の当然の結果として貧富の差のついた町人社会が描き出されている。『日本永代蔵』は大本全六巻各巻五編全三十編からなる枠組みのある短編小説集で、その「三分の一程の作品で西鶴は二代目を取り上げている……もはや大坂町人が二代目、三代目の時代となっている」との指摘がある（谷脇理史氏『経済小説の原点、日本永代蔵』清文堂出版、二〇〇四年。一一八頁）。西鶴は大坂の町人を「浪風静に神通丸」（巻一の三）の中で、金持は代々続いたものではなく、大抵は吉蔵、三助（共に丁稚下男の総称）の成り上りであり、その時を得て詩歌、鞠、楊弓、琴、笛、香会、茶の湯も自ずと覚えて、上層町人と交際して、昔の田舎訛りもなくなると書いている。その吉蔵、三助は、大和、河内、摂津、和泉等大坂近在の百姓の子供達で、跡取（相続）の長男を残して二三男が丁稚奉公（八、九、十歳前後から十年）に出され、鼻垂れて手足の土気の落ちないうちは豆腐等小買い物に使われるが、お仕着せを二、三枚戴き年季を重ねると、自分の定紋を考えて付け、髪の結い方も考え、身嗜みも一人前になるにつれ主人のお供で能見物、船遊びにも連れられる。その内に行く水に数を書き、盆に砂を入れて手習をし、算盤の加算、引算も子守の片手間に習い覚え、いつとなく次第送りの手代分（十七、八歳から十年）になり、さらに十年を経て番頭になり、別家を渡されて一人前の商人となる。丁稚奉公に出ず、親の跡取をする者については、巻四の一「祈るしるしの神の折敷」に、人は十三歳迄は分別のない子供でよく、それから二十四、五歳迄は親の指図を受けて働き、その後は自分で稼ぎ出し、四十五歳迄に一生困らぬだけの基礎を固めて遊楽する、というのが町人の生き方である。

これら元禄期の町人達向けに、即ち三代目相当の町人達向けに、学習参考書が出版され販売されていた。天和元年（一六八一）版半紙本二冊『男女日用重宝記』（内題）は衣食住にわたる教習書である。

家庭生活のための総合百科事典では、いわゆる昼夜重宝記、例えば横三ツ切本一冊がある。それは元禄二年の『家内重宝記』に始まるが、これは大坂森田庄太郎版と浅野弥兵衛版がある。この内容を受けて増補版の『昼夜重宝記』が大坂の平兵衛・京都の孫兵衛・江戸の村上源兵衛から出、これには元禄五年版、元禄十七年版もある。宝永六年（一七〇三）版は、大坂の柏原屋清右衛門・同与市郎・京都孫兵衛、江戸須原屋茂兵衛・京都永原屋孫兵衛となり、正徳四年（一七一四）版は大坂の柏原屋清右衛門・同与市郎・京都永原屋孫兵衛で、江戸の須原屋茂兵衛を欠く。

安永七年（一七七八）版の『改正増補昼夜重宝記』は横中本型に改版され、江戸西村源六・同山崎金兵衛、京菊屋七郎兵衛・大坂柏原屋清右衛門から出て何刷もされている。

その内容は、元禄二年の『家内重宝記』では服忌、八卦、八算、宝暦、食物、染物、妙薬、日本、料理等九項目であったが、増補版『昼夜重宝記』では花檀、菓子、仮字、香具、文章、名酒、薬方、立花等を増補して都合三十項目となり、安永七年版『改正増補昼夜重宝記』になると、さらに増補されて都合四十一項目になっていて、日常生活に必要な万般の知識を網羅している（拙著『江戸時代の図書流通』「重宝記の源流――『家内重宝記』と『昼夜重宝記』――」思文閣出版、二〇〇二年）。

一方、学習や諸芸の案内情報を内容にする本もあった。『日本永代蔵』に四十五歳で家を持ち固めて、その後は遊楽するとあることは前述したが、元禄五年版『万民重宝記』には京都での「諸芸会日」の案内がある。

▲連歌の会。月次十日、六条道場。月次廿五日　北野会所。

▲俳諧の会。月次九日・廿三日、新町六角下町池西言水。月次十六日・廿五日、四条道場内斎藤如泉。万句は四八の日月に六日あり。月次廿四日、間の町二条下町北村湖春。万句五　十ノ日、東洞院仏光寺我黒。万句三三九九日、新町六角下中村良詮。

▲謡会。観世流月次廿二日、双林寺内林阿弥亭。進藤流意三門流月次十七日、高台寺内昌純院。

▲立花会。月次十七日、六角堂池之坊。

▲鞠垣。月次六日廿一日、妙満寺内中松院。月次十七日、四条道場内慶松院。衣棚二条下町、花房宗純。祇園町、三十郎。車屋町姉小路上ル町、意休。新町六角下ル町、左近。新町御池上ル町、藤次。室町錦上ル町、清兵衛。

▲碁指南。了頓づし、石丸三左衛門。

▲将棊指南。六条道場、田代市左衛門。

右、碁将棊いづれも会日あり。

▲楊弓射場。大みねのづし。小川二条上ル町。車屋町姉小路上ル町。西の洞院蛸薬師上ル町。嶋原。

大坂では『国花万葉記・摂津難波丸』（元禄十年版による）に「諸芸術之部」として記され、これには「神道」「儒学」「医学」「医者」「目医師」「針師」「外科」も含まれるが省略して、以下は芸能項目とその師匠員数のみを記し、住所氏名は省略する。

▲歌学者、一人。▲連歌師、二人。▲誹諧、十八人。▲執筆、三人。▲能筆、十人。▲古筆見、二人。
▲字学、一人。▲算者、六人。▲立花、四人。▲蹴鞠、三人。▲茶湯、五人。▲碁打、三人。
▲将棊、一人。▲中将棊、一人。▲能太夫、七人。▲脇、四人。▲謡、七人。▲狂言、二人。
▲笛、三人。▲小鞁、五人。▲大鞁、五人。▲太鞁、四人。

「雑芸」は次の通り。

▲一節切、二人。▲庭山、一人。▲勾当、四人。
▲町浄るり ▲町説教 ▲町小哥、諸流 時節ふしの上手数十人、表記に及ばず、とある。
▲座頭の内三味線の上手、九人。

『万民重宝記』と『国花万葉記』の性格は自ずから異なるが、『国花万葉記・摂津難波丸』になくて『国花万葉記・山城名所諸羽二重』にのみ出るのを同じ要領で次に記し、比較の材料としたい。

▲地下哥学、六人。▲私学、一人。▲暦学、二人。▲手跡、四人。▲画工、五人。▲仏絵師、四人。▲刀目利、六人。▲古筆目利、五人。▲墨蹟目利、二人。▲絵目利、一人。▲諸道具目利、十一人。▲研屋、十一人。▲鞘師、十人。▲鞘塗師、六人。▲料理、二名。▲経絡按摩、二人。耳垢取、一人。▲検校、十六人。▲四度勾当（しどのこうとう、盲官の一）十七人。▲尺八、二人。▲庭作、一人。

要するに京都ではこれだけの物が加わり、中でも各種の目利き、研屋と刀に関する鞘師など、検校や四度勾当の多いのが目立つ。最も顕著なのは誹諧師大坂十八人、京都十人、歌学は大坂一人、京都は地下哥学六人であろうか。言うまでもなくこれらの師匠は経営者であり、弟子を取るのである。

諸芸習得の専門書の出版もあって、元禄五年刊大本三ッ切本『俳諧之重宝記すり火うち』、元禄十二年版横小本『囃子謡重宝記』等各種の出版がある。これがまた生活案内として総合されると、元禄五年初版『女重宝記』となり、これは半紙本系で十版もされ、大本系にも九版が確認されて、購読者の多かった本である。なお、高井蘭山は弘化四年（一八四七）に大本に校訂再刊しているほか、昭和になってからの活字版もある。

元禄六年初版『男重宝記』にも九版があり、各版にも修訂増補のある本がある。

近松の浄瑠璃には、『書札調法記』等に出る手形証文を、犯罪に悪用する作品がある。世話物の第一作、元禄十六年上演の『曾根崎心中』では、跡取に見込まれる程に成長した手代の徳兵衛は、友達の九兵次の偽証文の罠に掛かる。「念のためぢや、判をせうと、身ども（徳兵衛）に証文書かせ、お主《ぬし》（九兵次）が押した判がある」と、貸し方が証文を書き、借り方が先月紛失届を出したとする印判で金銭を詐取するのである。近松は、効力のない証文を書いた徳兵衛と、紛失届を出したとする判で詐取した九兵次の人間性、これから派生する問題解決に四書五経に説く人間の道義の有無を設定している。『曾根崎心中』の十三回忌を当て込んだ正徳五年（一七一五）上演の『生玉心中』では、今度は偽造の請取証文を仕組む等、近松はさらに一歩進めて信用経済に伴う手形証文決済を扱って、新社会の歪みを描いている。

三　享保期より四世代目以降の出版

イ　出版本屋の自編著出版

江戸時代三世代目元禄期は、出版本屋が作者・上演者・上演劇場等と、専属契約を結び、提携する時代でもあった。

その代表例は、浄瑠璃本出版の正本屋山本九右衛門が貞享元年（一六八四）頃から竹本座上演の浄瑠璃本を、正本屋西沢九左衛門が元禄九年（一六九六）頃から豊竹座上演の浄瑠璃本を、それぞれ各座と提携して独占出版していることである。この元禄頃からは、また諸職業が独立分業していて、それがまた提携し合う時代になっている。

これが四世代目五世代目、享保期（一七一六～三六）以降になると、教化啓蒙書の出版がいよいよ盛んになり、自分の編著作を自分の本屋から出版する者も現れた。例えば、元文元年（一七三六）版「浪速書房 寺田正晴編集」の『懐玉筆海重宝記』横中本（所見本は柏原屋与市版。浪速書房版は未見）一冊がある。内容は最初に「書簡文章」、次に「日本六拾八州並授領」「(三都の)近辺道法」「字尽商売往来」「諸職往来」「算法九々算幷銭小遣割(等算法)」「書状(目録・樽等)認様之事)」「花押石印譜」「朱肉拵様」「俳諧仕様法式」「古筆極札印尽」「諸氏名字大全」「救急妙薬秘方」等総花的に五十六項目にわたる。この『懐玉筆海重宝記』は寛政九年(一七九七)に『大成筆海重宝記』と改題され、渋川与左衛門版の奥付を同じくする本が二種ある。一は単なる後版、二は書簡文章百十四通を前半に新しく載せた本である。実は「浪速書房 寺田正晴編集」は見返の「標題」(目録相当)末の記載であるが、本書の出願について『享保以後大阪出版書籍目録』には「作者兼開板人大坂伝馬町大津屋与右衛門」とあり、寺田正晴が寺田与右(左)衛門、田氏絮柳、本屋堂号を文煕堂等と称した編著者兼出版者であり、教化啓蒙書ばかり十数編の編著作、出版のあることは拙著『重宝記の調方記』(臨川書店、二〇〇五年。九六頁)に考証している。

文煕堂寺田正晴よりもはるかに多くの実用書の自作自版をしたのが鳥飼酔雅(寛政五年、一七九三。七十三歳没)である。鳥飼酔雅は大坂最大の本屋吉文字屋市兵衛の三代目で、元禄から文政(一八一八~三〇)期に活躍、特に実用書や啓蒙書の自作自版をしている(昭和四十二年十一月「国語国文」浜田啓介氏「吉文字屋本の作者に関する研究」)。酔雅の編著作四十四点程の概要は『国書人名辞典』(岩波書店)に窺えるので、ここではその若干を例示するが、『西海行程細見記 寛延四』『絵本源氏物語編 宝暦元』『女芸文三才図会 明和六』『節用文選家宝蔵編 安永九』『錦嚢眼科秘録 天明三』『月令博物筌 文化元』等の啓蒙教化書が多い。

以上の版権を占有したり、本屋自身が本を開発したり、版権を獲得したりするのは、増収を見込んでのことであり、それ以外の理由は二の次になろう。それらの出版書の多くは、浄瑠璃本や娯楽読み物、時世にあわせた実用書、教化啓蒙書等である。

ロ　商業主義文学の出版

文学読物では、寛永期からの中世文芸系統の仮名草子が主として十冊から八冊本、元禄初期からは現代風俗小説の浮世草子が主として五冊本が、それぞれ大本仮名交じり文から平仮名交じり文で出ていて、それは四民でも上方の一世代目二世代目が読者であるが、元禄中期以降にもなると半紙本型の平仮名交じり文の俳諧本、狂歌本、浄瑠璃本、読本等の読物が出版され出す。その読者は三世代目に当る。

時代が下って享保期も過ぎると、新都市江戸の発展が著しく、出版書は不特定多数の四民を対象にし、直接販売購読を第一とする読物が盛んに出版され出す。子供の絵入読物の草双紙（赤本・黒本・青本）から進展して、遊里風俗を取り込んで大人の読物としたのが黄表紙で、これは中本型五丁一冊を二、三冊合せて一編とした劇画である。この黄表紙を合綴、長編化して筋を複雑にしたのが合巻である。作品の舞台を遊里にとり現代風俗を穿ち、滑稽を主とする会話体短編小説洒落本は小本型である。本屋仲間から中型絵入読本と呼ばれた会話体小説に滑稽本と人情本があり、滑稽本は中・下層の誰にも分る水準の低い笑いを売り物にし、人情本は泣き本とか女中本とか言われて青年男女の運命的な恋愛悲劇を描いている。これらの文学様式（ジャンル）には詳しい文学史的解説が必要であるが、四民中・下層の読者の発掘を狙った商業主義文学の展開であることは明らかである。大本、半紙本の巻冊のある浮世草子や読本、紙数一〇〇丁近い浄瑠璃本等が、主として貸本屋から読者に届けられていたのに対して、こちらは個人読者の直接購読を狙ったもので、貸本屋に買い占められるよりも、安価な小冊子を個人読者に直接数多く売り捌くことで、より多くの利益を見込んだものである。

これらの内情は山東京伝の天明二年（一七八二）版黄表紙『手前勝手御存商売物』に描かれている。

京都八文字屋の読本が貸本屋の風呂敷から出て、柳原（神田川南岸万世橋から浅草橋辺までの土手）の干店《ほしみせ》（露店）にいる行成表紙《こうぜいびょうし》（ここでは江戸中期の上方絵本をさす）の所へ来て、貴公もわしも上方より下り、時めいた身が、近年青本（黄表紙をさす）がはやりだし、殊に洒落本なぞというたわいもない者のために世を狭められて悔しいから、青本等地本（江戸出版の本）にけちをつけようと謀る。下り絵本は赤本、黒本を招いて、各々方《おのおのがた》の不繁昌は青本発行のためとけしかけると、青本を嫉み出す。

しかし青本というのは、貴賤の分ちなく人目を喜ばせ、世辞に賢く、粋《いき》を凝らし、世《よ》の穴《あな》を探し、俳気もあり、毛筋程も抜け目なく、しかも驕《おご》る心はないのである。その流行繁盛の青本の側にいるのは、錦絵、長唄本、義太夫の抜本、三芝居の鸚鵡石《おうむせき》（歌舞伎の名せりふを抜粋した摺物）、狂言本（歌舞伎脚本の出版本）、咄本、吉原細見、道中双六等である。即ち、読者迎合の流行風俗本である。

これに対して、赤本、黒本の側にいるのは、親分の唐紙表紙（江戸出版の絵入浄瑠璃本の類）、塵劫記（和算の書）、年代記、道化百人一首、男女一代八卦等である。この騒動に意見をして止めるのは時代を超えて不動の読者を持つ『唐詩選』『源氏物語』で、『徒然草』は彼等の下知を受けて裁定を下す。

江戸時代の貸本屋については拙著『近世貸本屋の研究』（東京堂出版、一九八二年初版）や本書第九章「貸本屋略史」に概説している。貸本屋は寛永頃の整版出版による出版本屋の出現とともに本が商品となり、行商本屋、板木屋、表紙屋、古本屋等とともに本屋商売の一分野として出現したものである。もっとも江戸時代の本屋は、新本・古本・貸本をし、この外文房具全般を何でも取り扱った。貸本屋の起源は、行商本屋にたどられ、寛永初年頃（一六二四年）の成立と推定される『昨日は今日の物語』に「田舎へ物の本売りに下りて色々の物売りける」の記事があり、延宝三年（一六七五）菱川師宣の『山茶やぶれ笠』等の吉原遊郭を描く絵に「本売喜之介」、元禄初年頃（一六八八）『武道継穂梅』に「本売庄助」が描かれ、これらの行商本屋は本の売買とともに貸本もする者であった。貸本屋の語が初めて確認されるのは、正徳四年（一七一三）歌舞伎評判記『役者座振舞・坂』の荻野八重桐評に「当春系図娘に、借《かし》本屋おまつと成《なり》、万菊殿の屋敷へ来り、恋の目づかひ、どふもどふも」の記事である。貸本屋の盛行を伝えるのは享和二年（一八〇二）覆刻版『小栗忠孝記』に秋里籬島の序文がある。

徒然を慰むる物は、大和・唐《もろこし》の書《ふみ》、昔・今の物語の類なり。これを小書肆《さうしや》の輩《ともがら》、背に汗し、足を空になして、竪横《じうわう》に走《わし》り、町小路《まちこうじ》までも、日数《ひかず》を限りて貸し歩く。見る者、僅《はつか》かの見料をもつて慰む事、当世のならはしとなりぬ

即ち、小書肆の持って来る「唐の本、昔・今の物語」を貸本で慰むのが現在の読書風俗というのである。

商業主義の文学書は、以上のような貸本屋を飛ばして、読者個人々々の直接購買を求めるものである。貸本屋の巧みな読者勧誘をなくしたのであるから、全ては前述『手前勝手御存商売物』の青本（黄表紙）に言うような、作品自体の抜け目のない魅力を獲得しなければならなかった。商業主義文学の展開で、本屋は作者も含めて、文学作品の制作、出版の原点に立ち返ったと言えるであろう。もっとも、この青本側にいる多くは中本仕立であり、八文字屋本側の大本にくらべて書物製作費が少なくて済む利点が大いにあった。

商業主義の文学書でもなお田舎の貸本屋の蔵書では一、二割を占めている（二〇〇八年十一月「江戸文学」39所収、鈴木俊幸氏「信州諏訪升屋文五郎の貸本目録」）。貸本屋の蔵書目録の伝存は多いものではなく、詳しくは分

らないが、これら商業主義の本に貸本屋の印記のある本は確かに少ない。当然の事ながら、貸本屋の主商品となる軍書、通俗書、浮世草子、読本、実録等の冊数のある大本・半紙型本に対して、冊数の少ない中・小型本では見料が稼げないのは明らかである。

四　四民の学習

最後に、四民が読み書き能力を身につけていく様子を記した二、三の資料を列挙するが、この場合、昔と現在を比較していることに着目した。既に紹介した資料もあるが、時代を追って見ていくことにする。

慶長十九年（一六一四）の『見聞集・四』「童子あまねく手習ふ事」には、次のようにある。

二十四五年以前迄、諸国におゐて弓矢をとり、治世ならず。是によつて、其時代の人達は手習ふ事たやすからず。

故に、物書く人は稀にありて、書かぬ人多かりしに、今は国治まり、天下泰平なれば、高きも卑しきも、皆物も書き給へり。尤も筆道は、是諸学の本《もと》といへるなれば、誰か此道を学ばざらん。

慶長十九年から二十四五年以前は天正（一五七三〜九二）の終りであり、文禄元年（一五九二）の文禄の役、慶長二年の慶長の役で朝鮮出兵が続き、慶長五年の関ヶ原の戦を経て徳川家康が江戸幕府を開いたのが慶長八年である。これら戦乱の世を経て天下泰平の世になり、身分の高い者も低い者も皆物を書き習っているといい、そうなった決定的要因が「国治まり、天下泰平」と指摘するのである。色々な問題はあったが、江戸時代は二六五年間続き、概説してきたような出版文化の繁栄があった。寛永十五年（一六三八）『清水物語』の序には、

> 文章のよきを好む人は、三史（中国の史書、史記・漢書・後漢書）文選等を見るべし。道を知らんと願はゞ、四書五経を学ぶべし。和歌の言葉続きを玩《もてあそ》ばむ人は、源氏物語の類《たぐひ》を読むべし

と学問が奨励されている。寛永十五年は幕初以来三十年、一世代目である。上記二例の主意は他の資料にも散見され、『清水物語・上』に「学文と云は、道理と無理とを知り分け、身の行ひをよくせんが為にて候」等と、修身に努めるのが学問することとある。

二世代目、三世代目以降の学習と読書状況については先述したので省略するが、学習教育が四民中・下層に及んでいる記述を付け加えておく。享保十年（一七二五）上演の浄瑠璃本『昔米万石通・中』（西沢一風・田中千柳作）には六十三歳の突米《つきごめ》（精米）屋の親が十三歳の娘に次のように語りかけている。

> 父《とと》が若い時分には、よくよくの分限者《ぶげんしゃ》ならでは師匠取っては手習させず。一町に物かく者はよふ有って五人か三人。父《とと》も手習せなんだ故、いろはのいの字も書く事は叶はね共、読む事は目の功《こう》で間《ま》に合す。今は世が上美《じゃうび》て、我等如きの娘迄手習させ、事欠かぬ。昔は不自由に有ったと思へ。サア父《とと》が頼む字書いてくれ。手習すると有りければ、娘筆を取りながら、書く事ならばどうなりと私が書いて上《あげ》ませう。

この『昔米万石通』には、大坂大宝寺町の三世代目から四世代目にかけての学習普及の様子が窺えるが、次の『寛保延享江戸風俗志』には寛保（一七四一～四四）から宝暦（一七五一～六四）頃の江戸市中の世代間による学習普及のことが指摘されている。そこでは手習の寺上りの儀式を記して、「今より見れば甚だ正しき事也。それ故に至って軽き者の子共は、寺入りおっくうにて、成りがたき故、無筆多く有りし事也。就中、職人は無筆不算にて有りし事也」とあり、続けて、

然るに延享（一七四四～四八）末宝暦（一七五一～六四）頃より、手習師匠甚だ下劣になり、何様成る者にても謝礼甚だ軽く（なり）……弟子入り其身其侭にて、礼式等も無く、甚だ心安く済む事にて、大安売りの師、諸々に多く成りし故、何様の軽き者の子供も、寺入り成り安くなりし故、今は無筆は稀なり。是は甚だ能き事なり。女子は猶更無筆多かりし事也……然るに世が故にや、武家も武辺よりは筆算あらざれば、出世なき世になりたる故、今は各々物書、算用、達人多し。

等とある。手習の師匠が下劣になったのは教育普及の結果であるが、それ故また入学もし易くなり、さらにまた無筆が少くなってよいという。文化十一年（一八二八）の『塵塚談』にも慨嘆がある。

祐筆 手習師匠に、一向に文字を知らず、短日を丹日と書くの類多し。故に筆は錐を立つるが如し。左清、右濁の書法もさらに弁へず、永字八法《えいじはっぽう》（「永」字に筆法八通りの基本を備えること）等ある事は夢にも知らずして、彼は何流、是は何流と区々に厳めしく言ひ罵り、誇り、師匠となり、または祐筆となり、仕官するも多し。

教育の普及が、教師の安売りにあるとは言い得て妙であるが、それは手習教育を受ける者に対して、教師としての資質を身につけた師匠の数が追いつかなくなっていることも意味している。一方、文化八年の『飛鳥川』には「昔、手習の町師匠も少く、数へる程ならではなし。今は一町に二三人づゝも在り、子供への教へ方あるか、幼少にても見事に書也」と練達の師匠のいることも記している。これも盛んな学習志向の反映である。

手習子供の学習状況の描写もある。

寺入をいさましくするかな手本（柳多留九五・一八二七年文政十）

寺入をして手習の巻も出来（柳多留一一九・一八三二年天保三）

手習子蜂の如くに露地から出（川柳評万句合・一七六五年明和二・仁四）

寺子屋を出ると手本を大般若（柳多留七一・一八一九年文政二）

手習は蚯蚓八ツから土ほじり（柳多留八九・一八二六年文政九）

手習の八ツから末はあわれなり（川柳評万句合・一七六四年明和元・智五）

寺子屋教育は時代が下るとともに師匠も多くなり、土ほじりの子供まで通っていた。手習は八つ（午後二時。八歳も言い掛ける）迄、帰ると家の手伝いが待っていた。

こうして識字能力を獲得した読者が、読み易く配慮して製作された出版書の読者に成長することになる。

近世には、見てきたような各種の実用書、教化啓蒙書、商業文学書等四民を対象とする出版書の盛況があった。一方では、それを学習する向上心の溢れた多くの四民読者もいた。勿論、そこには都市と田舎など、大きな隔たりは当然予想されるものの、それでも出版本屋は地方辺土の初心の読者まで開拓し、だんだんと手を伸ばしているのは明らかである。

第三章　近世庶民の学問とは何か

はじめに

近世、言い換えて江戸時代における庶民の学問や学習の在り様を探ってみたい、というのが本稿の狙いである。

それでは庶民とは何か。現代に庶民とは一般普通の平民をいうようであるが、宝永三年（一七〇六）『初学訓・四』には「国土に四民あり。士農工商也。四民、皆義理を行ふ事は一にして、利養を求ることわざ、各かはれり。義理を行ふとは、即ち人倫（人間）の道を行ふを云ふ。（中略）凡そ、農工商の三民は、君に仕へずして禄なし。自ら利養を求るを専らとす」とある。ここで言うことは、士とは君に仕えて禄を貰い、農工商は自ら利益を得て生活する者、即ちこれが庶民である。それでも人間として、義理を行うことは同じであるというのがここでの主意である。このことは文政十二年（一八二九）『百姓往来』に「夫れ、四民之内、士之外は、農人、諸工人、商人共、皆百姓《ひやくしやう》と云也。（中略）当代は農民而巳百姓と称す」とあり、広く百姓という言い方もあったが、江戸時代は百姓は普通は農民に限られていた。

江戸時代の士・農・工・商の身分社会にあっては、その職業は世襲であった。士は本来は軍務であるが、戦争のない平和な時代が続いたため、幕府でも諸藩でも、役人として公務に従事していた。その士分の基本的な教育は各藩校が担当していて、教育理念は幕府が朱子学を文教政策の指導原理として取り入れた儒教思想である。その儒教の徳目というのは、五倫すなわち人間の守るべき五ツの道、父子間の親《しん》、君臣間の義《ぎ》、夫婦間の別《べつ》、長幼間の序《じょ》、朋友間の信《しん》である。これを教える教科書も各藩から出版されていて、既に笠井助治氏著『近世藩校に於ける出版書の研究』（吉川弘文館、一九八二年初刷）がある。そこには広い意味での官版から藩版の調査に加えて、出版書物の目的について、およそ次のようにまとめられている。

㈠教科書を安価に出版して一般士民に使用させ、学問教養の普及と思想の統一を期した。これは藩校が数多く設立された幕末期に盛んに出版され、巻冊の少ない少部数のものが多かった。

㈡藩主の好学、学芸尊重、趣味情熱により、古書や学者の先著の散逸を憂えて、蒐集校刊したものがある。また藩主自らの業績を後世に伝えようとしたものもある。

㈢藩の学識者の著述で、学問教育や民生に価値のあるものがある。

㈣幕府の奨励や内命により出版したものがある。

一般藩士の学校組織は、説かれているように、天明（一七四一～八九）頃から幕末に向ってだんだんと整い、この士分の教育普及が教科書の需要を増大させたのである。その藩校の教科は漢学（経・史・子・集）を主とし、習字、算学、皇（和）学、医学、洋学、兵学、諸武芸学などであった。詳細は笠井氏の前掲書につくとして、それではこれに対して庶民の学問はどうだったのだろうか、その概要を窺いたいのである。

一　学習・学問の普及

『見聞集・四（童子あまねく手習ふ事）』（慶長十九年、一六一四）には、学習や学問は戦乱の世には発展はなく、何よりも平和を必要とすると次のようにある。

廿四五年以前迄、諸国におゐて弓矢をとり、治世ならず。是によって、其時代の人達は手習ふ事たやすからず。故に、物書く人は稀にありて、書かぬ人多かりしに、今は国治まり、天下泰平なれば、高きも卑しきも、皆物を書き給へり。尤も筆道は、是諸学の本といへるなれば、誰か此道を学ばざらん。

二十四五年以前は、天正（一五七三〜九二）の終りであり、これに続くのが文禄（一五九二〜九六）・慶長（一五九六〜一五）である。その時代に朝鮮出兵、いわゆる文禄・慶長の役があり、慶長五年の関ヶ原の戦を経て、徳川家康が江戸幕府を開いたのが慶長八年である。

家康は幕藩体制をしき、その後財政困難を来たすことはたびたびあったものの、戦乱は絶えてなく、平和な世界を現出した。『見聞集・四』に今は国治まり、天下泰平なので、身分の高い者も卑しい者も皆物を書く。筆道は初学の基本と言われて誰もが学ぶとあるが、その前提には、「今は国治り、天下泰平」があるのである。ここで身分の高い者も卑しい者もと言うのは、やや誇張した表現であり、当時の社会情勢からすれば士分以上であり、卑しい者といっても上流の門閥町人階級であろう。要するに、手習うことが容易にできる世の中になったことを、誇張して書いたと思われる。

庶民階級の学習が文字通りに盛んになるには、三世代、およそ九十年間を経過しなければならなかった。この間、上方から江戸を中心に商品経済が発達、日常生活には読書算盤《よみかきそろばん》の知識の運用が不可欠となった。俗に文化繚乱の元禄時代というのは、元禄時代（一六八八〜一七〇四）に代表させて、その前後の延宝（一六七三〜八一）頃から正徳（一七一一〜一六）頃までを含めていうが、この頃に庶民文化の開花をみた。この時期になると庶民子弟の学習模様を描写した作品も少なくなく、貞享五年（一七二〇）『日本永代蔵・一・三』の記事がよく知られている。読み易く通行の文章に直して引用する。（以下も大方同じ）

大和、河内、津の国、和泉の物作りする人の子供は、惣領を相続人に残して末々を丁稚奉公に遣わし置き、鼻垂れて手足の土気の落ちないうちは、豆腐、花柚《はなゆ》の小買物に使われるが、お仕着《しきせ》を二つ三つ、と年を重ねるに従い、供囃子、能、船遊びにも召し連れられ、行水《ゆくみず》に数《かず》を書《か》き、砂手習《すなてならい》をし、地算《ちさん》も子守の片手に置き習い、いつとなく角前髪《すみまえがみ》より銀取《かねとり》の袋をかたげて、次第送りの手代分になって、

即ち、大坂市中で丁稚奉公する者は、周辺の摂津、河内、和泉の国の二男三男以下の者で、始めの内は豆腐買いなど使い走りをしているが、二三年たつと主人のお供で能や船遊びにも召し連れられ、流水に数字を書いたり、盆に入れた砂に文字を書いたりして文字を覚え、足算《たしざん》・引算《ひきざん》も子守の片手間に習い覚え、算用も出来るようになり、半元服の頃から革袋を担げて次第送りの手代分になるというのである。いわゆる丁稚教育であるが、そのような中で、優秀な手代像は宝永四年（一七〇七）『冥途の飛脚』の忠兵衛に描かれている。

亀屋の世継《よつぎ》忠兵衛は、今年二十四。四年以前に大和から敷銀持って養子分での奉公、後家妙閑の教えで、商い功者になり、駄荷積《だにづも》りもうまく、江戸へも上下三度出張した。茶の湯、俳諧、碁、双六もでき、延紙《のべ》に書く字の角《かど》も取れて、酒も三、四、五杯は飲め、五つ紋の羽二重羽織も着こなし、無地の丸鍔《まるつば》に象嵌《ぞうがん》をした脇差もよい物を持ち、田舎出にしては稀に見る出来た男である。

忠兵衛は養子分での奉公であったが、女主人後家妙閑の教育を受けて家業の飛脚商売に熟達した上に、茶の湯、俳諧、碁、双六の芸事も覚え、書く字も角《かど》が取れ、酒も嗜み、着こなしもよく、大和の田舎出身の奉公者は洗練された都会人の教養を身につけているのである。

この文のすぐ後には、「手代達は帳面を付け、算盤を置く」とある。

一方、丁稚奉公に出ない子供達については、手習師匠と寺子の様子が元禄七年（一六九四）『西鶴織留・一・二（品玉とる種の松茸）』に記されている。これは奈良草履屋（奈良金剛。大形の草履。奈良産の藺草や藁で作った）を二足三文に捨て売りにして、女房の在所大坂住吉の南遠里小野に引っ込み、文字の書けるのを幸いに、土地の草刈や牛飼をする全然躾《しつけ》のない子供らに、寺習い教育をする状況を書いている。

牛の角文字《つの》（いろはの「い」の字）より教えていたが、謡を知らないので困って、日毎に大阪へ通って昔の友に習って、また里子に教えていたが、やっと兼平一番を覚えて教えたのに、小原御幸の、源太夫のと、外百番（よく謡われる「謡曲」百番の外の百番。その百番には出入りがあり必ずしも一定ではない。謡も『童学重宝記』等に見るように寺子屋教育の教材にされた）を習いたいと言うので、師匠が知らんとは言い難く、これさえ一日延ばしにして、何なりとも望み次第に謡うて聞かせようと言っている内に、節用集に見えない難字を庄屋殿より度々尋ねられるのに、一度でも答えたことがないので、何となく首尾悪くなり、初めは麦秋、綿の摘み時、新米の収穫などに初尾（その年最初の収穫穀物）をくれたので、商いをしたよりはましと思っていたが、一人々々寺小屋をやめるのでまた貧しくなって、朝夕渡世を分別するのに、銭三十文ずつ儲けることは何としても難しかった。

ここでは、生計をたてるために、実力もない師匠が寺子屋を開いたのに、寺子らがさらに次の課題を要求するというのが注目点になる。師匠が謡を教え、節用集（室町時代から始まる日用生活中心の国語辞書）を使い、分らないことは昔の友達に尋ねに通うという背後には、庶民のひたすらな知識欲、教育熱が窺えるのである。

開府以来四世代目にもなると、女子供まで手習いする様子が享保十年（一七二五）『昔米万石通・中』に描かれている。これも再三の引用であるが、突米《つきごめ》（精米）屋をする親が、十三歳の娘に次のように語りかける。

父《とと》が若い時分には、よくよくの分限者《ぶげんしゃ》でなくては師匠を取って手習はさせなかった。一町に物書く者はようあって五人か三人、父《とと》も手習せなんだ故、いろはのいの字も書くことはできないが、読むことは目の功で間に合す。今は世が上びて、我らごときの娘まで手習いさせ、事欠かぬ。昔は不自由にあったと思え。サア、父《とと》が頼む、字を書いてくれ、手習する、と言うと、娘は筆を取りながら、書くことならばどうなりと、私が書いてあげましょう。

この文章からは、江戸時代が享保（一七一六〜三六）期以後にもなると、都市部にあっては、親は駄目でも、大方の婦女子は読み書きが出来るようになっていることを推測させるのである。

前出『近世藩校に於ける出版書の研究』によると、士分の藩校教育の普及は、天明（一七八一〜八九）・寛政（一七八九〜一八〇一）・享和（一八〇一〜〇四）頃から整備されていることが説かれているが、庶民の寺子屋開業数もそれに追随しているようである。寺子屋開業数は、天明時代は一〇一校で前の安永時代（一七七二〜八一）の一二・六％の増加。寛政時代は一六五校で同じく一三・八％の増加。天保時代（一八三〇〜四四）は一九八四校で前の文政時代（一八一八〜三〇）の四一・七％の増加。安政（一八五四〜六〇）慶応（一八六五〜六七）時代は四二九三校で弘化（一八四四〜四八）嘉永（一八四八〜五四）期の三〇六・六％と急速に増加している（吉川弘文館『国史大辞典』による。石川松太郎氏執筆で『日本教育史資料』に収載する寺子屋関係記録による統計とある）。但し、見てきたような町内でする手習師匠たちの数は統計外であろう。

このような教育熱の中で、実際に子弟の手習入門などを記録した資料に、名古屋の『貸本書肆大惣江口家家内年鑑』がある。肉親関係に不明な点もあるが、括弧内に推測して記した。（第十章「名古屋の貸本屋大惣」参照）

○初次郎（貸本屋大惣二代目長男）享和二年正月九歳、伊藤仙助（西尾武吉の親江手習入門）。

○きく（同二代目娘）文化七年（一八一〇）七月十三歳、仕立物餝屋太兵衛江頼み入る。酒一升遣わす。

○鉄治郎（同二代目二男。貸本屋大惣三代目）文化十年五月十二歳、加藤庄兵衛様江算盤入門。文化十三年十五歳、吉川小右衛門（一渓）江画入門。酒一升、後日持参。同十四年四月、和田愛之助江素読入門、酒一升持参。西尾武吉様江手跡指南。文政二年十八歳、服部甚作江素読入門、酒一升持参。九月には田中倉吉様江柔術入門、

野村立伯様ニ同伴、酒二升持参。文政六年八月二十二歳、貞蔵（鉄治郎十八歳元服後の名）丹羽作二様江素読入門。同八年閏八月、二十四歳、藤間勘吉江三弦入門、手習、算盤、画、素読、手跡、柔術など、広い領域にわたる。

○文治郎（同二代目三男）文化十三年八歳、鵜飼文蔵江手跡入門。酒一升遣わす。

○保太郎（貸本屋大惣三代目の一男）天保十年十一月十歳、野村門人左中様江素読入門。同十四年正月、十四歳、吉川楽平様江素読、算法入門。保太郎、同年正月二十九日、中川彦八様江謡再入門。保太郎 弘化元年正月十五歳、山本辰吉様江素読、算盤入門。保太郎十六歳、舟橋正真江素読入門。

○恒治郎（三代目の二男。後の貸本屋大惣四代目）天保十三年二月初午、八歳の時、安井様江手習入門。酒一升持参。恒治郎九歳、同断（保太郎百文持参。同十四年正月、保太郎十四歳、吉川楽平様江素読、算法入門）。同日、素読ばかり入門。（保太郎、同月二十九日、中川彦八様江謡再入門）。恒治郎にも同断。（保太郎 弘化元年正月十五歳、山本辰吉様江素読、算盤入門）恒治郎十歳、同断。素読論語壱入門。酒二升持参。八月、保太郎十六歳、恒治郎十一歳、舟橋正真江素読入門。

○とめ（大惣四代目妹）弘化元年四月七歳、お栄様江琴入門、十月、復習《さらえ》に初めて出る。九月、安井様江手習入門、京九ノ酒一升持参。嘉永五年二月十五歳、胡弓を下の町善恵都にて始める。また、安井様江手習入門。

○こう（大惣五代目の母）嘉永五年七月九歳、安井様手習（内習）入門。同六年正月二十八日より、こう善恵都江三味線稽古。また、これまで内習の所、二月より安井様江手跡稽古入門。安政三年正月十三歳、善恵都にて胡弓始める。鍵東江仕立物入門。

○貞三郎（大惣四代目末弟）安政元年正月七歳、安井様江手習入門。同二年八月、平田新次郎様江学問入門。大

学（家仁アレバより始め）。同三年二月、福伝様江謡入門。九月、丹羽啓二様江論語入門（二ノ巻ヨリ）、御同人江手習。

○安治　安政六年七月、加藤栄蔵様江算学入門。

引用は三世代を超えるものである。丁稚奉公に出ないで、家庭にいる子供が、男女に限らず、八、九歳を過ぎると手習い（いろはからの学習）学問（素読からの学習）を始め、諸芸能を身につけていく状況をつぶさに辿ることができる。言うまでもなく、名古屋を代表する本屋・貸本屋の家庭のことである。

幕府以来六世代目以降にもなると、庶民が手習い・学問をし、諸芸能も身につける時代になっていることを確認することができる。

二　学習・学問をする理由は何か

それでは、庶民が手習い・学問をする理由は何なのか。それを知るには寛政十二年（一八〇〇）『童学重宝記』の「初登山手習教訓書」の記事見るのがよいであろう。「初登山《しょとうざん》」とは、子供が読み書きを習うために始めて寺子屋入りすることを言うのであるが、広く学問を志す者にも通じる心構えとして紹介するものである。元は漢字文で振り仮名がついているのを、通行の読み下し文にした。

初登山手習教訓書／右、大体は合戦の出立《いでたち》に異ならず。その故如何《いかん》となれば、初心の児童登山の時は、武士の戦場に向かうが如く、師匠は大将軍の如し。硯・墨・紙等は武具の類なり。卓机は城郭の如し。筆は打物《うちもの》（武器）、太刀・長刀の如し。

文字、一々書き浮かみ、習い覚ゆる事、譬えば武士一人《いちにん》して、大勢楯籠《たてこも》る城郭に忍び入り、大敵を亡す事、猶以って一大事なり。然りと雖も、名を天下に顕し、他の所領を知行して、一身立つのみに非ず従類・眷族を扶持致す事、弓箭《ゆみや》の高名、末代の面目なり。

又手習・学問の少人、手本は必ず敵に向うが如し。打物《うちもの》の筆を以て習い取り、現当の所領、知行すべきなり。これに依って、文字一々勢力を励まし、才智芸能、人に勝れたる者は、諸人これを尊んで賞玩す。金銀米銭願わずして蔵に満つ。七珍万宝貯えずして、心に任《まか》するものなり。

もし又、疎学《そがく》・不用の輩《ともがら》に於いては、その身ばかりの恥辱に非ず、師匠・父母の名を腐《くだ》すなり。年闌《た》け老い来りて後悔千万なり。幼稚の時、師命に随《したが》わず、親の仰せを恐れず、未練第一にして寺を逃げ下り、一文一字を学ばざるは、譬えば宝の山に登り、空しく金玉を得ざるが如し。芸能無き故に、毎座赤面至極なり。才智無き故に、所々に於いて、万人の誹謗を受くるものなり。はたまた敵陣に向う武士の臆病第一にして、合戦の場を逃げればその恥辱一期の間遁《のが》れ難く、雪《きよ》め難く、自然に家を失い、所領を失い、身の立ち所を無くして、武具の類を持たざるは、諸人の先途《せんと》に立ち難きものなり。

然る間、合戦と手習と、ここを以って同事か。故《かるがゆえ》に、初学初心の児童等、先ず此の理を専らにし、万事を拗《なげう》って手習 学文致すべきものなり。抑《そもそ》も文武二道に達する者、天下に名を揚げ、四海に徳を顕し、才智芸能有る故に、上古末代の名人と聞ゆること有るべきものなり。

大略、此の趣を以て心の有る少人は、諸道芸能を嗜むべきものなり。仍って教訓書、件《くだん》の如し。

この文章の理解には、江戸時代特有の社会・道徳・価値観を認識した上で、その趣旨を汲み取らなければならない。現代の価値判断で「(学問して)名を天下に顕し、他の所領を知行して一身立つのみに非ず、従類・眷族を扶持致す事、弓箭《ゆみや》の高名、末代の面目なり」等、これに類する等の文章を時代錯誤も甚だしい、等と否定するのではなく、それは歴史的事実として解釈することである。理解すべきことは「手習・学問の少人、手本は必ず敵に向うが如し。打物《うちもの》の筆を以て習い取り」という、手習・学問の必修精神である。さらには「万事を抛《なげう》って手習学文致すべきものなり。抑《そもそ》も文武二道に達する者、天下に名を揚げ、四海に徳を顕し、才智芸能有る故に、上古末代の名人と聞ゆること有るべきものなり」という、漲《みなぎ》る向上の精神であり、強い達成意識である。ここにおいて家中心、立身出世主義、面目を施し、恥を掻かぬ等の道徳や価値観が強調されているのは、時代を写したものであり、そのことを弁えさせるための教訓状なのであるが、この学習や学問に対する精神は、広く共通する時代の精神であった。因みに、女子にも『童女専用女寺子調法記』に「女手習教訓状」が同じ趣旨で書かれている。

三　学習・学問の究極の目標は何か

庶民にとっての学習・学問とは、それぞれの家職に必要な知識技能、加えて教養としての諸芸能を身につけるものであるが、その学習・学問には理念や精神が包含されていた。それは現代にも続いて、常識的な理念や精神となっているのであるが、逆に言えばそれは常識となるほど徹底して確立された理念や精神であったと言えよう。

寛永十五年（一六三八）『清水物語』は開府より三十年を経過して成立した仮名草子で、次のような記述がある。

文章のよきを好む人は、三史文選を見るべし。道を知らんと願はば、四書五経を学ぶべし。和歌の言葉続きを玩ばむ人は、源氏物語の類を読むべし。引き事の面白きには、昔よりこのかた記し置きたる和歌草紙に、諸子百家の事、仏経など引き合せたる多し。

学文といへば、古き双紙を読むばかり学文と思はれ候や。其れも学びにてなきとは申されず候へども（中略）、学文と云は、道理と無理とを知り分け、身の行ひを能くせんが為にて候。

ここでは、学文（問）が知識教養を身につけるものであること、それぞれの目的によってその方面の教科書となるべき手本のあることを例示した後、結論として、「学文と云は、道理と無理とを知り分け、身の行ひを能くせんが為にて候」と言うのである。

知識教養を学び取ることも学文であるが、究極は身の行《おこな》いをよくするためにするものと説いている。そしてこの趣旨は、現実的・実際的な思想として、啓蒙教化の諸書を貫く精神となっており、挙例に事欠くことはない。開府より一〇〇年、三世代も過ぎると、啓蒙学者たちの活躍は一層盛んになり、学問修身論はさらに具体的に展開される。その代表は貝原益軒（正徳四年、一七一四。八十五歳没）の各種の啓蒙教訓書に代表される。宝永三年（一七〇六）『初学訓・三』の記事を解説しながら紹介すると、以下のようになる。

学問の道は、善を行い悪を去るを旨とする。学んで書物を読んでも、善を好まず行わなければ、何の用もない。我が身の過ちを改め、悪を去って善を行い、殊に孝悌（親に真心を以て仕え、兄弟を敬愛すること）を本として、人倫（人間）を憐れみ、その分に応じて人に施しをして救い、その位に従って人を敬え、

とまず説いてから、

（学問の）目当ては、君子（人格の高い人）となることを期するを以て志とせよ。そうでなくて、才学（才智と学問）のみに心を用いると、これだけで自ら誇り、人を侮《あなど》るため、書物を読まない時より心ざま（性格）はかえって悪くなって行く。

と学問を人に誇ったり、人を見くびったりすることになるのを戒めた上で、

学問は、古の聖人（知徳の秀れた孔子等）や賢人（聖人に次ぐ有徳の人）を師として、五常（儒教で人の守るべき仁・義・礼・智・信をいう）を心に保持し、五倫（親・義・別・序・信）を実践し、次に天下万物の道理を究め、古今の事に通じて、我が心の知を開く道である。大体、諸々の卑しい小芸能でさえみな師匠がいる。稽古し努力して学び、長くかかって後、その技芸を習い取るのが道理である。まして学問は我が身を修め、多大の道理を知ることであるので、師匠がなく、学問がなくては、どれほど生れつき才能があっても、どうしてこんなことを一人だけで知ることができようか、

と努力の必要性を説いている。学問は身を修めるものであるから、昔の聖人・賢人を師匠として努力しなければならないと力説するのである。

さらに宝永五年『大和俗訓』には、学問について次のような具体的な記事がある。

学問は筋が多い。訓詁の学がある。記誦の学がある。詞章の学がある。儒者の学がある。訓詁の学とは、聖人の書の文義を詳しく知ることに努めることをいう。記誦の学とは、広く古今の書を読み、故事事跡を覚えることをいう。詞章の学とは、詩文を作ることをいう。儒者の学とは、天・地・人の道に通じて、身を修め、人を修める道を知ることをいう。学問をするなら、儒者の学をするとよい。

というのである。さらに以下のような記事が断続して続く。

学問の法は、知・行の二を肝要とする。この二を努めるのを、致知・力行とする。致知というのは知ることを究めることである。力行とは、行うことを努めることである。

また、次のようにもある。

知・行の二つの工夫を、細かに分つと五つある。中庸にいう。博く学び、審《つまび》らかに問い、慎《つつし》んで思い、明らかに弁《わきま》え、篤《あつ》く行う。これ道を知って行う工夫で、学問の法である。

書物を読むなら、我が身に受用することを専一にし、志すべきである。受用とは、書物に記してある聖人の教えを、我が身に受け用いて守り行い、用に立つるをいう。

もし書物を読み、義理を聞いても、身に受け用いないで行わなければ、何の益もない悪戯《いたずら》ごとである。

このことは、元禄八年（一六九五）『世話重宝記・一』に、

論語読みの論語読まずという世話（俗言）は、論語を読んで聖人の道を知っても、その身に行うことを知らない者の譬えである。身に行うことは言うまでもないことなのである。論語の素読《そよみ》も知らずに、聖人の道とはどのようなことさえ弁《わきま》えぬ者は世の中に多い。これを論語読まずの論語読まずとか言うのであろう。

さらに天明八年（一七八八）『絵本以呂波歌』にも、「論語よみの論語しらずは論もあれ、論語よまずの論語しらずは」を標題にして、次の解説がついている。

学文をして身持《みもち》の悪しきを見て、諺に「論語よみの論語しらず」といふ。然れども其人必ず自己《おのれ》が非を弁へ、敢て世に害をなさず。文盲なる者は自己が小暗きゆえ、是非の弁へなく、世に害をなすこと甚だし。庶幾《こひねが》はくは、論語を読みて論語を知る心に赴き給はば、災難を除き子孫長久如意安全なるべし

以上は、学習・学問の究極の目標は、学んだ知識を身につけ、実行してはじめて学問になるという大原則を説くものである。

四　原則的な教科課程

究極の学問とは、聖人賢人の書物について、その説く所を理解して実行することであった。それでは聖人賢人の書物をどう読んだらよいのか、いわばその教科課程も大方は整えられていた。前出の『大和俗訓・三』には凡そ次のようにある。

初学の人は、書物を読むには、まず四書（大学・中庸・論語・孟子）を熟読し、また五経（易経・詩経〈毛詩〉・書経〈尚書〉・春秋・礼記）をよく読むとよい。五経は上代の聖人の教えである。文字の祖、義理の宗といって、文字の始め、義理の教えの本である。四書は孔門の教えである。これを読むと、目の前に聖・賢の教えを聞くようである。尊ぶがよい。

文章の意味がどうにか分かるようになったら、

四書の註、大学・中庸の或問（問に答える形式で自説を主張する形式の本）を見て、その後で五経の註を見るのがよい。
次に周（周敦頤《しゅうとんい》）、程（程顥《ていこう》・程頤《ていい》）、張（張載）、朱（朱熹）の四家の書物を見るべきである。
半ばに至って、程朱の書物（程朱学の本。上述の程顥《ていこう》・程頤《ていい》、朱熹の本）を読むべきである。殊に小学の書物は身を修める大法を記している。人倫（人間）の道はほぼ尽されている。

早く読んで、その意味を習い、知るのがよい。また、歴代の史、左伝、史記、朱子、通鑑綱目を見るのがよい。これは道を知り、古今に通ずる学問の方法である。経、伝、歴代の史書に通じたら、天下古今のことは明らかにならないということはないであろう。

経は、聖人の書物をいう。四書五経等のいわゆる儒学書である。経とは常である。聖人の言は万世の常道である。

伝は、賢人の書物をいう。聖人の道を述べ、後代に伝えることである。四書五経の経の注ならびに周・程・張・朱の書である。

史は、歴代の事を記した書物をいう。記録のことである。

子は、荀子、楊子、淮南子、説苑、文中子等の諸子の書物をいう。これは程朱の書物のように道理が精明ではないが、経書の義理を助ける益がある。見るべきである。

集は、諸家の文章等の書物である。これもまた義理を説き、明らかにしている。

この経・史・子・集の四つの書物は、本末軽重はあってもみな学問のために用いる書物である。道を知ろうとするならば、経学を専らとして一生努力すべきである。次に史学であるが、これもその益は大きい。次に諸子の諸集を見るとよい。

長い引用説明になったが、言うところは初学の人はまず四書五経を読んで、その後にその注解書を読み、さらに歴史書、諸子の書物、諸家の文章へと読み進めるとよい、と説くのである。その究極の目的は義理（意味）を理解して身に付け、実行することである。

もう一つ、寛政六年（一七九四）『教訓日用学則』から要約しておく。学問をするのは、その道々の訳を知って勤め行う為で、正《さま》しく勤め行うのが学問である。儒教でも知《ち》・行《ぎょう》の両方を兼ねたものを学問と言う。知とは、書物を見 講釈を聞いてその教えその道の訳《わけ》を知ることをいう。その教えその道の訳を行うのを行という。それ故、学問をせず 一文不知の人でも孝・悌・忠・信を行う人は儒学をした人である。従って、各々その教えその道によって勤め行う人は、学問した人という。

この読書法は伝統的正当な読書法として、修正されながらも広く受け継がれている。例えば嘉永三年（一八五〇）写本『読書矩』には次のような記述がある。

入門之学……四書集註、史記、漢書、三国志、荘子など。
上堂之学……論語古註、通鑑綱目、大日本史など。
入室之学……宋史、白楽天集、平家物語、大平記など。

入門は門に入って師につくこと、上堂は堂に上がって受講すること、入室は奥の間に入ることで、学問の奥義に達することである。学問階梯を現わし、その段階でのそれぞれに学ぶべき代表書物を列挙している。

以上列挙の書物は確かによく読まれていた。その証拠には、和本専門の古書店に並ぶこの種の本は、板木が磨滅しており、また手磨れした本が多い。

五　庶民の自学自習の教科課程

江戸中期、開府以来五世代目にもなると、識字能力を身につけた全く庶民対象の自学自習の啓蒙教化書が出現、そこには根本的に異なる別な教科課程が提示されている。その教科課程は、概観してきたような教科課程とは反対の過程をたどるのであるが、究極として聖人賢人の道を受用するということでは何ら変りはない。その代表としては、明和三年（一七六六）『問合早学問』と安永六年（一七七七）『女早学問』をあげることができる。編著者は両書とも大江玄圃（寛政六年、一七七九。六十六歳没）である。引用がまた長くなるが、先ず『問合早学問』から紹介してみよう。

○学問大意／それ学問とは、書物を読んで古の聖人の道を学ぶことである。その深奥精微理《おくふかきくわしきり》を究ることはた易いことではないが、まるで全く学問のないのは不束《ふつつか》（社会性や品格に欠ける）なので、人と生まれては少しは覚えたいものである。誰であっても少し学ぶと万事に都合のよいもので、人柄も言葉も美しく、人に敬われる。それ故孔子は、行いに余力があれば文を学べと言っている（『論語 学而第一』）。この意味は、士農工商ともに、家業の暇にはひたすら学問せよ、と教えられた言葉である。

○学問捷径《ちかみち》／世に学問といえば、広大高明なことであって、今日の凡夫（普通の人）が仮にも窺えるものではないと思って、少しも立ち寄らないのは、その近道を知らないからであろう。仮にも学問に志しがあれば、まず仮名書の軍書、あるいは通俗三国志等の類をひたすらによむとよい。通俗物の類を多く読んでいくと文字もよっぽど覚える。

それから蒙求、史記を読むとよい。蒙求、史記を読み終わったら、四書五経を読むとよい。このように努力すると、大方読めるものである。

その読み難い所があれば、字引を傍《かたわ》らに置き、ひたすら字引を引いて読むとよい。

このようにして怠らずに読むと、いつとなく書物の義理（意味）も明らかに分るものである。

この『間合早学問』には、読みやすい興味を引く仮名書きの軍書や、通俗三国志などの通俗本（中国の演義・小説を、漢字片仮名交りの通行文に和訳した小説）を読んで、蒙求や史記を経て、四書五経に至るという、従来とは全く逆方向の教科課程が示されている。四書五経が究極の対象であることに変わりはないにしても、その読解に必要な文字を覚えるには、読み易い仮名書きの面白い軍書や通俗本から始めよというのが強調点である。

これは学問入学が素読に始まる識字法であったのに対して、寺子屋教育で初歩的な識字能力を身につけて自学自習する一般庶民に対する教科課程であり、正反対からの出発となる。この根本的な相違は、庶民の間で発展した寺子屋手習教育が将来したものであり、新しい合理的な教育課程になるが、これは読書・学問が個人の営みになったことの証左である。

『女早学問』にも同じような早道が記されている。

学問捷径／古の聖人が正しい道を説かれた書物を読んで、周公・孔子の尊い道を学ぶのを学問というのである。男子も女子も皆学問すべきなのに、この国の習しではないが、若い男子が学問するのは稀である。女子はなおその上に学問しない者のように心得て、唐土（中国）の正しい本を読まず、あの物語・草紙などの戯れた本を多く読み、それ以下の者は年々作り出される浄瑠璃・歌舞伎などいう物を好んで、もったいなく月日を送るのは浅ましいことである。物語・草紙・浄瑠璃・小歌の類は幼い女の玩ぶものではない。

女子の究極の学問も同じで、周公・孔子の尊い道を学ぶことを学問というのであり、ここでは女子が好んで読んだとされる物語・草紙・浄瑠璃・小歌の類を認めず、学問と慰みの読書を区別し、慰みの読書を否定している。これらのことは安永十年（一七八一）『文章指南調法記・四』でも同じで、いわゆる仮名書の初歩的・入門書的な書物から始めて、究極の四書五経を学ぶことを説いている。

入学文章／幼き女の読むべき書物は和論語、女四書、女大学、大和小学、翁草をよしとする。これらの書物を読み覚えて、後には四書五経、孝教、烈女なども読んで、古の賢女の正しい行いを学ぶべきである。

続けて四書五経の内容をそれぞれ次のような簡潔な評語で、人間の道を記す書物として解説している。

大学　身を修るの一句につきる
論語　二十篇ともに仁の一字につきる
孟子　七篇ながら仁義の二字をいひつくす
中庸　心術の大事をのべている
小学　孝悌忠信の外なし
近思録　知行の二つをよくいいのぶる
易　天地鬼神の妙をかたる
書経　古聖人の徳行をかたる
詩経　国々の治乱をかたる
礼記　威儀進退（たちいふるまい）をのべる
春秋　乱臣賊子をいましめる

右の書籍はあながち一章毎の穿鑿には及ばない。一言一句の肝要を体認（こころにとどめて）なさるならば、一生の受用、不足はないと承っています。

とある。右の書目の要旨は、日常生活の道徳習慣を尽くしていて、現在にも通用する徳目である。

開府以来五世代目以降にもなると、以上のように識字能力を身につけた庶民の自学自習はますます盛んになっており、教科課程も庶民の読みやすい興味ある書物から読み始め、四書五経に辿り着くように組み立てられている。

六　教材は出版本屋の製作本

啓蒙教化に努める儒学者・啓蒙学者たちは、庶民に学習学問の大切さを教え、究極は人間の修身を説き、そのための具体的な教化課程を持っていた。庶民が識字能力を身につけて、さらに知識や学問を増進させるには、そのための教科書が必要であるが、その教科書製作を担当したのが出版本屋である。出版本屋は不特定多数の不確実な読者を目当てに、諸状況を判断しながら企画・編輯・出版するのであるが、世代を重ねて読書能力を身につけていく新しい庶民読者を標的にするのが、出版本屋誕生以来の方向である。

従って、出版分野を日常実用の読書算盤《よみかきそろばん》の自学学習書、各種の入門案内書、あるいは娯楽書と選定するのは必然であった。そこには、例えば重宝記の類の出版があった。

重宝記の流行については、拙著『重宝記の調方記』（臨川書店、二〇〇五年）に約四〇〇点を調査して年表を作成し解説を付しているが（現在では増補分もかなりある）、初発期の重宝記の代表的編著者苗村丈伯の元禄六年『男重宝記・序』には、出版目的や事情を次のように記している。

書林某（大和屋勘七良）が来て歎美して言うには、先に作った女重宝記五冊は世の重宝として梓に鏤め（出版）、摺写して休む暇もない。願わくはこれ（女重宝記）に対して男重宝記を作れという。現在、重宝記と題する書物は十有余種ある。今その汁をすすって先人の糟粕を舐めるのもみっともないので、先書にないことなどを、自分が若年の頃から聞き覚えたままに書き集め、童男が知って重宝とするものである。大人男子のためにするのではない。

この苗村丈伯の『男重宝記・序』に記すことを検証すると、ほぼ確認できる。編著述者の苗村丈伯は生没年は未詳であるが、その活動からして元禄七年以降の没と推測されている。はじめ彦根藩の儒医であったが、故あって致仕して後、元禄期（一六八八〜一七〇四）前半には京都で実用書、俗解書の編著述を盛んにしている。それは仮名草子寛文七年（一六六七）『理屈物語』のほか、元禄七年『年中重宝記』『武家重宝記』など二十数編もの編述がある（市古夏生氏「『理屈物語』の作者考」『国文白百合』一九五五年三月）。

次に、元禄六年『男重宝記』までの重宝記の調査をすると、ほぼ記述通りである。

もっとも古い重宝記の刊行は、管見では寛文十年（一六七〇）正月「於大坂開板」とある利息計算表を主内容とする『寛文重宝記』で、現在確認される大坂最初の出版物となる。天和元年（一六八一）には『男女日用重宝記』再板があり、元禄十五年『元禄大平記・一・一』には『家内重宝記』が出来初めてよりこのかた、その類棟に満ち牛に汗する程あると記される。それは好色本に匹敵するとある。『家内重宝記』は元禄二年の板行であるが、これには森田庄太郎板と浅野弥兵衛板がある。元禄三年には『昼夜重宝記』が三都板で出、同四年には『（不断）重宝記大全』、同五年には『万民調宝記』が出ている。これらは日用の百科全書であり、あるいは教養の自習書でもある。

一方では特定部門、例えば元禄五年『医道日用重宝記』『諸国買物調方記』『囃子謡重宝記』、同年頃『好色重宝記』、未確認の『絵本重宝記』『妙薬重宝記』（共に元禄五年板『書籍目録』所載）などがある。この内『医道日用重宝記』の後板は、宝永七年（一七一〇）、享保三年（一七一八）、同八年、同十八年、延享四年（一七四七）、宝暦十二年（一七六二）、安永九年（一七七六）、文政元年（一八一八）、弘化二年（一八四五）、嘉永二年（一八四九）、明治三年（未確認）、明治六年（一八七三）、同八年板の都合十四板のほか、無刊記板もある。

重宝記が、主として出版本屋の企画出版物として、凡そ四百点も出版されていることは前述したが、中村平五三近子（寛保元年、一七四一。七十一歳没）も出版本屋お抱えの編著述者である。活動の中心は享保期（一七一六～三六）で、それは開府より四世代目頃の活躍である。はじめ山崎闇斎学を学び、宝永（一七〇四～一一）年間に二年ほど尾張藩に仕えたほかは、京都で多くの啓蒙教訓書の編述をしている。

元禄八年板の有名な『書札調法記』は、京都の小佐治半右衛門板で、元文五年（一七四〇）には磯崎宇右衛門ら九軒板の別板があり、明和四年（一七六七）には元禄板の後板が中川茂兵衛ら七軒板で出ている。また無刊記板で、各冊「享保七年寅二月吉日／塩埜」等の識語のある本は第一～三巻を『書札調法記』、第四～六巻を『書状調法記』と外題を摺り分け、編成内容と対応させた本である。この本は、凡例題、柱題、尾題を入木して、「手本重宝記」と改められている本の系統である。三近子にはほかにも享保十六年『筆海調法俗字指南車』『六諭衍義小意』等があり、『文章指南調法記・四』には前出のような「入学文章」がある。

ここでも繰り返すことになるが、開府より五世代目頃、主として享保後期から元文（一七三六～四一）・寛保（一七四一～四四）期に活躍したのは自著の編著述を自分の本屋文煕堂から出板した寺田与右衛門である。生没年は不明であるが、二十数点の編著述はすべて啓蒙教化の本ばかりで、例えば享保五年『新編類聚女文翰重宝記』、享保十七年『懐玉筆海重宝記』、元文五年『文宝節用字林集』などがある（拙著『重宝記の調方記』参照）。

また大坂の吉文字屋市兵衛は、寛永二年（一六二五）から明治六年（一八七三）まで営業した本屋として有名であるが、その三代目鳥飼洞斎、号酔雅は寛政五年（一七九三）に七十三歳で没している。活躍は開府以来六世代目、本屋主導で啓蒙教化書が企画出板され、あるいは自分の著述を自分の本屋から出板する者も多くなる頃の活躍である。

鳥飼洞斎には明和二年『女学則』、明和四年『四体千字文国字引』『女教訓古今集』、また『急用問合即座引』は安永七年（一七七八）、天明七年（一七八七）、文化元年（一八〇四）など、およそ六十数編ほどの編刊がある（昭和四十二年十一月『国語国文』浜田啓介氏「吉文字屋本の作者に関する研究」）。

以上、わずかの挙例でしかないが、出版本屋が庶民読者を対象に啓蒙教化の書を続々板行している事実を指摘した。裏返せば、それは世代間に受け継がれ培われてきた庶民の学習熱、向上心に当て込んだものである。また、それは出版本屋が、目に見えない不特定多数の庶民読者を想定した上での教科書出版である。出版本屋のこの種の本の企画・製作・出板には言うまでもなく商業性があり、時代精神を反映したものである。

庶民の初学者を相手に四書を自学自習できるように工夫した『経典余師』は、本文を中段に記し、このほかは全て漢字振仮名付き平仮名文で解釈し、上段には読み下しを置いた学習本である。『経典余師』については既に鈴木俊幸氏著『江戸の読書熱自学する読者と書籍流通』（平凡社、一九九五年）に広い調査にもとづく卓抜した論評がある。『経典余師』（四書の部）は天明六年から明治四年まで六板の調査があるが、嘉永五年（一八五二）板の「凡例付言」を引用してみよう。

○「第一義《だいいちぎ》／聖人《せいじん》の道《みち》とは、天下国家《てんかこくか》を治《をさ》むるよりして、一己《いちにん》の身《み》の行状《をこなひ》を修《をさむ》るの道《みち》なり。人々日用《にちよう》の教《をしへ》にして、貴賤老幼《きせんらうよう》のまなばでかなはざるものなり」

「読法《とくほう》よみかたなり／（中略）誠《まこと》に聖人《せいじん》の教《をしへ》人々習ぶ（ふ）べきことなり。男子《なんし》はもちろん女子《によし》といへども、位《くらゐ》ある方《かた》は朝夕《あさゆふ》左右《さゆう》にあるべし。世《よ》に大和小学《やまとせうがく》、女大学《をんなだいがく》など、人の道《みち》をやはらげて重宝《ちやうほう》の書《しよ》もあれど、聖人《せいじん》の詞《ことば》づかひならぬゆへに益《ゑき》なし。その訳《わけ》は、右様《みぎやう》のたぐひの書《しよ》は手《て》にとればよめやすく、手《て》をはなてばたちまちわすれやすきなり。今《いま》この余師《よし》の法《ほふ》は学者《がくしや》の読書《とくしよ》のごとく、とくと胸中《けうちう》にその語《ことば》をしたゝめて聖人《せいじん》の詞《ことば》づかひをよみ覚《をぼ》ゆるがゆへに、仁義《じんぎ》の道《みち》心にそみわたるなりとこゝろうべし

学問が、聖人の書を直接読んで身を修めるものとする考えは基本的に変わらないのであるが、その聖人の書（四書）の読法を平仮名にして、学者の読書法のようにして庶民の初めて学ぶ者へ自学自習書として提供したのが、著者渓世尊と出版本屋の新時代への対応である。「世《よ》に大和小学《やまとせうがく》、女大学《をんなだいがく》など、人の道《みち》をやはらげて重宝《ちやうほう》の書《しよ》もあれど、聖人《せいじん》の詞《ことば》づかひならぬゆへに益《ゑき》なし」と言うのは、やや高ぶった自賛に思える。

次には『童子専用寺子調法記』と『童女専用女寺子調法記』を例示してみたい。

『童子専用寺子調法記』は明和元年に小本型で出て、安永五年板から半紙本型になり、文化五年板、文政七年板、天保三年板、弘化三年板、元治二年（一八六五）板等がある。内容は「実語教」「童子教」「今川」「腰越状」「商売往来」を主本文にして、上欄に「小謡」「以呂波三体」「万字尽」「九九之段」「十干／十二支」「五性相性」等十八項目を解説している。「実語教」は主として、経書中の五言五十六句を抄出して、格言風に口誦しやすく整理したもので、平安中期頃には成立し流布していたが、江戸時代になると、単独でか、あるいは『童子専用寺子調法記』

に見るように、他と併せて版行されている。それは男子を対象に漢字文で書かれ、訓読の平仮名がついている。

山《やま》高《たかきがゆえに》故不《ず》貴《たつとから》　以《もつてあるを》有樹《き》為《す》貴《たつとしと》
人《ひと》肥《こゑたるがゆへに》故不《ず》貴《たつとから》　以《もつてあるを》有智《ち》為《す》貴《たつとしと》
富《とみは》是《これ》一生《いつしやうの》財《たから》　身《み》滅《めつすれば》即《すなはち》共《ともに》滅《めつす》
智《ちは》是《これ》万代《ばんだいの》財《たから》　命《いのちを》終《はれば》即《すなはち》随《したがつて》行《ゆく》
玉《たま》不《ざれば》磨《みがか》無《なし》光《ひかり》　無《なきを》光《ひかり》為《す》石瓦《いしかはらと》
人《ひと》不《ざれば》学《まなば》無《なし》智《ち》　無《なきを》智《ち》為《す》愚人《ぐにん》

これによって漢字学習をしながら勧学、教戒、修身等、人間の基本的生き方を身につけていくのである。

これに対して、『童女専用女寺子調法記』は半紙本型が文化三年に出て、後板に天保十三年板、刊年不明板があり、小本型に天保三年板、天保十年板が出ている。半紙本の内容「女実語教《をんなじつごきやう》」「女今川《をんないまがは》」「女手習教訓状《をんなてならひきやうくんじやう》」「女商売往来《をんなしやうばいわうらい》」を主本文にして、上欄に「女身持鑑《をんなみもちかがみ》」「女中言葉《ぢよちうことば》づかひ」「小笠原折方《をがさはらをりかた》の図《づ》」「大日本国尽《だいにつほんくにづくし》」「男女相性《なんによあひしやう》の事」「縫物秘伝《ぬいものひでん》」「四季《しき》の文《ふみ》」「女児教訓歌《をんなこきやうくんか》」「諸道具字尽《しよだうぐじつくし》」「衣類《いるい》の字《じ》」「草木字尽《さうもくじつくし》」等二十八項目について解説がある。小本型の内容は「女実語教《をんなじつごきやう》」「女今川《をんないまがは》」の本文に、上欄には半紙本からの抜抄項目がある。

「女実語教《をんなじつごきやう》」は、「実語教」になぞらえて女を戒める条々であるが、こちらは漢字仮名書きで漢字には振り仮名がついている。小本型から引用する。

一品《しなすぐ》勝れたるが故《ゆへ》に貴《たつと》からず　心《こころ》たゞしきを以《もつ》て貴《たつと》しとす
一容姝《かたちうるは》しきが故《ゆへ》に貴《たつと》からず　才《さい》あるをもつてよしとす
一冨《とみ》はこれ生《いけ》るうちのたから　身《み》まかるときは別退《わかれしりぞ》く
一智恵《ちゑ》はこれ万代《よろづよ》のたから　命終《いのちをは》るときは魂《たましゐ》にしたがふ
一心《こころ》をつゝしまざれは義《ぎ》なし　義《ぎ》なきは畜類《ちくるい》にひとし
一勤《つとめ》まなばざれば才《さい》なし　才《さい》なきは草木《さうもく》にひとし

小本型の口絵にも次のような説明がついている。

○いとけなき《(幼)》とき《(時)》は、手ならひものよみ《(物読)》をすべし。此ふたつ《(二)》うとき《(疎)》は一《いち》しやう《(生)》はじ《(恥)》多かるべし
○ぬひばり《(縫針)》は女子《によし》だい一のたしなみ《(嗜)》なれば、かまへて《(構)》かまへてゆるかせ《(忽)》になおもひ《(思)》そ。又ものたち《(物裁)》をも心得《こころへ》べし
○女はなにごと《(何事)》にもしとやかにさはがし《(騒)》からぬがよし。たとへたはふれ《(戯)》あそび《(遊)》ごとにもがさつなるべからず
○こと《(琴)》さみせん《(三味線)》も女のたしなみ《(嗜)》なれば少しは心かく《(掛)》べし

女の生き方を図絵にして教えたものである。

ついでに天保十四年『童子早学問』について言えば、これも全くの教訓集である。

○読書《よみかき》は能道《よきみち》の案内者《あんないしや》／よみ書《かき》を精出《せいだ》す者《もの》は教《をしへ》なくとも知るゆへ案内《あんない》とはいふなり
○手習《てならひ》は通用《つうよう》之《の》眼《め》の療治《りやうぢ》／手《て》ならひせぬものは盲《めくら》もおなじ事なり。習《なら》へばこそ文字《もじ》がわかるゆゑ、用《よう》もたりて

目《め》のあきたるごとくなり

日常の暮らしのなかの身近な教訓を示している。

七　学習の成果は

学習が効果的であり、成果がどれほど上がっていたかを検証し、評価するなどはとてもむつかしいことである。これについても二、三の資料の列挙しかできないが、学問・教養を身に付けることの重要さが記されている。拙文では引用することがたびたびであるが、雑俳に次のように読まれている。

読み冥闇《まよ》ふ書に御徳の窓明きて（元禄八年『昼礫』）

理の道の案内に先ッ書の素読《そよみ》（元禄十四年『誹諧広原海』22）

書の部分ヶ理に着く迄の一里塚（元禄十一年『誹諧広原海』14）

書を読めば親のなき身も理は意見（元禄十四年『誹諧広原海』17）

理の道を文字に問はるる我が読書（元禄十四年『誹諧広原海』20）

学問や読書の本質が一応は認識されていると見てよいであろう。少なくとも理解だけはあって、広く行きわたっていたと考えられる。

天和二年（一六八二）『好色一代男・五・一（後は様つけて呼）』には洗練された教養を身に付けている太夫吉野の話がある。小刀鍛冶駿河守金綱の弟子が太夫吉野を見染めて恋心を燃やし、夜なべして揚代五十三匁を貯めたが、身分が低く会われないのを嘆いているのを聞いて哀れに思い、こっそり呼び入れて初心な男を励まし、どうやらこうやら埒明けさせて、盃までして帰した。揚屋は咎めたが、世之助（主人公）は「それこそ女郎の本意なれ」と言って身請けした。これを一門中からは道ならぬこととして絶交してきたので、吉野は回復策を考える。それは、離縁して帰る挨拶に一門の女中方を招待して、思いを見事に遂げるのである。吉野は浅黄の布子《ぬのこ》に赤前垂をかけ置手拭をして（下女端女《げじょはしため》の風俗）、片木《へぎ》に切熨斗《きりのし》を盛って取り肴《さかな》にし、中でもお年寄方へ手をついて、「私は三筋町（島原遊郭の異称）に住んでいた吉野と申す遊女です。こんなお座敷に出るのは勿体なくございますが、今日御隙《おひま》をいただきまして里へ帰る名残です」と言って、

> 昔の生活を今にして一節《ひとふし》うたうと、皆魂も消え入るほどであった。琴を弾き、歌を詠み、茶はしおらしく点《た》て、花を活け替え、時計を仕掛け直し（分銅の調節）、娘達の髪を撫でつけ、碁の相手になり、笙を吹き、無常話（信心話）から内証（家計）の事まで、何かにつけて人様の気を引きつけた。台所に入ると呼出され、吉野一人のもてなしに、皆は座を立って帰る時を忘れた。

世之介の粋な決断とともに、吉野の身につけた豊かな学問・教養・気品・人格が評価され、もと遊女という身分を超えて、それが切り札になって離縁はなくなったという話である。

宝永四年（一七〇七）『堀川波鼓・中』には、姉妹らの生き方が問題にされている。

（母様の）遺言のお詞をよもや忘れはなさるまい。そちら二人は小さい時から女子の道を教え込み、読み書き、縫物、糸綿の道もそれでは恥を掻かぬが、第一女子の嗜みは殿御（夫）持つてからが大事じゃぞ。舅は親ぞ、小舅は兄よ、姉よと思って、孝を尽くせ。他の男と差し向かいでは、顔も上げて見ぬものじゃ。大体、夫の留守中は、男とあれば召使でも、一門他人一様に、年寄も若い者も隔てなく、この女子の嗜みが悪いと、四書五経を宙で読む女子でも役に立たぬぞよ。此の遺言を、そち達が論語と思って忘れるな、との御詞が骨にしみ、肝に残つてよう忘れられぬ。

これは女の貞節の重要さを説いて、四書五経に言及したものであるが、四書五経の精神は、いつでもどこでも常に順守されなければならないことを力説しているのである。

八　裏返しの茶化し

江戸時代には学問向上の精神が漲っており、学び取った知識は日常生活の中に生かされなければならず、生かされ実践されて始めて学問と呼ばれるのであった。その精神は絵入本、注解書、戯作書等の市中版行流布本にも十分に充塡されているが、それを裏返して茶化しているのも江戸時代である。

黄表紙の天明八年（一七八八）朋誠堂喜三二作『文武二道万石通』は、寛政改革の文武奨励策をうがち、日本の大名小名を文・武の二道に分けるという趣向で、文・武が「文福茶釜」等と安く扱われているのが注目点の一ツである。文人より武勇の人が余計いるが、しかし、ぬらくらの方がしたたかという。ぬらくらを文・武に導くための馬鹿げた策がいくつもあり、その馬鹿げた所がこの作品の身上と、森銑三氏『続黄表紙解題』（中央公論社、一九七四年）には説かれている。

同じく寛政元年（一七八九）山東京伝作『孔子縞于時藍染』は、寛政改革の儒教奨励、倹約令などに題材を得て、その結果は狙い通りに庶民に至るまで世道人心が改まったとうがち、茶化した作品である。聖賢の教えがあまねく行き渡り、物貰《ものもらい》や非人まで漢籍を学び、町人は金銀を無理に人に施し、女郎は客に金を押し付け、息子は座頭に金を遣り捨て、あるいは女郎買いで大金を背負い込んで勘当を受けようと願う、等々。学問教育の結果、孔子の教えが時世に逢って（当時、藍染の格子縞《こうしじま》の流行をかける）、礼節の順守、物欲の抑制、金銀の蔑視などが描かれていて、現実の庶民生活がすべて逆に、裏返しに描かれている。この例に見るように、風刺、戯笑には類書が多く、社会を見事に写し取っているのが、文学作品としての魅力である。

さらにはまた幅広い読者のいる春本も出ている。『論語』には笑本『論御』、『大学』には『女大楽宝』、『実語教』には『実娯教絵抄』等がある。これも庶民はそんな程度だという裏返しなのであろう。

一勇斎国芳（歌川国芳。文久元年、一八六一、六十五歳没）には「実語教狂画童学」がある（図1・2）。奇想の戯画である。翻字すると次の通り。

［図1］

幼時《いとけなきとき》不勤学《つとめまなずんば》老後《おいてのちに》雖恨悔《うらみくゆるといへども》尚無有所益《なほしよゑきあることなし》故《かるがゆへに》読書勿倦《しよをよんでうむことなかれ》

学文勿怠時《がくもんおこたるときなかれ》除眠《ねむりをのぞいて》通夜誦《よもすがらじゆせう》忍飢《へをしのんで》終日習《ひねもすならひ》

［図2］
雖会師不学徒如向市人《しにあふといへどもまなばざればいたづらにいちびとにむかふがごとし》

図1(上)・2(下)　ともに一勇斎国芳画「実語教狂画童学」

雖習読不復只如計隣財《ならひよむといへどもふくせざればとなりのたからをかぞふるがごとし》

近世道徳の価値・評価基準は、四書五経の儒教精神を体用するという一事につきるものの、ここでは屈折するまでにひたすらな学問向上心が、庶民の間に漲っていたことを確認しておくこととする。

附記　本稿は平成十八年十一月二十八日佛教大学国語国文学会で標題での講演と、翌年一月十七日「重宝記発掘」と題しての最終講義を纏めたものである。国語国文学会での講演を最終講義に替えると勝手に決めていたので、かなり意気込んで、あえて設定した題目であった。近世庶民の間には学習・学問に対する情熱や向上の精神が漲っていたこと、教える側にも学ぶ側にも熱誠溢れる真摯な姿のあったこと等を報告して、学生のなお一層の奮起を促したかったのである。学生からの質問に、それではどんな態度が好きかと問われ、「初登山手習教訓書」が一番心に響くと答えて、見えも切ってみた。私は学問が好きだとは、とても広言できる者ではないが、それでも学問を身につけ、潔くありたいとはいつも思っていることである。学会が終ってから三日後、最終講義は大学行事だと学長に諭され、その時は重宝記についての概要を報告し、地道に学ぶ庶民の姿を私も見習いたいと話したのであった。本稿は以上二件を基礎にしているが、さらに増補訂正したこともあり、本書所収の他の論考と主旨や資料が重複する所がある。

第四章　江戸初心者の勉学

一　学門入学吉日

堂上貴族の年中行事に、新年になって初めて読書することを「読書始《どくしょはじめ》」、あるいは「読初《よみぞめ》」といい、『実隆公記』では明応五年（一四九六）正月二日に『続千載集・冬部』を書き、『源氏物語・初音』が読まれていて、「是れ、例年の儀なり」とあるように、家々の日記に色々ある。『徳川実紀』には万治三年（一六五〇）正月元日に「御読書始」があり、天和二年（一六八二）正月元日には「この日初て御読初の式行れ、小納戸柳沢弥太郎保明（吉明）に大学三綱領を講ぜしめらる。これより年々の常規となされ」たとある。読書始には『孝経』や『史記』を読むことが多かった（『江家次第』）が、次第に『源氏物語』や和歌集も読まれるようになってきている。

江戸時代になると武家は『大学』、女子は御伽草子『文正のさうし』を読んでいたことは、拙著『江戸時代の書物と読書』（東京堂出版、二〇〇一年二月）にも書いている。

これとは別に、堂上貴族にあっては、七、八歳になって、初めて読書（学問）を始める「読書始」の儀式が

図1　『初学必要万宝古状揃大全新撰童子調宝増益図解魁本』（天保15年）

あった。これは現在の小学校入学式に類するが、本来は中国で小学に入る年とされたことによる。『角川古語大辞典』の原稿統合では『徒然草』二四三段「八になりし年、父に問ひて云く、仏は如何なるものにか候らん」を用例にしているが、これは作者吉田兼行が八歳で学問入学した時、我が才能の鋭かったことを自慢したのではないかと、口走ったりした。

さて、江戸幕府開初以来四世代目、享保期（一七一六〜三六）以降にもなると、庶民の識字率の向上は著しく、享保十年『昔米万石通』では、舂米《つきごめ》（精米）屋の父は、自分の若い頃はよくよくの分限者でなくては師匠をとって手習はさせなかったが、今は世が上びて、我らごときの娘まで手習させ、事欠かぬと言っている。

この頃、都市部では識字率は普通六割位と推定されているが、それでも高くみる七割説、低くみる五割説があるのは、庶民教育の格段の普及を説明したいための数字であろう。見てきているように、武家方以上の入学及び上流庶民で進めた四書・五経などの素読と、農民町人の子弟の手習入門とは注意して区別しておく必要がある。簡単に言えば、入学は素読《そどく》《そよみ》に始まり、手習はいろはの字習いに始まる。

図１は宝暦七年（一七五七）原版、天保十五年（一八四四）四刻『初学必要万宝古状揃大全新撰童子調宝増益図解魁本』掲載の図、学問入学式である。親が子供を連れて師匠に挨拶参上する所で、背後には「入学吉日」の掲示がある。それは「甲申」「戊酉」「乙亥」「丁亥丁丑丁卯」「戊子 戊寅 戊辰」「己巳 己卯 己未」「庚午 庚寅」「壬午 壬寅」の日がある。元文元年（一七三六）『筆海重宝記』等には「甲子　甲戌」「丙丑　丙卯」「戊丑」と、暦の中段「建《たつ》（物事始むるに万事吉）」、「成《なる》（人の成り始まる日。種蒔、入学、柱立等全て吉）」、「開《ひらく》（蔵開き、入学、宿替え、国替え等に吉）」も吉日とする。これを総合すると六十日に三十一日が入学吉日になる。要するに二日に一日である。これも庶民教育の普及を知るのによい説明資料となろう。

学問（文）をする動機については、各種の啓蒙書に色々に書き付けられているが、元禄十三年（一七〇〇）の『古調法記』には、広く一般的に、「学問はじめの事」の記載がある。

①入学のこと。無器用なため、物覚えは少ない。武士なら弓矢のことがよい。町人、百姓ならそれぞれの仕業《しわざ》のことがよい。出家は法門、論議に無調法であるゆえ、月天子（仏教の守護神）を信心するとよい。

②学問は、万人に勝って名声を得るのが早い。学者の名人になると、門弟が沢山付き従い、望むことは心のままである。

③四書・五経を空に覚えるように素読をするとよい。所の者は取り立てて知行（俸禄）にありつかせ、家内は繁昌する。

④学問が優れているので、誰に恐れることもないと高慢になると、一生貧しく　渡世することになる。高慢の災いを防ぐと出世する。

⑤医の道を学ぶと、行く末はよい。貴人に重用され、法印（最高位の称号）に登る。
⑥学問して出世することはない。親の学力によって子孫に不思議の知恵が出て、子孫の世になって望みは叶う。
⑦学問の力によって貴人から俸禄が得られる。三十歳前後に名をあげるのは、天下に明らかだ。喜びは日々増す。
⑧学問して山などへ隠遁する者は、将来は律師（戒律に通じた僧）になろう。出世を望まず、阿字門（一切諸法本源の理を観ずる事）にいる人である。

『手紙用文章』（明治五年版の改題本。原刻は江戸中期頃）には、「手習入門頼状」がある。

倅《せがれ》儀幼少ニ而御座候得共、筆を為持たせ度く存じ奉り候。訳《わけ》も無き者にて、別《べつし》而御面倒御世話勝ニ有るべく御座候得共、御弟子ニ成され下さるべく候。随《したがつ》而白銀《はくぎん》一封幷ニ御樽肴《たるさかな》御祝儀之験《しるし》迄ニ進上仕候。御受納下さるべく候。以上

『嫁娶調宝記・三』（元禄十年、一六九七）には、寺入りする日は、身代（資産）にもよるが、赤飯を蒸し、樽肴を添え、金子《きんす》百疋、二百疋を紙に付け、親同道で師匠の方へ行く。机文庫を持参して、初めて師匠が手を取って教える。この日は一門にも赤飯を配る。

実際に手習入門等を記録した資料に名古屋の『貸本書肆大惣江口家家内年鑑』がある。享和二年（一八〇二）から幕末まで、代々の手習入門の記事が辿《たど》られるが（第三章「一 学習・学問の普及」）、ここでは貸本屋大惣初代目として全盛期を営業した鉄治郎について紹介してみよう。言うまでもなくこれは親が子へする教育である。

○文化十年（一八一三）十二歳、五月九日、加藤庄兵衛様江算盤入門。同十三年五月六日、吉川小右衛（一渓）江画入門。酒一升六日夕持参。同十四年四月二日、和田愛之助江素読入門、酒一升持参。西尾武吉様江手跡指南。二十八日三匁と酒一升を遣わす。

○文政二年（一八一九）十八歳、三月十日、服部甚作江素読入門、酒一升持参。九月廿九日、田中倉吉様江柔術入門、野村立伯様ニ同伴、酒二升持参。十一月十五日元服貞蔵と改名。同六年二十二歳、八月九日、丹羽作二様江素読入門。同八年閏八月八日、藤間勘吉江三弦入門。

算盤を手始めに、画、素読、手跡、柔術と続く。三弦は最も遅く二十四歳になってからで、これは慰みの習い事であろう。

素読は元服後にもあり、三人の師匠に習っている。入門挨拶は酒一、二升の持参であるが、これには決まった額はなく、家格によって相場の変わるものとされた。月謝など謝礼については記載がないが、「第五章　日常生活の中の文事」「一　手習い子」、及び前出第三章参照。

図1の師匠への挨拶を本稿「五　入学文章」と見比べると格差が見られる。

二　学文十徳

前項で引用した『初学必要万宝古状揃大全新撰童子調宝増益図解魁本』には、「学文十徳」が載っていて興味深く、これも通行文に直して紹介してみよう。

最近では珍しく「親孝行」の語を聞いて感心していたら、死語との論評にもまた驚いた。次はその類に属するのであろうが、江戸時代に庶民に説かれた学文（問）論である。尊いこととして載っている。

一、良智に致る。玉も磨かないと光がないように、人は生まれながらにして賢い者はいない。学ぶに従って賢者とも智者ともなる。
二、芳名を顕す。学者は世に誉《ほま》れを高くし、名は万代までも朽ちることはない。
三、是非を弁える。学文をすれば、鏡に影を写すように、義理が明らかに分り、物事に迷うことはない。
四、諸人が敬う。無学の人は高位と雖も侮《あなど》られる。身分が卑しくても博学の人は諸人が敬う。
五、立身をなす。古《いにしえ》より、和漢ともに、学文を勉めた人は立身をする。
六、閑居を慰む。学文は良い友であって、閑居や徒然《つれづれ》の折にも倦《う》むことなく、古《いにしえ》の智者、賢人も友にして、却って身の徳になる。
七、往事を知る。学文すれば、天地開闢《てんちかいびゃく》の時より今に至る迄、和漢の故事、来歴、治乱、盛衰、興廃に至る迄、手に取るように明らかに分り、善悪報応を知る。
八、高位に交わる。学問を励んで達成すると、諸人が敬うのみならず、貴人高位の人も交わりたいと敬慕される。
九、財は常に足る。学文をすると物の道理が分り、道に背《そむ》かなければ貧者も福者となる。
十、子孫が栄える。学文の徳は我が身一生のためばかりでなく、その徳は子孫まで、家は久しく栄える。

現在において、この学文十徳が徳目として社会的にすんなり受け入れられる世の中とは決して思わないが、今の熱心な家庭教育には立身、出世、収入の期待のみが大きく、反対に徳目の欠如は甚だしい。

学文十徳に続けて、智、仁、勇の解説があるのは、学文の基底になるからである。

一、智仁勇の徳は、その智には大いに善と悪があって、良智の逞しい者はよく道を守り、事に臨んで早く決断し、速《すみ》やかに理・非を識別し、難を救い、危《あやう》きを扶《たす》ける。誠に天下の宝である。邪智《じゃち》は、目前に利潤を得ても必ず天罰を受けて、決して十全を期すことはできない。恐れ慎むべきことである。

二、仁は慈悲心が深まって、人を痛めず、恨まず、下《しも》を救い、自分を顧《かえり》みて悪事をなさず、生《しょう》あるものを乱りに殺さず、天下に怨敵《おんてき》はなく、身を泰山の安きに置く（どっしりとゆるぎないこと）。聖人の言《ことば》にも「仁者に敵なく命長し」とある。

三、勇は、論語に義を見てせざるは勇なきなり（「為政第二」）、とある。常に人に先立ち勇んでやる者は、事に臨んでは必ず弱い者であり、これは勇者ではない。誠の勇者は、常は却って柔弱《よわく》見え、大事に臨む時は万夫不当（万人がかかっても叶わぬ豪勇）の勇気を顕《あらわ》す。これは誠心の極致である。男子と生まれた者は義勇がなくてはならない。

以上の他に、筆《ひつ》・硯《けん》・紙《し》・墨《ぼく》のことが書かれ、士・農・工・商とも一人も使わない者はなく、その功は大きい。徒《いたずら》にこれを用いる者は四神《しじん》の罪を受ける、とある。唐の詩人賈嶋《かとう》（推敲の故事で有名）は、毎年除夜にこの四神を恭《うやうや》しく祭り、香華を供え、恩を報じたと言い、筆道を学ぶ人や常に使う人は、尊び信心せよ、とある。因みに言えば、我が尊敬して已まない先生は、決まって書斎に正月飾りをされたという。

四神は次である。（　）の内の記事は暁鐘成『傍訓世話千字文』の記事である。

一、佩阿《はいあ》　筆を司る神。（この御神を信心すれば筆の道を守らせ給ひて書損じ等の患を逃るると也）

二、淬妃《しんき》　硯を守る神。（信心すれば硯の水乾くことなく、墨なんど腐る憂ひなし）

三、尚卿《しょうけい》　紙を司る神。（紙を司る神なり。全ての紙を大切になし、信心なす時は、紙に不自由をさせまじきとの誓也。尊むべし）

四、回氏《かいし》　墨を守る神。（よくこの神を信じ卑しき墨たりとも粗末にせずして貴む時は、全て墨の色艶よく生涯墨にて物を損ずる憂ひなし）

五、長恩《ちょうおん》　書籍を守る神。大晦日の夜、この名を唱えて祭ると、鼠、蠹魚《しみ》などの憂いを免《まぬが》れる（図2）。

「学問の論並佞人の事」は常盤潭北著『百姓分量記・三』（享保十一年、一七二六）にもある（日本思想大系59『近世町人思想』より、読み易く引用する）。

長いので要点を採るが、こちらは現在にも理解され易い。

○学問の大旨《おおむね》は、書を読むばかりにも限らない。第一は心を放《ほしいまま》にせず、人の道はどんな物かと物識《ものしり》に尋ね問い、善人の言行《ことばおこない》を信じ、過《あやまち》を聞いては言下に改めるのを最上とする。そうすると書を読み、理を覚《さと》すのに何も替らない。これが庶民の学問である。（中略）

○学者には品々ある。博学で身に行い（実践し）、人を導く者がある。博学で身に行わず人に教える者がある。少し学んで身に行う者があり、又大いに亢《たかぶ》る者がある。これは田舎に多い「鳥無き里の蝙蝠（勝れた者がい

図2　『初学必要万宝古状揃大全新撰童子調宝増益図解魁本』(天保15年)

ない所で、つまらない者が威張る喩え)」で、人が従わないのみか忌み嫌い、毒を避けるようにする。(中略)

〇学問は己の非を責める物で、人の非を責める物ではないという事は、不学の者も知っている。(中略)

〇又学者に佞人《ねいじん》の間々《まま》ある事は、元来の曲った智《ち》に学力《がくりき》が加わり、己の過《あやまち》は語を掠《かす》め(言い繕い)、弁を飾って蔽《おお》い隠し、表《おもて》の威儀を作り、詞少なく取り静めて、いかにも君子のようである。人を覿面《てきめん》(面と向かって)には謗《そし》らず、その人の仲の悪い方へ行って、故事・古語などに装い、その人の悪をそれとなく顕し、謗《そし》りを人に言わせ、又は威(権力)のある人に憤《いきどお》らせて取って落とし(引き摺り降ろす)、殃《わざわい》のある時は己は被《かぶ》らず、喜びのある時は己が功とし、諂《へつら》おうと思う時は、人の機微を飽くまで知って、図に当たるようにする。こんなことはするな。(以下、略)

両書ともに、学問は人格を磨いて実践すること、人間関係・道徳の基本を説く。真の学者が受け入れられないことは決してないことを言っている。

学問がないから筋道が立てられないし、結論は最初から自分にあって相手の意見など受け入れられず、それではと分かった振りをして横に一歩ずらして正当性を高らかに主張する。学問を身につけるとは、そんな虚飾性があってはならないことを言っているのである。

三　手習教訓書

伝本稀少の寛政十二年（一八〇〇）刊『童学重宝記』には「初登山手習教訓書」を収録、手習の精神を切々と説いている。但し、その元拠は『書登山手習教訓書』で、寛永四年（一六二七）板、慶安二年（一六四九）板もあり、古くから伝来するものである。趣意を理解して若者に発奮して貫いたく、前にも紹介したが、ここでも要約すると次のようになる。

①寺小屋入門は合戦の出立に同じであり、師匠は大将軍、硯・墨・紙・筆は武具、卓机《たくき》は城郭である。
②文字を一字一字習い覚えることは一人で城郭の大敵を亡ぼす以上の一大事である。
③手習い学問する手本は敵に向かうのに同じ、武器の筆を以て習い取り、所領を知行すべきである。
④才智芸能の優れた者は諸人が尊び賞玩《しょうがん》し、金銀米銭は願わずして蔵に満ちる。
⑤疎学・不用の輩は、その身のみならず師匠や父母の恥辱で、宝の山に登りながら金玉を得ず、臆病で合戦の場を逃れ、身の立ち所を無くすのと同じである。

「初登山手習教訓書」にならって、女性には「女手習教訓状」(『女寺子調法記』文化三年、一八〇六刻成。天保十三年、一八四二再刻所収)がある。女子にとって手習い織り縫いは巴《ともえ》(平安末期の烈女。源義仲の側妾。義仲の部将として戦功が多い)や、板額《はんがく》(鎌倉初期の勇婦。越後の城九郎資国の娘。叔父の長茂が源頼家に殺されて甥の城資盛が挙兵したのに陣頭で奮戦、虜せられて後、浅利義直の妻となる)等の闘いに同じとし、

①幼女が物学びの門に入る時は、師匠を大将軍として戦場に向かうのと同じ。
②紙・墨・硯は物具《もののぐ》(武具)、机・文庫は城郭楯板、筆は打物《うちもの》太刀、長刀に等しい。
③手本の文字を一々書き覚えることは敵の動静を窺い、打物の筆で自由に習い取ることは所領を知行するのに等しく、身に徳分を得る。
④織り縫いの道も同じで機《はた》は陣立てのように竪横の糸に味方の兵とし、筬《おさ》と梭《ひ》で織り出すのは大将が采配を採り指揮するのに同じ。裁ち縫いの時は、針鋏の打物、糸巻 物差を採り励まし敵と鎬《しのぎ》を削る思いでする。織留縫い上げに至って、治まる御代に返る。
⑤芸道は全てこの心得のあるのがよく、才智芸能が人に勝れた女は諸人が尊み、五穀・金銭・万宝を心に任す。
⑥疎学で仇に日を過ごす者はその身ばかりか師匠や父母の名を汚し、老い極まって悔恨限りない。
⑦師匠に順《したが》わず、親の言を恐れず、一字一文も学ばず、一針一線も手にしない者は、宝の山に登って手を空しくし、武士の臆病第一、敵に一矢も放たず戦場を離れるのに似ている。恥辱は逃れ難く雪《すす》ぎ難く、誹謗を受けるのは実に恥かしい。
⑧武士の合戦と、女の手習、織り縫いは同じ事と思い知れ。

とある。

江戸末期頃成立『童子重宝記』の「世話字往来」も尻取式に関連する語句で綴った教訓往来書である。同じ要領で紹介する。

①人の教えは幼少の時から習い慣れると、格別難しくはない。例えば、大木となる松の枝も若木の時に枝を撓《た》めて造るのだから、そのように品形《しなかたち》行儀を正しく教えるのがよい。稚くても父母の呵《しか》るのに背かせず、従わせよ。まず朝起きて機嫌よく洗面し、膳に座って礼を述べ、食い終るまでよそ見せず、菜の好き嫌いは食わぬまで、決して小言《こごと》をは言わせるな。友達を寄せて遊ぶのにも悪ふざけさせず、髪形や衣類を汚さすな。

②八歳になったらすぐに手習いを始めよ。手跡《しゅせき》稽古の仕様は、机は正しく置き、硯の水は八分目に入れ、墨の順逆に気をつけて曲らないように摺り、淡《うす》いか濃いか墨の色加減を見定め、臂《ひじ》を泛《うか》めてしっかりと持ち、手本に向い文字毎《ごと》の大小、長短、広狭、扁旁《へんつくり》、踏冠《くつかむり》の相応をよく見分け、筆の運びに浮き沈み、一を引くにも打つ点にも心を配り、和らかに、筆の勢い緩みなく、一字なりとも合点して、手本のように書くと上手になる。それから、算盤《そろばん》に精出し、士農工商面々の家業の道を第一に覚えよ。

③その隙に、学問、素読、謡、舞、鼓、笛、太鼓、茶の湯、生花、碁、双六、将棋、十炷香、鞠、弓馬、柔術(やわら)、剣術、歌、連哥、料理、俳諧、琴、胡弓、三弦、尺八、琵琶、平家、小唄、浄瑠璃、楽の笛、笙、篳篥の芸能などの芸を嗜んでも、それに打ち込んで家業を疎略にしたり、忘れたりするな。

④立居振舞に気を留め、留意して口利かず、年輩の人のすることに叛《そむ》かず、知らぬは末代の恥と思って尋ねよ。客との応対には無礼・過言・粗相のないようにせよ。さらに畳の縁に躓《つまづ》き、足音高く歩くな、等と続く。高

慢にならず、親に孝行、主に忠、友達に親切に、仮にも虚言のないようにせよ。一家一門睦まじく、目上年上を敬うのが人の道である。

⑤可愛い可愛いと、子供の言うままに育てるな。気随、無理言いになり、慈悲が仇となる。子供のくせに賢ぶり、問わず語りの差し出口、非を理にせんと顔赤め、無作法に茶碗を蹴散らかし、割れ砕けた咎《とが》を人に塗りつけ、剥げ落ちた壁等に落書き等させるな。

⑥呼び立てに作病し、好きなことに夜更かしし、欲深くなると人に厭《あ》きられる。律儀、実直者になれ。

⑦うとうとと元服（成人）すると、少しも勘定、智恵、才覚、分別の出ないのは道理である。玉も磨かないと光らない。幼い時から心にかけて、主と親の仰せを聞く人は冥加よく、子孫繁昌し、安全に老いの楽しみがあり、目前に目出度く家の富がある。

図3　『童子重宝記』（幕末頃）

図3は同じく『童子重宝記』から。要旨は、文字の数は凡そで三万三一三一字、一日に十字ずつ心にかけて覚えると、一年には三六〇〇字、十年経って全て覚え尽くす。十字覚えると一〇〇字は覚え易く、一〇〇〇字はまた覚え易い。一〇〇〇字知って万字を覚えるのは愈々心易い。努めて怠らず学びなさいよ、とある。

四　躾方教訓書

江戸時代、学問と躾《しつけ》は一体のものであった。それ故、躾方教訓も諸書に繰り返し記されている。

元禄四年（一六九一）『霊宝聞書全抄』の「当流躾方五十一ケ条并万諸礼之教」は、同六年の『男重宝記』に「当流躾方五十一箇条」として、順に、ほぼ同文が収録されている。『男重宝記』の「当流躾方」の前書に将軍義満が今川氏頼、小笠原長秀、伊勢満仲の三人に編集させたとあるのは、現在は否定されているが、五十一箇条の内容は享保五年（一七二〇）『女文翰重宝記』、寛政十二年（一八〇〇）『童学重宝記』、幕末頃『童子調宝記』、明治十九年（一八八六）『開化実益現今児童重宝記』等に絵図入りで継承され、読者に対応させて適宜抄録されている。啓蒙書の編集には躾や、諸礼儀作法の記事は、必要不可欠であり、それは江戸時代を通じて、さらには現代にも及ぶものである。

『男重宝記』の「当流躾方五十一箇条」を任意に抄出し、その後の記載状況を見てみたい。

○「人の前にて楊枝《やうじ》を使ひ、歯を磨き、舌を掻き、或は楊枝を銜《くは》へて人に物言ひ、又位なくして、大楊枝を使ふ事」は許されない。楊枝は白楊《しろやなぎ》で作った今の歯ブラシに当り、爪楊枝のように歯の間の食べ糟を取るが、これを使うことは重要な男の身嗜みであった。『女文翰』では「又位なくして」以下は省略され、『現今児童』では、少し脇へ向き左の手で楊枝を遣い、鼻紙で口を拭い、楊枝をその紙に包み、袂等に入れよ、長くは遣わないもの、とある。

○「戸障子荒く閉《た》て開《あ》くる事、并ニ縁板《ゑんいた》に足音高き事。貴人の御近所にて高鼻咬《たかはなか》み、高雑談《ざうたん》并ニ深夜の高話の事」は許されない。『女文翰』では二項目に分けて和らかく表現され、後段は夜更けて高話し高笑いする事とある。『童子調宝記』では戸障子、襖、後手に尻の締まらぬ生質《うまれつき》と綴り、『現今児童』では障子、襖の閉開《たてあけ》、閾《しきい》の傍《そば》に坐り左の手を畳につけ、右の手で開けて立って内に入り、又前のようにして閉める、との教えがある。

○「人前にて爪を切り、髭《ひげ》を抜き、或は他《ひと》の小刀にて爪を切り、又は借りながら拭はずして返す事」は許されない。勿論、『女文翰』には、髭を抜くことはないが、「拭はずして返す事」は、借り物返済では何に付けても、今も注意を要する。

○「他《ひと》の雑談《ざうたん》（世間話）を語り直し、或は雑談のうちに、又別の物語する事」は許されない。『女文翰』には人の話の中を折り、又別に話かくる事とある。『童子調宝記』には物を言うにも声高に、片言交り（整わぬ言葉や方言）の雑談、問わず語りの差出口、人の話の腰を折り、謗《そし》り話の詞屑《ことばくず》、知らぬ事迄識《し》った顔、間違い話、負け惜しみ、非を理にせんと顔を赤め、果は悪態突きかくること等がある。『現今児童』では「言葉遣ひの心得」として、全て言葉は高からず低からず、口早になく口重になく、噪《さわが》しからぬ様に言うこと、殊に嗜むべきは卑しい詞、流行詞《はやりことば》等言ってはならず、又人の話の半《なかば》に自分も話し出すのは失礼、人の話が終ってから云い出すこと、とある。

日常生活における身嗜み、それも相手方に対する心遣いが基本にある。

次の事柄も許されない

○「客人に遅く出会ふ事。又忙しく慌てて出会ふ事」。

図４　『童学重宝記』（寛政12年）

○「手を貫き入れて（手を懐に入れて。今ならポケット）人に物を言ふ事」。
○「酒のなかばにて、むさと（むやみに）立つ事」。「盃の出たるを見て立つ事」。
○「絵讃、手跡、むさと誉むる事」。
○「他《ひと》の女房、けしからず見る事」。

これ等の嗜みは今も同じで、解り切った常識となっている。当然の事ながら、次の事もある。

『現今児童』には「書物類を進め様」がある。書冊の標題を手前の方へ向け、両手でそつと持ち出、進める時には一旦下に置き、左の手で右の隅を持ち、字頭を自分の方へ廻し、両手で進めること。もっともこの作法は伝統的な書物の取り扱い方で、明治の銅板絵入りなのが珍らしい。

庶民の躾や礼儀作法は、江戸からの慣例であり、明治から現在まで大筋では変わらない。道徳や価値基準は一ツなのであるが、それが現代のように多様な価値を認めようとするものではなかった。

掛物生花等見る時は床の前で一畳置き、手を突いて見る。滅多に褒めるものではない。図４『童学重宝記』では見る者は、記載注意文の通りに一畳置いていない。さらに説明書きには「生花《いけばな》見《み》やう」とあるが、それも生花ではなく置物である。画工は、本文の記載を読み取らずに、その雰囲気を描いているのである。このような例は少なくない。反対に、本文の要旨が把握し難い時に、挿絵から理解できることもある。

五　入学文章

入学文章は往来物に収録されている学問入学を祝う手紙である。往来物とはもともとは、往信と来信を一対にした模範書簡文例集であるが、江戸時代になると、広く初等教育教科書として編集された本も含められる。元禄八年（一六九五）の『書札手本調法記』（改題して『手本調法記』とも）は一般書状（四巻迄）のほか目録・手形証文類（五巻）、世話字難字異名類（六巻）から編集されていて、日常生活の案内書として五版もされている。江戸時代は経済取引も、江戸上方等は文書決裁になり、手形証文による犯罪を仕組んだ文学作品も数多い。周知の作品では『曾根崎心中』（元禄十六年）に、徳兵衛が友達の九兵次に貸す金の手形を、自分で書くなど以ての外のことであるが、近松は友達同士の情として仕組み、犯罪に至る重大さを仕組んで、注意を喚起している。

以下、気づいた本から入学文章を紹介するが、漢字文を読み易く直している。

享保十四年（一七二九）『四民往来』には次のようにある。

入学文章／兄弟の尽子《せがれ》共、尫弱《ひわず》に生稟《むまれつ》き候ふ故、愛達《あいたて》なく撫育《そだ》ち、朝夕悪蹀《わるあが》きのみ仕り、姑息《あまやか》し過ぎ候ふて、漸《ぜん》を杜《ふせ》ぎ申さず、次第に行儀座配無習気《ぶしつけ》に相見え申し候。近日、日柄選び候ふて、御門弟入り願ひ存じ候。書読の御教訓、精々頼み奉り候。

これは甘やかして育てた病弱の末子を、後日師匠へ預け入学させる挨拶状の文例である。

元文元年（一七三六）『筆海重宝記』には次のようにある。

御手跡抜群の上洛、驚き入り申し候。寔《まこと》に螢雪の御修行、感悦せしめ候。不備。

これは、塾か藩校かで基本的な手習い学習が成績優秀で修了し、さらに「京学」（本稿「六」参照）が決った親への御祝と激励である。勉学継続への敬意が簡潔な文章に込められている。

宝暦六年（一七五六）『文章指南調法記・下』は次であるが、これは安永十年（一七八一）に再版されている。

入学文章／御息方、甥子《おいご》達、御勤学思召《おぼしめ》し立ち、昨日は日柄も相奇《すぐ》れ候ふ故、先生江御入学の由、読書講習共に間断なく御出精、申すに及ばず存じ候。総じて出家・士・医家の分、文盲にては生涯差し支えも恥掻き口惜しき事多く候。其の内博覧に無く共、詩文は拙く共苦しからず。唯簡《ただことすくな》に経書の要義計り御学び候はゞ、忠孝の道に於て限りなき御利益有るべし。世上並みの腐れ儒者の挙動《ふるまい》羨しからず候。御繹《たず》ね故腹蔵なく御意得《え》候。猶、学問の要領、大抵書き付け進じ候。

大学 身を修める一句に過ぎず。
論語 廿篇共に仁の一字に超えず。
孟子 七篇で仁義の二字を言ひ尽す。
中庸 心術の大事を述べたり。
小学 孝悌忠信の外なし。
近思録 知行の二つを言ひ述ぶる。
易　天地鬼神の妙を語る。

書経 古聖人の徳行を語る。
詩経 国々の治乱を語る。
礼記 威儀進退を述ぶる。
春秋 乱臣賊子を戒むる。
右の書籍、強《あなが》ち一章毎の穿鑿《せんさく》ニ及ばず。一言一句の肝要体認《たいにん》（こころにとどめて）仕り候得ば、一生の受用、不足なき由、承り及び候。

これは昨日入学した者への激励の手紙で、四書五経等読むべき書物を示したものである。それも心に留めおく素読でよいという。この資料も本書では再出になるが、要はそれぞれの書が掲げる徳目を紹介した上で、これを身につけることが社会生活上の基本になるというのである。これは初心者が身につけるべき基本であり、人間究極の課題であるとする。

文政四年（一八二一）若槻敬自序刊『畏庵随筆』にはこの学習順序を記している。四書は記載通り、五経は詩経、書経、易経、春秋、春秋の順で、句読の授業もこの順とする。句読を受けたら、毎日数十遍読んで忘れないまでやる。小学、四書、五経を読んで、字体字意を知ると何でも読めるようになる。師友は、学術・性行の正しきを選び、倫理・性行を正せとあるのが注意を惹く。

図5は寛政十二年（一八〇〇）『童学重宝記』から。父同伴で、入学の挨拶の所である。広蓋《ひろぶた》の上の捧げ物は本稿「一　学問入学吉日」と比べると品格が高いように見える。師匠と家の格式によるか。

図5　『童学重宝記』(寛政12年)

六　京学

『俚諺集覧』に、「京学　田舎より京都へ学問の為に往くを云」とある。

また『皇都午睡・初上』には年の若い京の旅人が、鄙人と話して受け答えが速やかなので、鄙人は深く感じて、「兎角 田舎の学問より京の昼寝と社《こそ》存じ候と」言ったということである。諺に「田舎の学問より京の昼寝」、或は「京の昼寝」とあるのは、田舎でまじめに学問しているよりも、京都に出て昼寝している方まし、見聞は自ら広まるという譬えである。京は物静かな文化の中心地で、色々な学問の師匠が私塾を開いており、勉学に至極便利の地で、全国から生徒が集って来た。

京学については、江村北海《えむらほっかい》の『授業編・四（書生の学）』（天明三年）を紹介する。北海（天明八年、一七八八。七十六歳没）は宮津藩の儒者を勤めた。母の生家赤石の河村家で育ち、後に京都に帰り、享保十九年（一七三四）に江村家を継ぎ、寛保二年（一七四二）宮津藩京邸の留守居役になり、その後辞職するも藩主青山幸道の移封先美濃郡上で年間三十日は講義したという。安永（一七七二〜八一）・天明（一七八一〜八九）期の京都の代表的詩人で詩社を賜杖堂という。学生も教えていて、時々語り聞かせていたことを、『授業編』に書き留めた。ここでは要旨を適宜抄記することにする。

諸国から、京学々と言って京都へ来去する者は常なしと言っても、大抵は一年に幾百人と数えられる。その中に学業が小成して郷里に帰る者は十に一二に過ぎない。京都は行楽の地なので、田舎から来る年少の輩《ともがら》は繁華に眩《めくらめ》き、遊蕩に流れ、学業を勤めない者は素より多い。これは論外として、相応に書生の業を勤めてもその業が成就しないのは書生の罪ばかりではなく、父兄の心得違いにもよるので、よく考えて京学させ、利益もあるようにしたいものである。

学文（問）と言っても外には仕方（方法）はなく、只読書にあることなので、郷里で書を読めば京学はしなくてもすむ事である。

古代は書籍も少ないため、師を求めて遠遊するのはその理があった。今の世は書も多過ぎるという程であるから、諺にいう、手を取って引くようである。どこにいても書を読んで学業はできる。

しかし、近時京学の勢いは世の習わしのようになった。それはともかくとして、京学をさせるのなら、まず下地（基礎）を郷里で念を入れて作り、最低でも返点《かえりてん》付の書物は何でも滞らずに読み、文義も一通り理解できるようになってから上京するのがよい。どんな田舎にもそれ程の師匠はいるのであり、師匠を選んで近くは通い、遠くは寄宿か下宿をして、京学の心で取り組めば何とかなる。京と違って費用も安く、遊興して身を持ち崩すこともない。

下地ができてから上京し、儒業・文字の師匠を選ぶにはその人柄、学術に詭異《きい》（正しくない）・偏僻《へんぺき》（かたより）がなく、後進をよく奨誘（弟子の世話）をする人が最もよい。必ずしもただ名高い人を慕わなくてもよい。我が国の近時は、一日に二席三席の講説をし、諸国の書生を集めてその名前ばかりが聞こえ、京都にはその人だけがいるように思われるが、そうではない。講説を多くせず、田舎では名前を聞き知らない人に却って師と頼むべき人もいる。大方は上京後に書林（本屋）等の手引きで、講説の多い方へ入門するのであるが、こんなことでは信敬の心は薄く、師もまた親しみ、引き立てる心も厚くはない。

業を受けるというのは、講釈を聴くばかりではなく、講釈は大抵は隔日、日にただ一席だけがよい。この余は内にいて昼夜書を読むとよい。理解出来ない所は付箋紙《ふせんし》（はりがみ）をして、師匠に質問する。詩文等は正削を願うとよい。同門中に益友があれば、交わり日を定めて切磋《せっさ》（身を修め学を磨く）するとよい。こうして三、五年もすると、素質にもよるが、何とか益がある。

京都の方角も弁えるようになると、諸国から集まる書生と近付き、あちらこちらの先生の講席に出るようになるが、そんなのは田舎へ帰っても出来ることである。

これらのことは既に宝永三年（一七〇六）『諫草』にも学問に志す人は、「よき書を求めず、よき師に逢はずしては、遂に文道成り難し」とあり、一巻一章でも覚えたのは復唱して理を考えよとあり、理は無尽なものと、説かれてきている。学問には主取り、友達との交りが一番、とは現在にも言われる。

医学生などはわずか三年の在京だからと言って、田舎にはいない名高い諸先生の講論を聞いて帰るのが折角の京学と考えて、経義、史学、文章、また論語、左伝、唐詩選など、それぞれの分野で長じ精通した先生に貪り聴き、落ち着かない。これらの八九割は医家の子弟で、早朝にまず医書の講席に出、帰って朝飯を食い、書物を取り換えて儒書の講席に出、昼飯を食い、また一席に出、戻ると医書の夕講、本草の夜会の講釈を聴くのみで、読書は少しもしない、等と嘆いている。（北海先生報告します、現在の多くの御医者様は、厳しい受験勉強に始まる医学専修だけのようです）続けて北海は、京学して帰ったとさえ言えば、郷里の人望も用い方も格別で、その益を論ずるに及ばないと聞くが、自分の知ったことではない、と言う。

しかし、京学したからと言って、うまく運ばないのは今と同じらしく、北海は京学の陰も書いている。先述のように、諸国から来京する者は一年に数百人にもなるが、学業が小成して帰る者は一二割に過ぎない。洛中の繁華に目がくらみ、遊蕩に流れ、学業を勤めない者も多い。実はこの脱落者たちの中に、中国新渡来の本を読み、読本や洒落本の新小説を誕生させていることは文学史の説く所であるが、現在も文学や芸能への転向者は数多く見聞きする。生徒は郷里で四書（大学・論語・孟子・中庸）を習っただけで、他の平仮名や片仮名の書さえ見ていない者が七八割で、二三年間上京しても下地がなく、書が読めず、講釈も理解できない者がいる。その上、師匠を決めず上京後に本屋の案内（本屋は参考書物を貸すのみならず、生活の世話もよくした）で、講説と生徒の多い所へ入門するものだから、師匠を信じ尊敬に欠け、師匠も弟子に親しむ心が薄いので、学問は進まない、という。

『世間妾形気・一・三』は、幼少時に京学に出、二十五歳で帰って来た丹後宮津の男について、稀な博識に加え、上京風《かみぎょうふう》の至《いた》り仕出《しだし》な男振り、と描いている。彼は、三人の男を食い殺した絶品の美女に惚れられ結婚するが、詩作に自負心を表し、京での色酒等を思い出す内に、今小式部と言われる心立てのよい娘を妾にし、二人の嫉妬に苦しむ話である。

図6　『宝永花洛細見図』（金屋平右衛門板、元禄17年）

京学は、京都でも田舎でも、陰《かげ》と日向《ひなた》の両面を現出している。

図6は『宝永花洛細見図』（元禄十七年〈宝永元〉正月刊。洛陽絵本所、金屋平右衛門板）から。「檀林《だんりん》の事。何宗によらずその師を能化《のふけ》と云ひ、弟子を所化《しょけ》と云ふ。諸国の所化を集めて一宗の教意を悟らしむ」とある。学僧の京学風景である。

七　七夕の文事

江戸時代、幕府には五節句の式日があった。『徳川実紀・四一』元和三年（一六一七）の七種《ななくさ》の御祝は、兼て諸儒・諸僧・陰陽の徒に会議させたが不明なので、流例に任せたとある。元和六年になると「（三月三日）上巳例の如し」「（七月七日）星夕例の如し」「（九月九日）重陽拝賀例の如し」とあり、寛永元年（一六二四）十月二十八日には「歳首、五節、登営（登城）せしめらる」、元禄二年（一六八九）四月十六日には「今より後五節供の外は、厨膳に酒を供することを停めらる」とある。

そもそも五節句は『雑令《ざつりょう》』に定められた節日の中から、月と日の陽数（奇数）の重なるものを選んで式日としたのであるが、明治六年（一八七三）一月四日の改暦で廃止され、替って神武天皇即位日（紀元〈B.C.六六〇年〉。現在、二月十一日建国記念日）と天長節（天皇誕生日）とが祝日に定められた。しかし、五節句は民俗的祭礼とも融合していて、廃止されるどころか現在にも催事がある。

五節句のうち上巳や端午は子どもの成長や文事の上達を祈念する節日でもあるが、七夕も同じであった。七夕に関する江戸時代の考証随筆書は大抵は『公事根源《くじこんげん》』に基づいていて、例えば天和三年（一六八三）『大和事始』、元禄七年『年中重宝記』、享保二十年（一七三五）『続江戸砂子温故名跡志・一』等で見られ、後者には大略以下のようにある。

七夕祭に、童子や小少女が五色の紙を色紙短冊に裁ち、歌を書いて若竹の葉に結んで手向けることは上方《かみがた》にはなく、梶や桐の葉に歌を書いて川へ流す。梶の葉に七夕の歌を書くには、芋の葉の露を硯に滴《したた》して磨る。しかし『類聚名物考・二三〇』には、小児や女子は色紙や短冊を竹の枝に付けて五日の夜庭に立て置いて、六日の夕暮から夜をかけて賀茂の河原へ流す。全国は知らず大坂も江戸も七日の朝に流すのも違う。七日の夜に立て置いて、八日の朝流すべきものか、等とある。また『年中故事・一〇』（寛政十二年、一八〇〇）には手習いの童子は机や硯を洗って七夕を祭るとあり、文学の士は常に洗えともある。洗うには肌目《きめ》の細かい干した野老《ところ》で磨り、筆洗は韮《にら》の汁に浸して日に干すとよいとある（『万宝鄙事記』）。

考証家の説はともかく、初心者の理解は『女用智恵鑑宝織』（明和六年、一七六九）「七夕の由来」程度であろう。それは、七月七日の夜、二星が契る事は唐土の書には詩に作り、日本では歌に詠んでいて、夫《おっと》は牛をひくので

図7　『女重宝記諸礼鑑』（吉野屋藤兵衛板、元禄15年頃）

牽牛《けんぎゅう》、妻は機《はた》を織るので織女《おりひめ》といい、今宵二星を祭り、只一事を祈るのに望みの叶わないことはなく、祭り様は庭を浄め茅萱《ちがや》の葉を敷き、瓜《うり》や茄子《なすび》を手向け、器《うつわ》に水を入れて星の影（光）を映して拝む。竹を七尺に切って左右に置き、先に糸を七筋ずつ掛けて願の糸といい、小袖《こそで》を掛けるのは衣をかすという意味であり、香を薫き琴を弾じて、手向ける、等とある。

　七夕の歌の学習については、次の啓蒙書等に知られる。元文元年（一七三六）『懐玉筆海重宝記』寛政九年『大成筆海重宝記』では巻初に「吉《きっ》書初《しょはじめ》」と「七夕詩歌《たなばたしいか》」が、文化八年（一八一一）『麗玉百人一首吾妻錦』の前半「女今川」後半「百人一首」の巻初にはそれぞれ「書初之詩歌」と「七夕の歌」が対置されている。

「吉書初」は書初《かきぞめ》で、正月二日に新しい筆や墨で目出たい言葉や頌句を書き、書の上達を願うことであるが、七夕も同じであった。

また文化十三年の『女中重宝記』には「七夕の歌百首」、天保三年（一八三二）序写の『消息調宝記・四』には「七夕哥尽」が載り、「百人一首」に並ぶ教習歌であったことが分る。

　ここで代表歌の紹介として、図7の『女重宝記諸礼鑑・五』（元禄十五年頃）に載る九首を引く。

いく秋も堪へぬ契《ちぎ》りや　七夕の　まつ夜かひある一《ひと》よ成《なる》らん
年ごとに逢ふとはすれど　七夕の　ぬ（寝）る夜の数ぞ　少なかりける
彦星の　行きあひをまつ　袖よりも　秋はつゆけき　ならひ成るらん
草の葉に　けふ（今日）とる露や　七夕の　秋のたむけに　むすびそめけん
恋《こひ》〳〵て　今宵《こよひ》ばかりや　たれがたの　枕に塵《ちり》の　積《つも》らざるらん
天の川　一夜《ひとよ》ばかりの　逢瀬《あふせ》こそ　つらき神代の　うらみなるらん
明行けば　川瀬の波の　立返《たちかへ》り　また袖ぬらす　あまの羽衣
歳《とし》をへて　ながき契《ちぎ》りの　絶《たへ》せぬは　ためしにひかる　七夕の糸
邂逅《たまさか》の　ちぎりとしらば　七夕の　逢夜《あふよ》の鳥は　心して鳴《なけ》

八　小児、娘子の教育

江戸時代の庶民教育は、男子だけでなく女子にも同様に行われていた。庶民啓蒙書に先鞭をつけた苗村丈伯には元禄五年（一六九二）に『女重宝記』があり、一年遅れで刊行された『男重宝記』は『女重宝記』の好評による発販であった。『女重宝記』の後印改板本、改題本は、江戸時代に二十数種もあり、明治にも続いた流行の教養本である。また、これに類する女性啓蒙書は以下にも引用するように枚挙に遑がない。『女重宝記』の序文には「女の覚へてよき事を書き集め」たとあり、女の嗜み（巻一）、祝言（巻二）、懐妊・子育て（巻三）、諸芸（巻四）、女節用集字尽（巻五）と女性の学ぶべきことを網羅しており、従来の「女訓書」の身嗜《みだしなみ》・躾《しつけ》中心から、元禄期の知識中心の内容に変わっている。巻四には「手習ひの事幷に文書く事」があり、「女中《ぢよちう》の芸の第一は手書く事」とある。女文字のいろはを書き覚えると、無智の女も歌や草子を読んで昔のことを知り、文章を連ね、男文字（漢字）も覚えることになる、と説いている。

元禄十年の『嫁娶調宝記・三』には「小児学文のはじめ」がある。これには男女の差別をし、また学文と躾とは一体であったことが分る。

一、小児よく食《しよく》を食う時は、箸の持ちようを右の手に持ちなさいと教えよ。必ず左持ちになりたがるものである。

一、よく物言えば、男子は早く返事をさせ、習わすのがよい。女子は言葉をゆるやかに、言い習わすのがよい。

一、六歳になったら一より十、百、千、万、億までの数の読みようを教える。又、四方東西南北を教える。

一、七歳になったら、男子と女子と居所を替えて、食《しよく》を食わすのがよい。

一、八歳になったら、門《かど》や戸の出入、又座敷につく時、兄を先へ立て、弟は後から歩くように教える。物を譲ることを教える。

一、九歳になったら、朔日より晦日までの日の数を教える。

一、十歳を幼《よう》という。外へ出て、手習い、算用を習わせる。朝夕、躾方を習わす。当世は十歳まで待たず、八歳より手習いに遣わす。師匠を頼み寺入りということがある。身代《しんだい》（財産）によって赤飯を蒸し、肴を添え、金子《きんす》百疋、二百疋紙に付け、親同道で師匠の方へ行く。机、文庫を持参して、初めて師匠が手を取って教える。その日は一門の面々へも赤飯を配る。

一、十二、三歳の頃から、謡、小鼓、仕舞などを習わせる。武士なら平（兵）法、弓馬を師匠を取って習わす。躾方《しつけかた》立回《たちまわり》茶の湯を稽古させる。第一学文、算用を精出させるのが当り前である。人間は不学では不自由なことである。今の御世では一番の稽古は学文である。よく心得るがよい。

続けて「娘子の育ち」として、大略以下の記事がある。

九歳迄は男子、女子共に何事も同じであるが、十歳になると男子と女子と変わる（＝男女の礼節等教育内容の相違による）。女子は十歳から外に出ず、姆《かしずき》（保母）を付けて女の道を教える。女には四つの嗜《たしな》みがあり、女の四徳という。

①婉《えん》は、物言い静かに柔和な形。
②娩《ばん》は、立ち振舞い静かに身振舞《みふるまい》の嗜み。
③聴《てい》は、人の物言いや心の腐ることを引き受けてのあしらい。
④従《じゅう》は、夫・親・子に先ず従い、心に従わないことは後に言い聞かす。

習う事は苧績《おう》み、綿摘《わたつ》み、物縫《ものぬ》いを第一とする。例え金持でも、経験がないと言い付け通りには整わないので、童子から教えるのがよい。その他、暇《ひま》には手習、算用、歌の道、琴三味線、料理、学問をそろそろさせるのがよい。今の世は不学では女でも期待できない。四書・五経・詩文等を習うならば、誠の女の心がけとなる。

また巻四には「女嗜むべき事」があり、古歌を沢山覚えること、学問に精を入れ小学・四書の類を読み習うこと、縫針《ぬいばり》、裁物《たちもの》、秤目《はかりめ》、算用、料理、折方《おりかた》を仕習え等とあり、身嗜みのことが続いている。

これ等のことは、天保十四年（一八四三）『訓教女大学教草』には、七歳になったら物の数、方角、十干、十二支、物の受け取り渡し、給仕の仕様の類を教え、また手習、物読はよい師匠を求めて教えよ、とある。

朝寝、諍《いさかい》、人を打ち叩く等は堅く戒めよとある。このことは、また同書に次のようにも記される。

人間第一の嗜みは読み書きである。殊に女児は室にいて仮名冊子《かなぶみ》でも読むことを教えると、物の哀れも知るであろう。それゆえ最上の芸である。

次には手跡を学ぶことが肝要である。例え、百《もも》の媚《こび》ある容儀の美人でも、木の折れのような手跡であれば、心ざまも卑しまれる。形は深山木《みやまぎ》の花のないのも、手跡の美しいのは、その女の心ざまも丈《たけ》く貴い。

文《ふみ》の道も唐《もろこし》のことは差し置いて、伊勢、源氏の物語、歌書あるいは貞女、孝婦の教訓の書を常に見るのがよい。縫い針はもとより婦人おんなの業《わざ》なので、嗜みなくてはかなわぬことと知るべきである。


明和六年（一七六九）『女用智恵鑑宝織』にも「女七八歳より習ふべき書の事」が同様にある。女は七、八歳の頃より手習の暇に百人一首、古今集等の歌書を読ませて心を和らげ、言葉を優しくする助けとせよ、また女四書等女誡《じょかい》の書物を読ませ女の道を覚えさせる。十二歳からは外に出さず家内にいて織《お》り縫い績《つむ》ぎの業《わざ》を習わす。中人《ちゅうじん》以下は算用を少しは習わせよ。決して色好みの話、戯事《ざれごと》を知らせるな、歌舞伎や浄瑠璃は言うまでもなく、伊勢物語、源氏物語でも好色のことが多いので常に手に取らせるな、等とある。

但しこれには古くから、例えば享保二十年（一七三五）『女用文章唐錦』等に常套的な言及がある。即ち、淫乱の事を書いているが、作者の本意は悪い事を以て我が誡めとする心で書かれている、と。しかし、戯言《ざれごと》では人に教えるのは訝しいと誹《そし》る人もある。それには幼い頃、文字を読み習わすのに女今川、女庭訓等の類を用いると気高くなる。或は、和論語、女四書、女大学、大和小学の類を読んで古《いにしえ》の賢女の端正《ただしき》行いを学べ、とある。

また、文化十四年（一八一七）『大和女訓』には、源氏、伊勢、大和などの物語は識趣《しきしゅ》定まらない内は見せてはならないが、道のあらましを諭して後に見るのは苦しくない、道を聞かないでは、言行《げんこう》に誤りが出て来るともある。

天保十四年再刻小本型『女寺子調法記』には、巻頭の見開き四丁に彩色挿絵を前述同趣の文で絵解《えとき》にしていて、書き出しは、幼い時は手習い、物読みをせよ、この二ツに疎くては一生恥が多い……等、と続いている。

図8　『童女専用女寺子調法記』（天保13年）

図８は天保十三年『童女専用女寺子調法記』の口絵で、上欄にはその内容「女実語教」「女今川状」「女手習状」「女商売往来」の紹介があるが、実はこれは『童子専用寺子調法記』（安永五年、一七七六初版）の女性版であり、「童子教」「腰越状」は欠いているものの、すべて「女」を冠して女性版としたものである。「女手習状」は本章「三」に紹介しているように『童学重宝記』所収の「初登山手習教訓書」等を下敷きにしていて、武士の合戦と女の手習・裁縫は同事、身に付けることは必須と説いている。『童子専用寺子調法記』の漢字文は『童女専用女寺子調法記』では当然漢字平仮名交

りの和文である。

我が国では女子教育も、男子に比肩できる程盛んに行われてきていることを言いたいのである。

九　早学問《はやがくもん》

京都の儒学者大江玄圃《おおえげんぽ》（寛政六年、一七九四。六十六歳没）は、早学問と名付けた学習書を、師匠も学者もいない片田舎や辺土で、一人で学問する者のためにと言って何冊も刊行している。まず、一人で学問する時世になったということが大いに注目されなければならない。明和三年（一七六六）『間合早学問』、安永三年（一七七四）『学翼 間合早学問後編』、安永六年『女早学問』であるが、『学逸 早学問続編 嗣出』『学補 早学問補遺 嗣出』『学通 早学問続雑編 嗣出』等は予告のみで終ったようである。

『間合早学問』の「学問大意」の主意はこうである。

学問とは、書を読んで古の聖人の道を学ぶことである。その奥深く、精微《くわし》い理《り》を究《きわ》めることはた易いことではないが、まるで一向に学のないのは無骨なことなので、人と生まれては少しは覚えたいものである。誰でも少し学べば万事に便りよく、人柄も言葉も立派になり、人に敬われる。孔子が、行余力《こうよりょく》あらば文《ぶん》を学べ（『論語 学而第一』）と言ったのは、士農工商共に家業の暇には、ひたすら学文をせよと教えた言葉である。どんなに暇のない身でも、志《こころざし》さえあれば、寝起きを一刻《いっこく》（二時間）ずつ削れば一夜に二刻の学問ができる。また日中どんなに繁忙の仕事でも、少しずつの暇はあるもので、仮名文でも読みたいものである。昨日と過ぎ、去年と暮れ行く光陰を空しく送るのは惜しいことではないか。

巻上「学問捷逕（ちかみち）」では学問と言えば、広大高明と思い悩む凡夫に、近道のあることを教える。即ち、学問に志があれば、まず面白く読み易い仮名書の軍書、通俗三国志の類をひたすら読むこと、通俗物（中国白話小説や歴史小説の翻訳本）の類を多く読み行くと、文字も余程覚えられ、それより蒙求、史記の類を読むとよく、大体読み終ったら究極の四書五経を読むとよい。このように努力すれば大方読めるようになる。読み難い所は字引を引き、数十遍読むといつとなく意味も解《わか》るようになる。書物を読む便りになるのは、人々の志を表す詩作で、これは字数も少なく学問に入り易い。連歌俳諧をする才覚があれば詩を作るのは易しい。三躰詩、唐詩選等を読み習うと詩の趣が分り、『盛唐詩格』（四巻　玄圃著）等の詩作書を見て詩を作る内に文字も覚え、文義も会得できて、書物も読み易くなる、と説く。

巻下「文章捷逕」では文章の種類や助辞を説明した後、文（男は漢文）を作るには古事談・平家物語の仮名文の一段を書写して文字を宛てて漢文とする。また、短い説話《はなし》に漢字を宛てて記事を作るのが早道で、初心の内は努めて多く作るのがよく、その内に自ら覚えて達者になるので、文章軌範等を常に読んで文を作る度に引き合せて、似ない所は何回も改め替えることである。こうすれば師匠がいなくても学ばれる、と説く。

巻上には他に「行実」「唐土歴代」「書籍由来」「歴史」「新註古註」「学問宗派」「古文辞」「批点」など十六項目。巻下には「詩作（文章）捷逕」「尺牘」「画賛」「筆法」「姓名字号」「印章」「学者卮言（ことば）」「文房名物」等十一項目の解説がある。

『学翼　問合早学問後編』は前書『問合早学問』を翼《たす》ける後編である。挿図は円山応挙と言い、雅趣深く描いてある。「学翼大意」では、次のように説く。

聖人の道と言っても格別難しいことを勤めるのではなく、人々の生活の中に籠る甚だ近い道であり、人の人たる道を知って身に行うまでのこと、即ち孝（父母を大切にして仕えること）、悌（年長者を敬い仕えること）、忠（誠を尽し欺さぬこと）、信（人に言うに律儀で実あること）という。たやすくは出来ないので聖人賢人が色々に道を説き弘めた書籍、四書・五経やその他の書籍を日夜稽古するのが身に行う柱立《はしらだて》になる。

他に巻上には「親族図解」「書家用心」「画筆」「筆品」等十七項目。巻下には「墨本打法」「印章印法」「石印刻法」「詩嚢」等十六項目の解説がある。

『女早学問』は一門生のために書いた『女学範』（明和元年）の後を承けており、「学問大意」には、次のように説く。

学問とは、聖人が正しい道を説いた書物を読んで、周公・孔子の尊い道を学ぶことをいう。男子も女子も皆学問すべきことなのに、若い男子が学問するのは稀で、女子はなおさら学問しないもののように心得て、唐土の正しい書物を読まず、物語・草子等の戯れた書物を多く読み、それより以下は年々作り出す浄瑠璃・小歌等を好んであたら月日を送るのは浅ましい。物語、草紙、浄瑠璃、小哥の類は玩ぶべきものではなく、幼い女の玩ぶべきものは和論語、女四書（女孝教・女論語・内訓・女戒）、女大学、大和小学、翁草の類をよしとし、戯れ文で読み覚えず、これらの書物を読み覚えて、後には四書、五経、孝経、列女伝等を読んで、古の

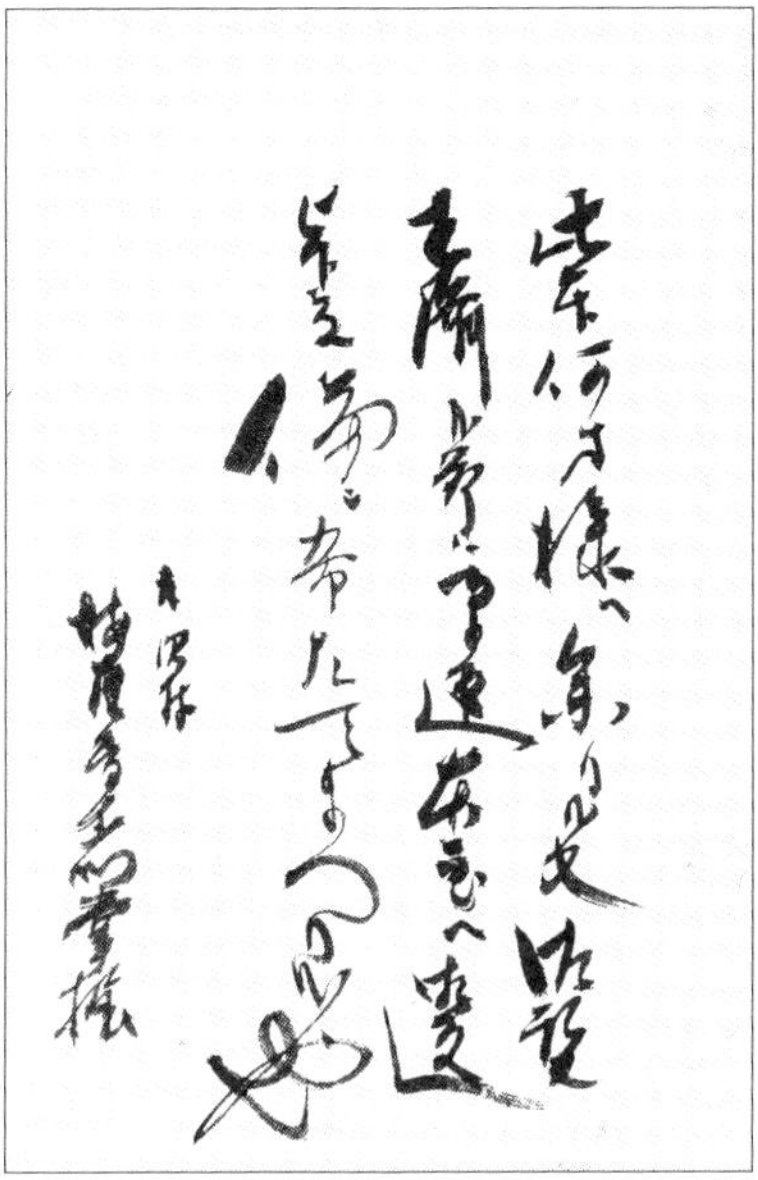

見返し　「御覧後は即刻返却を」との要請文が書き付けられている。

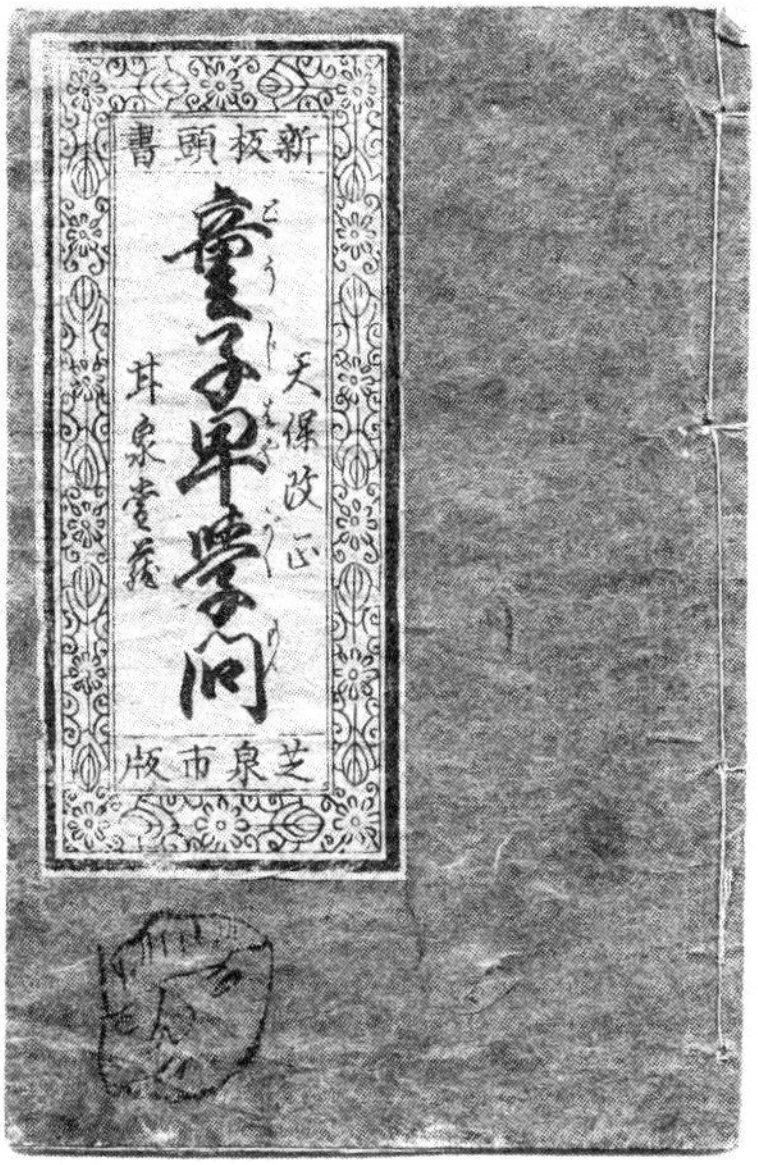

表紙

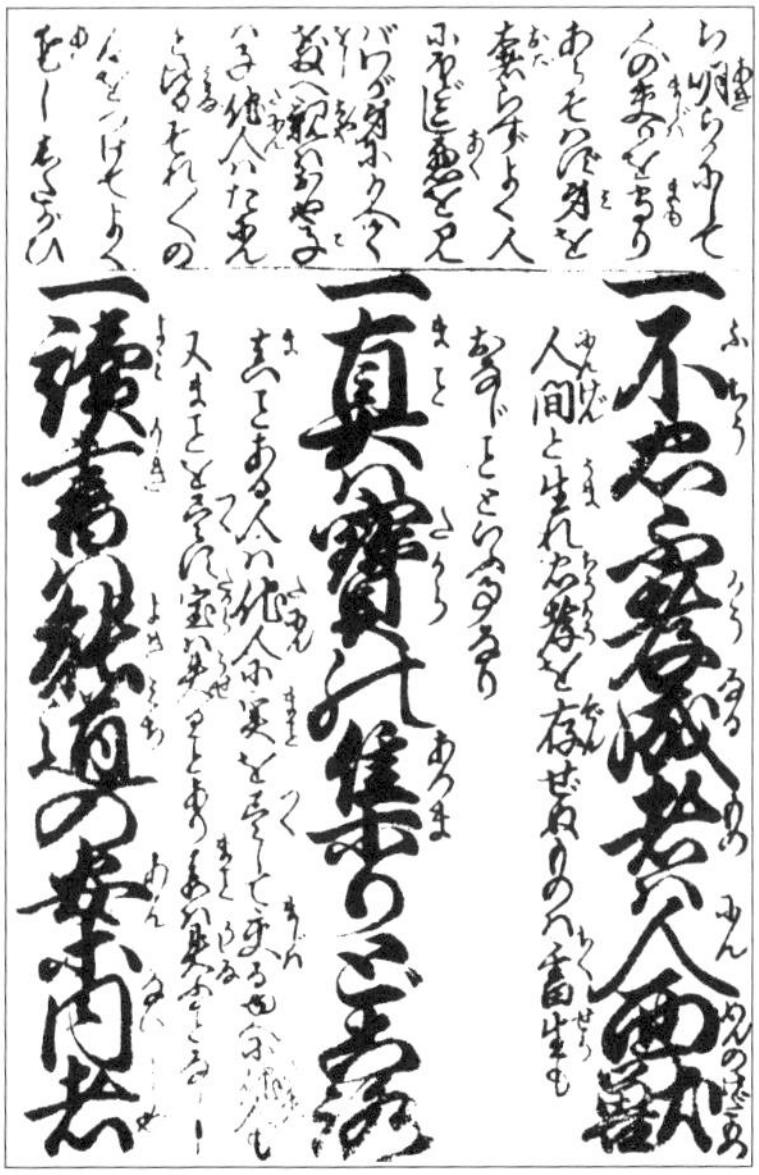

本文

挿絵（司馬温公）

図9　『新板頭書童子早学問』（天保14年）

賢女の正しい行いを学ぶべきである。

巻上には「三従道」「読書」「二十一代集」「和歌法式」「和歌読方」「賢女幷ニ孝婦」「女中学者（詩人・文人・歌人）」「絵事」等十七項目。巻下には「十種香」「懐紙短冊」「衣服」「絵貝」「貝蓋」「衣服」「染色」「器用」「和琴」「双六」「雛祭」等十八項目の解説がある。

男の『問合早学問』と女の『女早学問』は、学問の道は同じ、教養科目は自《おのず》から異なっている。

図9は類書『新板頭書童子早学問』（天保十四年、一八四三、芝泉市版）は、本文教訓四十四句に注釈をつけている。細川並輔校合、池田善次郎画で、最後に「〇校合《けうごふ》の序《ついで》にふと心にうかみけるざれ言《ごと》」がある。「早起を種として、家業のはたけにこれを蒔《まき》、正直律義の芽出しより、無病長寿の葉を生じ、福徳自在の花開きて、子孫繁栄の実を結ぶ事、疑ひなし」と。貸本にもされていて、見返には、「此本が何方様へ参りましても、御覧相済み候節は早速本宅へ御返し下されたく偏に希い奉ります」の墨書きがある。

十　算は渡世の第一

寛永四年（一六二七）に、吉田光由《みつよし》が出した絵入算法書『塵劫記《じんこうき》』は算法の基本書となり、応用改変されて種々の自習書が次々に無量に出ている。中国シナでも日本でも、例えば『万家日用調法記』に「算数世に行れて国家の重器《じゆうき》たり。されば人として学ずんばあるべからず」と重視され、『嫁娶調宝記・三』にも「六歳にならば一より十百千万億迄の読み様を教ゆべし。又、四方東西南北を教ゆべし」とあり、十歳を幼と言い、外へ出て師匠に手習算用を習わせよ、当世では十歳を待たず八歳より遣わすとある。

江戸時代の農工商業の発達は、生活に必要な計算とその応用、貸借金の利息計算、米穀や金銀銭の相場の計算等、算法の学習は不可欠であった。

時代不同ながら四民の算法学習を見てみよう。

武家については、貞享四年（一六八七）『武道伝来記・四・三』に肥後熊本の話として次がある。今時は武道は知らなくても、算盤を習い覚え、始末（倹約）の二字を力説すれば、どこでも知行の種となる。世の中は色々に変わり、今から先は侍《さむらい》たる者は刀の代りに秤《はかり》を腰にさして商《あきない》をするのがはやる、と噂していた。武家でも、武芸より算法が重視される時代になったと言うのである。

農家では、『農家調宝記・初』に次の記述がある。農業は昼夜暇がないので、諸芸は勿論算数等も学ぶに及ばない、耕作さえ勤めれば、無筆無算でも役人が役銭《やくせん》を勘定しているので、能書《のうしょ》・達算《たつさん》で農業を怠るより、何も知らない方が優る。しかし、一村の長となり衆民を支配する者は地方《じかた》（農村）に取り扱う筋、算法も心得べきである。算学は心掛ければそんなに暇を費やさずに覚えられる。庄司《しょうや》・年寄《としより》・名主《なぬし》・組頭《くみがしら》等の役儀《やくぎ》を勤める者は、用を便ずるほどは読み書きもしなければならない。それ故軽い農民も、男子は寺小屋に上げて手習いをさせることである。筆学《ひつがく》は万用を達成する根本なので、特に当面の用字を専一に学ぶのがよい、等とある。即ち、算学の位置づけは、村の指導者の要件とされる。この庄屋を中心とする農村の学習状況は、伝存の庄屋文書を見れば芸能等の享受も含めて理解されよう。

商家にあっては、明和元年（一七六四）『日用重宝記』に「それ算は渡世の第一也。算盤の第一は九々也。是を覚へずして算盤の事叶はざる事也。第一九々、第二割り声也。よくよく覚ゆべし」とあり、九九と八算割声の表

図10 『日用重宝記』(明和元年)

が出ている。

この算法が出来ない者の後悔は貞享五年の『日本永代蔵』に描かれている。第一級の諸芸能を身につけて贅沢に振舞い、生活を省《かえり》みず零落して商を求めて江戸に下った泉州堺の者は就職口がなく、「十露盤《そろばん》をおかず、秤目《はかりめ》知らぬことを悔しがりぬ」（二・三）とある。京都室町の大金持の息子は、「銀見るか（銀貨の鑑別ができるか）。算用か（算盤勘定ができるか）」（六・二）の面接に、はたと悔しがったとある。諸芸能に深入りしても生活には何の役にも立たないのである。

商人の経歴は、丁稚《でっち》奉公に出て十年して手代《てだい》となり、その二十年の間に商業育を受けてから番頭《ばんとう》や出見世《でみせ》を任せられるが、その基本教育は商取引に必要な算法であった。宝永六年（一七〇九）近松の『五十年忌歌念仏・中』には、十一歳の三月五日の奉公出替《でがわり》から、「いろはとも、ちりぬるとも知らぬ者の、これ程迄算勘《さんかん》（算盤勘定）読み書き」を教えられ、海より山より勝った御高恩を受けた、と言うのは主人公の手代清十郎である。これに類することは他の近松の世話物、経済を題材にした西鶴の『世間胸算用』等に色々に描かれている。

以上のように、四民はそれぞれの生活に必要な算法を、色々な方法で修得していた。商家の丁稚教育というのは、大坂近辺の農家の二三男の七八歳から十歳位が（跡取りの長子なら寺子屋に上がる年頃）、その店の商売を身につけさせてもらう条件で奉公することをいう。最初は洗濯、子守、拭き掃除、雑役等から、成長するに従って次第に使い走りや主人の随従もするようになる。主人からは商売に必要な読み書き算盤の手解《てほど》きを受け、夏冬に仕着せがあり、食事が付く外は無給であった。丁稚を無事に十年仕上げると手代となり、一人前の使用人として商売取引に当るようになる。手代を十年すると今度は主手代・番頭・別家が許され、主人の肝煎で結婚も許される。主人に内密で自由恋愛など考えると、例えば『曾根崎心中』の徳兵衛のような悶着が起る。この丁稚奉公は農・工業でも同じである。

図10は『日用重宝記』から。店先で算盤を入れる手代は、覚帳（掛売記録）を腰に下げ、伴う丁稚は集銀を入れる革袋を担げている。店内では店の手代が天秤で計った銀を差し出している。

十一　相手尊重の教え

江戸時代は、言うまでもなく士・農・工・商の身分階級社会で、その職は世襲され、下位者は上位者に、女は男に従うことが、例えば元禄六年（一六九三）『男重宝記・一』「男子一代の総論 付たり士農工商の事」に記され、その他の啓蒙教訓書にも広く解説されている。従ってここで「相手尊重の教え」などと標題にすることは変だという意見もあろう。

しかし、そのことは阿諛追従する者が、上位者や男に都合のよいように解説してきたものであり、本来は上位者は我が子を愛するように下位者に慈愛をもって接すべきことが基本なのである。このことを解説する数少ない啓蒙教訓書に、大阪の雑家暁鐘成（万延元年、一八六〇。六十八歳没）編の小本『傍訓世話千字文』（文政七年原刻、一八二四、天保九・十五年再刻）がある（図11、天保十五年再刻本）。尚、天保九年刊半紙本『世話千字文絵鈔』は別本で

図11　『傍訓世話千字文』(天保15年、再刻本)

ある。因みに言う、暁鐘成は筆者の最初期の研究対象、快哉。

君臣　君は臣下を我が手足の如く労《いたは》り使ふ也。臣下は主君に二心なく一命を惜しまずして忠節を尽す也。

父子　父は子を育つるに人の道を教へ、又諸芸を習はす也。子は親に仕へ孝行を尽し家をたて子孫相続する也。

夫婦　夫は妻を憐れみ教へ、婦は夫の下知に従ひ内を守りて、和順に仕ふ也。

兄弟　兄は弟を憐れみ恵み、弟は兄を親の如く敬ひ、互に過ちを正して善を勧む也。

朋友　朋友の交りは随分頼もしく、親類に等しく、偽りなく、善し悪し共に力を添へて助け合ふ也。

右、此の五倫は人たる者の行ひ也。これに反ける者は、姿《すがた》人《ひと》たりとも人にあらず。

この解説の特色は、上位者の下位者に対する配慮を最初に記し、上位者への服従は二の次になっていることである。それは民主主義の理念とあまり変らないが、もとよりそれは儒教の聖教『論語』等に基づいている。

それでは下位者への配慮を外し、上位者への服従ばかりが力説されてきたのはなぜか。色々に予測はできるが、少なくとも上位者に阿《おもね》り、都合のよいように解説して、上位者もそれを疑わずに引き継いできたのは明らかである。

礼儀作法は相手方への敬意の表し方で、江戸時代の基本礼式は武家方より伝来する「当流躾方五十一ケ状幷万諸礼之事」で、これが整版本になって四民階級に流布するのは元禄四年『霊宝聞書全抄』『男重宝記』あたりからである。現在とは生活様式が異なり、理解されない条項も多いので、書簡の条項を例示してみることにする。次のことは無礼である。

一、上書《うわがき》あまり草《そう》に書くこと。我が名字《みょうじ》、名乗《なのり》、真《しん》に書く事。
一、高位の二字、二字ながら書く事。
一、我が二字、名字を一字書く事。
一、他の名字を仮名に書く事。

これらは相手を尊んで漢字の楷書で書き、貴方様はただ一人ゆえ一字で書くだけで分るとするものである。草書や平仮名等は略体なので非礼になる。我が事は、反対になる。

書簡作法は寛文九年（一六六九）に『書翰初学抄』があり、後版が天和四年（一六八四）から出、これも元禄八年『書札調法記』や同十年『女筆調法記』等追随書が出て、知識は一段と広まる。明和六年（一七六九）『女用智恵鑑宝織』には、次のようにある。

手紙の言葉は、声（音）を使わず、読み（訓）を使うこと。墨色濃く書くのが敬いであるが余り濃いのは卑しいので程を見合せる。文字は色々に省略せず、点や引きを長くせずに書く。第一に、言いやること等は墨を継いで書く。

祝儀文には尚尚書《なおなおがき》を丁寧に書き、婚礼や弔い文には尚尚書はせず、重ね言葉を忌む。弔い文は墨薄く掠り、文章は短くざっと書き、重ね言葉がないよう心得、封は〆をしない。

書簡礼の基本は、相手尊重と謙譲にある。

相手を斟酌した言葉遣いは、元禄五年『俳諧之重宝記すり火うち』に「病家ニテ嫌物／生死、無常の沙汰」のように俳諧に読み込むのを嫌う言葉として列挙されるが、これも元文元年（一七三六）『筆海重宝記』に「句作用捨之事」として簡略に纏められ、祝言には、

去る、退く、往《いぬ》る、飽く、暇《いとま》、一人《ひとり》、再び、絶え絶え。○跡を弔ふ、橡衣《つるばみころも》、藤衣《ふじころも》（上記二つは共に喪服の色）、命の消ゆる事を嫌はん

等とある。

相手の立場に思いを廻らし、我が身を慎む教えが生活の中にあった。

ここでどうしても付け加えて置きたいのは、「三下り半」（みくだりはん。離縁状）の俗解である。「三下り半」とはできるだけ短く書く事、必ずしも三行半とは限らない。離縁した女はこれがないと再婚できず、あれば直ぐにで

も再婚できた。離縁の要件は『嫁娶調宝記・四』（元禄十年）には『大戴礼・本命』によるとして、次のようにある。

①舅姑に順わない（不孝な）女は去る（離縁する）。
②子のない女は去る。妻を娶るのは子孫相続のためであり、婦人の心が正しく行儀よく妬む心がなければ去らずに、同姓の子を養うとよい。或は妾（てかけ）に子があれば去ることはない。
③淫乱であれば去る。
④悋気《りんき》（嫉み心）が深ければ去る。
⑤悪疾があれば去る。
⑥多言で慎みがなければ去る。
⑦物盗みする心があるのは去る。

但し、「三ツの去らざる法」がある。①嫁に呼んだ時は両親がいたが、現在は親もなく跡絶えて帰る所のない者は去ってはならない。酷いことである。②舅姑に孝行を勤めてよく仕え、舅姑が死去して五十日の喪もよく勤めた者を、その後気に入らないと言って去るのは法に背くことである。③貧賤の後に随分稼ぎ出し富貴になってから、気に入らないと言って去るのは法に背くことで、どのようなことがあっても去ってはならない。なおまだ認めがたいとの意見はあろうが、「三ツの去らざる法」のあることは強調して置かなければならない。

この類の例証として『大和女訓』（文化十四年）の次の一節がある。「いかなる世の白痴者《しれもの》が言ひ出しけん。女人《にょにん》は罪ふかきものなりと誑《たぶら》かすにより、彼にまど（惑）はされて」があり、「是大《これおほひ》なるあやまりなり。女に罪あるも有べし。男に罪有も有べし。女のみに限りて罪ありとは言ひがたし」。男女が差別されてはならないことは既に分っていたのである。

封建制下とはいえ、何につけ我がまま勝手に無理強いすることは決して許されてはいない。

十二　手習子風情

十偏舎一九作黄表紙『初登山手習方帖』（寛政九年、一七五九）は浄瑠璃『菅原伝授手習鑑』（延享三年、一七四六初演）によるものと言われるが、一番には『初登山手習教訓書』を下敷きにしている。『書登山手習教訓書』は、寛永十三年（一六四一）・慶安二年（一六四九）・宝永二年（一七〇五）・文化四年（一八〇七）・天保十四年（一八四三）版の外、刊年不明版も多く、また『童学重宝記』（寛政十二年、一八〇〇）等往来物にも収録されており、江戸時代を通じ広く知られていた。一方、『童子専用女手子重宝記』に載る「女手習教訓状」は「初登山教訓手習書」を女子向けに改めたものである（本章「三　手習教訓書」「八　娘子の教育」参照）。

黄表紙『初登山手習方帖・下』には、「寺入りは武士の戦場へ向うが如し、というのに違いなく、草紙の鎧一様に着飾り、打ち物の筆を携え、我も我もとこの初登山という山へ上がるを」は、「初登山教訓書」に「初心の児童登山の時は、武士の戦場に向うが如く、師匠は大将軍の如し。硯墨紙等は武具の類なり。卓机は城郭の如し、筆は打ち物、太刀、長刀の如くなり」（二作共読み易く改めた）によっていて、筆の打ち物を担げた初登山の絵もある。図12参照。

優れた作者は原作を別世界に作り上げる。黄表紙の『初登山手習方帖』では熱心に勉強するどころか、手習い

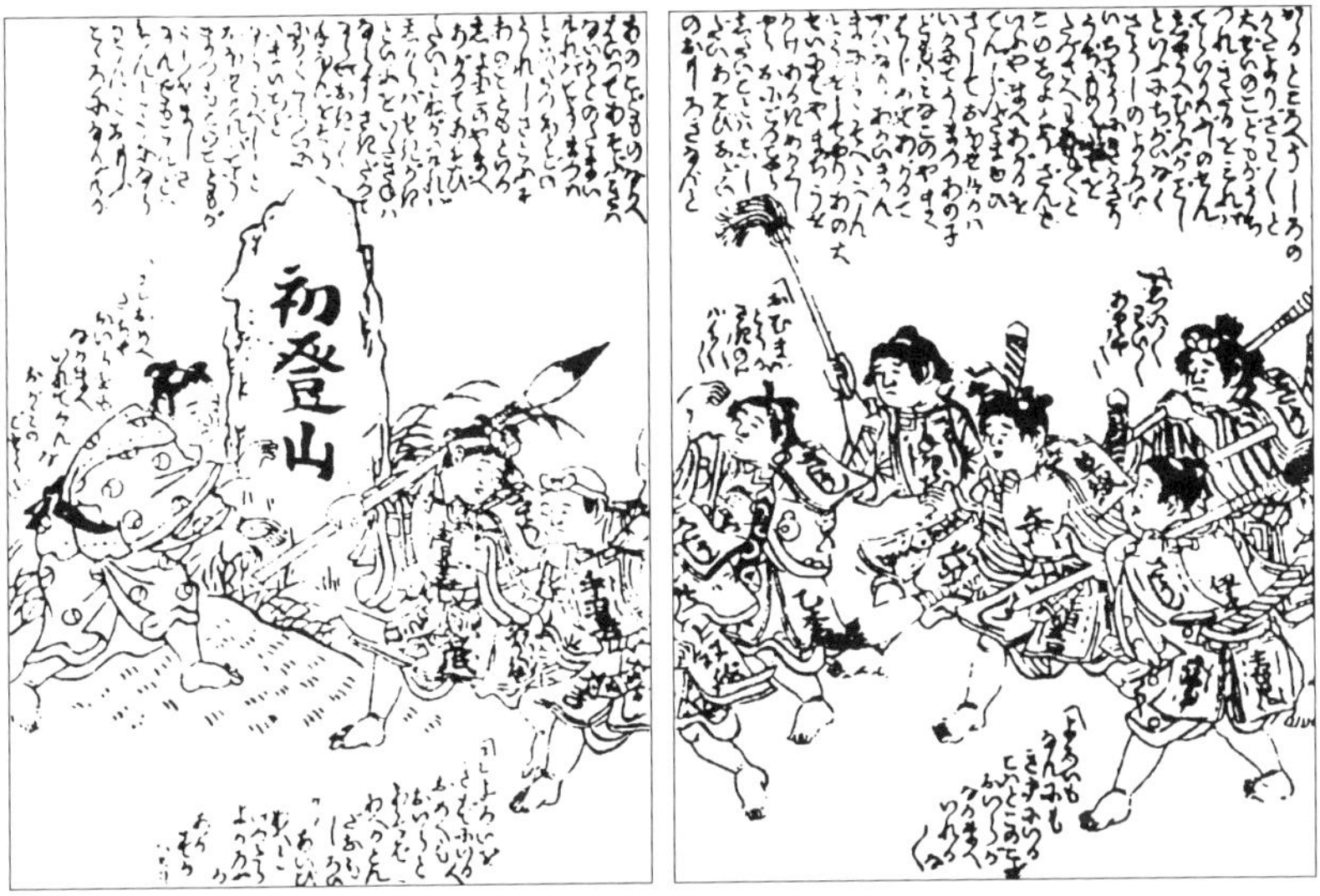

図12　『初登山手習方帖』（寛政9年）（『江戸の戯作絵本（四）　初登山手習方帖』より）

嫌い、算盤嫌い、どこに寺入りしても断られる我が侭八百の息子が主人公である。机に向うが最後高鼾、ある日夢中に天神様が現れ、菓子の庭で好きに食わせ、盛り場で言いなりに遊ばせた後、初登山寺入りの様子を見せて、手習う気にさせる。「教訓書」の熱心な勧学説得に対して、一九は子供にそんなことがあるものか、子供の本質は遊びだ、と茶化したのである。

一方、朋誠堂喜三二作黄表紙『文武二道万石通』（天明八年、一七八八）、その続編恋川春町作『鸚鵡返文武二道』（寛政元年）は寛政の改革の文武両道の奨励を穿《うが》ったものとされ、『鸚鵡返文武二道』には月卿雲客から庶人に至る迄、文を右にし、武を左にして、この頃まで仮名付の四書五経を読んでいた者が、今では仮名書の四書五経へ真字《しんじ》（漢字）を付けてさっさっと通読し、学問は日々盛んになり、孝・悌・忠・信の道も盛んになった、等と描く。山東京伝作『孔子縞于時藍染』（寛政元年）は孔子の教えが市中に広く行き渡り（藍染格子縞模様流行のもじり）、物貫や非人迄『論語』を読んで礼を好む世の中になり、物貰は彼の先生と共に『春秋左氏伝』『文選』等の読書会をする。これも逆説で、いくら文武奨励の大号令をかけたからと言って、そうなるものかと皮肉ったのである。

手習子は歌舞伎、狂歌、川柳にも写生されている。江戸長唄で寛政四年河原崎座興行『杜若七重の染衣』の「手習子」は、四・五世岩井半四郎が好評と名著全集「歌謡音曲集」に載る。「花の笑顔の愛《いと》しらし、二つ文字から書初めて、悋気《りんき》恥し角文字《つのもじ》の、直《すぐ》な心の一筋に」とは寺戻りの全盛娘である。勿論、そんな優秀な子もいる。

○赤飯もあら初午の手習子 今日より卓《しょく》に凭《もた》れてや書く（狂言鶯蛙集・神祇哥）
　幼子の手習いはせで双紙に人の形など書き荒《すさ》むを見て
○打ち物の筆おツとツて手習子 文字より首をかき覚えたり（狂歌才蔵集・雑歌下）
○手習子大津絵程はどれも書（柳多留・九）
○手習に上ケて我子を見違へる（柳多留・四五）
○手習の跡で大学突ツつかせ（玉柳）
○手習子蜂の如くに路地から出（川柳評万句合・明和二仁）
○手習は蚯蚓《みみず》八ツから土ほじり（柳多留・八九）
○手習の八ツから末は哀れなり（川柳評万句合・明和元智）
○手習子腹が痛いと母に言い（同・明和七宮）
○手習子母と下ルは不首尾なり（同・明和三信）
○手習子日暮れに下ル恥しさ（同・安永元義）

寺上りには初午の日赤飯酒肴など分相応に整える。墨塗《まみ》れの腕白も成長するが、先は長い。八ツ（午後二時）過ぎに帰ると家業がある。手習い始めの八歳から人生も始まる。手習い拒否もいる。問題児もいる。

一方では手習師匠が甚だ下劣になり、大安売りして、どんな軽い者の子供でも寺入りし易くなった（『寛保延享江府風俗志』等）とか、昔は町師匠は数える程でしかいなかったが今は一町に二三人ずつもいて、子供への教へ方の技術も上ったのか、幼少でも見事に書く（文化八年『飛鳥川』）、ともある。

江戸時代は理想を高く掲げて厳格な教育風潮が横溢しており、時代とともに裾野を広げて著しい成果が見られるが、その一翼を啓蒙学者を擁して教科書を製作頒布した本屋も担っていたというのが、「江戸初心者の勉学」の纏めになる。

十三　一代の総論

「江戸初心者の勉学」と題して書いてきたが、それでは、初等教育を終えてその後はどうなるのか。江戸時代、士・農・工・商という身分社会の中で、それぞれ各人に付き纏う身過ぎ、世過ぎに対処しながらその生涯を送らなければならない訳であるが、人生一代の大体の目安・目標はどうなっているのか、他でも記事に関連して書いてはいるが、ここではその大体を纏めて置くことにする。

初めは『男重宝記・一』（元禄六年、一六九三）から『礼記・内則第一二』（江戸時代の大方の記載はこれに基づく。「第五章　日常生活の中の文事　一」参照）読み易くして引用する。

男子が六歳になったら数と方角の名を教える。七歳になったら男女同座せず、食事を共にしない。八歳になったら座敷に着いて飲食《のみくい》の作法、躾方《しつけかた》を教える。九歳になったら日を数えること（暦日）を教える。十歳になったら師について手を習い、算用を学ぶ。十三歳になったら詩を詠み、楽を学び、射御《ゆみいのりかた》（馬術）を習う。二十歳になったら初めて礼儀を学び孝行を心掛け、三十歳になったら妻《め》を迎え男の事《わざ》を修《おさ》める。四十歳になったら思慮分別を弁え、五十歳になったら政《まつりごと》を修め、七十歳になったら我が職事を致す（官職を辞す）という。

又聖人の教えには、八歳にして小学校に入って洒掃《はきそうじ》応《いらえ》対《こたえ》進《すすむ》退《しりぞく》を習い、十五歳を成長の始めとして大学校に入って、己を修め、人を治める道を学ぶという。

『嫁娶調宝記・三』（元禄十年）の記事は、宮参り誕生から始まる。「本章八 早学問」と重複する所もあるが、又引用する。

○宮参り。小児誕生日より、男子は三十一日目、女子は三十二日目に日取り時取りなしに氏神へ参る。侍、町人、また分相応に、祝儀がある。

○食い初め。誕生より百廿日目に吉凶を選ばず食初めがある。身代（身分財産）により七五三の膳部があり、大抵は二の膳で済む。これにも法がある。

○髪置き。男女共に三歳の霜月に吉日を選んで氏神へ参る。男子は月代《さかやき》を小判形に、女子は白髪綿を頭半分過ぎ被らせる。赤飯を拵え一門に配る。

○袴着。五歳の正月に袴着をさせる。父方か母方の祖父から着物一重ね、上下《かみしも》に、末広を添えて送る。これにも祝儀の法がある。

○小児学問始め。前掲『男重宝記・一』と同じであるが具体的なので再述する。

△六歳になったら、一より十百千万億迄の数の読み方を教える。又四方東西南北を教える。△八歳になったら門や戸の出入り、又座敷に着く事、兄を先へ立て弟は後から歩くこと、物を譲ることを教える。△九歳になったら朔日から晦日迄の日の数を教える。△十歳を幼といい、外へ出て師匠に手習い算用を習わす。朝夕の躾方を習わす。今の世は十歳を待たず八歳より手習いに遣る。寺入りには謝礼をする（本章「一　学問入学吉日」参照）。△十二三歳の頃より謡 小鼓 仕舞等を習わす。武士なら兵法 弓馬を、師匠を取って稽古させる。第一学問 算用に精を出さす。人間は不学では不自由、今の世は一番の稽古は学文とよく心得よ。

○娘子の育ち。九歳迄は男子女子共に何事も同じ。十歳になると変わる。女子は十歳より外に出さず姆《かしずき》を付けて女の四徳、婉《えん》（物言いが静かで柔和）、娩《ばん》（立居振舞が静かで嗜みがある）、聴《てい》（人の物言いも心も請けて応対する）、従《じゅう》（夫は勿論、親・子・兄にもしたがう。心に叶わぬ事は退いて後に訳を説いて言い聞かす）。

○角入《すみいれ》。男子十五六歳になったら恰好にもよるが、四季によらず、吉日良辰を選び、角を入れる。これも祝儀があり、刀印籠 巾着などを取らすこともある。

○元服。男子十二歳から二十歳位迄の間に行われる成人儀式。堂上方には種々の習いがあり、武家では上一人より下万民迄前髪を取る事をいう。諸侯太夫には儀式があるが、中人以下は相応の振舞で済ます。前以って烏帽子親（加冠）を頼み、当日は烏帽子親、理髪人（月代を剃る人）も頼む。元服人は小袖を着、白衣である。作法がある。烏帽子親から名乗りの一字を贈られる事があり、又元服人が名を替えるのでそれを付ける事もある。

『町人嚢・四』（享保四年、一七一八）には、ある人が云うとして次がある。

男子は少陰《しょういん》（易で八の数）をもって形《かたち》をなす故に八歳より気（生気）血（血液）定まり、十六歳で精通じ（精液が出る）、このようにして八年ずつで気血変じ、五八四十歳で血気が満ちて、四十一歳よりそろ〳〵血気が衰えて行くので、四十歳を初《はじめ》の老《おい》という。それより漸々《ぜんぜん》血気変じて、八々六十四で血気衰え、精が尽きる。

女人は少陽（易で七の数）の数で形をなす故に七歳より血気定まり、十四歳で経水至り（月経が出る）、五七三十五歳で気血が満ちる。それより漸々《ぜんぜん》衰えて行き、七七四十九歳で経水が絶え、血気が衰え、懐胎しない。

これも又医書の説である。人によって少々の不同があると言っても大概はこのようである。

少し遠回りになったが、本稿では次の町人の生活指標を紹介したかったのである。周知のことではあるが、『日本永代蔵・四・一』（貞享五年、一六八八）に次のようにある。

人は十三歳迄は弁《わきま》えなく、それより二十四五迄は親の指図を受け、その後は我と（自力で）世を稼ぎ（財産を造り）、四十五迄に一生の家を固め（余生を送る資産を築く）、遊楽することに極まっている。

『世間胸算用・二・一』（元禄五年）には、金銀の余計ある程目出度いことはないけれども、それは、

二十五の若盛《わかざかり》より油断なく、三十五の男盛りに稼ぎ、五十の分別盛りに家を納め、惣領（家督を相続する長男）に万事を渡し、六十の前年《まえどし》より楽隠居《らくいんきょ》して、

『西鶴織留・五・一』（元禄七年）にも次のようにある。

人は四十より内にて世を稼ぎ、五十から楽しみ、世を隙《ひま》になす程、寿命薬《じゅみょうぐすり》はない。

それでは、惣領以外の家督相続が受けられない二三男はどうなるのか。これもまた再述になるが、『日本永代蔵・一・三』に「惣領《そうれう》残して、末々《すえずえ》を丁稚奉公《でっちほうこう》に遣《つかは》し置《おき》」とある。丁稚奉公は、普通は十歳前後から始まる。つまり、前述の小児の学問始めの年齢、外へ出て師匠に手習い算用、朝夕の躾方《しつけかた》を習う年齢である。『永代蔵』には洟《はな》垂れて手足の土気《つちけ》の落ちない内は豆腐等の小買物に使われるが、仕着せが二ツ三ツになり年を重ねる内に、身なりや髪型を改め人並になると、主人のお供で能や舟遊びにも連れられ、砂手習い（盆などに砂を入れ字を書いて学習する事）、地算（加減乗除の計算）も子守の傍らに習い覚え、前髪は角前髪（角入）となり、いつとなく銀取《かねとり》の袋（集金の革袋）を担げ次第送りの手代分になる。

つまり、丁稚には食事の外に夏と冬のお仕着せがあり、後には紋服も自分に誂える。例えば商家では、商業に必要な知識、読み書き算盤等を身に付けさせなければならない。これは農・工についても同じで、農作や大工の

仕事を教える。丁稚は十年経つと元服の祝儀を受けて手代に進み、一人前となり、何兵衛などと名を改め給金も貰う。番頭の指図のもと、出納・売買・集金などして商売を覚える。さらに十年経つと、主人の肝煎りで結婚が許され、番頭となるか別家が任される。『永代蔵』には続けて、「己《おのれ》が性根《しやうね》によつて長者にもなる事ぞかし。惣じて大坂の手前よろしき人、代々続きしにはあらず、大方は吉蔵 三助が成り上がり」とあり、銀持《かねもち》になり時めいて、詩哥・鞠・楊弓・琴・笛・鼓・香会・茶の湯も自《おの》ずからに覚えて、よき人（金持ち）と付き合い、昔の片言《かたこと》（訛）もなくなる、とある。

丁稚や手代の諸相は、近松世話物の方が演劇ゆえ具体的に描かれている。丁稚教育に限って言えば、『五十年忌歌念仏・中』（宝永四年、一七〇七）で但馬屋の手代清十郎は次のように述懐する。「十一歳の弥生の花（奉公の出替わりは三月と九月）、いろはとも ちりぬるとも知らぬ者が、これほど迄算勘（そろばん計算）、商い、読み書きのと（教え込まれ）、海より（深く）山よりも（高く）勝った御高恩」。これらの教育がなければ一人前の商人にはなれなかったと言うのである。『曾根崎心中』（元禄十六年、一七〇三）の手代徳兵衛は「春を重ねし雛男《ひなおとこ》、一つなる口、ももの酒、柳の髪もとくとくと呼ばれて粋の名取川、今は手代と埋れ木の、生醬油《きじょうゆ》の袖したたるき恋の奴《やっこ》に荷はせて得意を巡り（手代の徳兵衛は年月を経て好い男になり、桃酒も何杯も飲めて、緑髪もよく梳き調え、醬油樽を丁稚に担がせ、恋の虜《とりこ》になって得意先を巡り行く）」とある。

最後に、「年賀の言葉」が『音信重宝記』（天保三年、一八三二）にあるので、これを参考にして、増補して置く。

○十歳　幼。○十五歳　志学。○三十歳　成立。央。而立。○四十歳　不惑。初老。○五十歳　知命。○六十歳　耳順。○六十一歳　還暦。還卦。○七十歳　古稀。○七十七歳　喜寿。○八十歳　耆老。傘（仐）寿

（さんじゅ）。○八十八歳　米年。米寿。○九十歳　鳩杖（きゅうじょう）。卒（卆）寿。○九十九歳　白年。白寿。

また、『料理調法集・年賀之式』に次がある。○百之賀。○百歳、中寿。○百二十歳、上寿。

第五章　日常生活の中の文事

一　手習い子

子供に手習いをさせるには、昔から子供を寺に上げて住持の弟子としていたので、江戸時代でも手習いする子供を、寺子《てらこ》と呼んでいる。古く、牛若丸（源義経の幼名）は鞍馬山へ登《のぼ》せ、箱応丸（曾我時致の幼名、通称五郎）は箱根の別当を師とし、菅公（菅原道真の敬称）は比叡山尊意僧正を師としていることはよく知られている。『日用重宝記・四』（文政十二年序稿本、一八二九）では四民も皆同じであり、農家の子が寺に登り手跡を習うのを手習いと呼ぶのは誤りに似るが、古くから言い習わしてきているので今さら改めるには及ばないという（図1）。ここでもまた引用するが、『男重宝記・一』（元禄六年、一六九三）に聖人の教えとして記す八歳で小学校に入り洒掃《はきそうじ》・応対・進退を習い、十五歳を成長の始めとして大学校に入り、己を修め人を治める道を学ぶとあるのと、江戸時代に農工商の子供たちが檀那寺の住持を師匠にして仮名手習いを始める手習い入門とは、元来は区別しなければならないものであった。

図1　農家の子の手習い（『日用重宝記』文政12年、序の稿本）

手習い子を中心とする「江戸初心者の勉学」については、既にいくつかの項目を取り上げているが、重複が気掛かりながら、ここでもまた略述してみることにしたい。

武士の入学手習いの勧めについては「初登山手習教訓書」があるが、寛永十三年には中野市右衛門に既に板行書があり、武家の子供のみならず農工商の子供たちもこの書の教えに従って学習していたことは、『童学重宝記』（寛政十二年、一八〇〇）に収録されていることからも明らかである（図2）。そこでは、手習い入門は合戦の出立に同じで、師匠は大将軍、硯・墨・紙・筆は武具、卓机は城郭に譬えられている。一字一字文字を習い覚えることは一人で城郭に乗り込んで敵を滅す以上の一大事とある。手本は敵に立ち向かうのと同じで、太刀の武器の筆で習い取り、所領を知行する。才智芸能に優れた者は、諸人に尊敬され、金銀米銭は願わずして蔵に満ちる。疎学は自分自身のみならず師匠や父母の恥辱、宝の山に登りながら金玉を獲らず、

図2　『童学重宝記』所収「初登山手習教訓書」（寛政12年）

臆病で合戦の場を逃れて立場を失うのと同じとある。因みに、『女寺子調法記』（文化三年、一八〇六）所収の「女手習教訓状」は、「初登山手習教訓書」を下敷きにした女性版である。女の手習いと織り縫いは、武士の合戦に同じとしている。

『農家調宝記・初編』（文化六年）には、農家の田舎の子供も皆寺に登り、手跡を習うのを「手習い」と言い、字を書くことを「手を書く」と言った。農民は文字の読み書きや計算ができなくても、耕作を怠るにも勝るが、庄屋、村役人、名主、組頭《くみがしら》等を勤める身が用を弁ずるには読み書きできなければならず、そのためには軽い農民でも寺へ上げ、手習いさせることである。筆学は諸事、諸用を達成する基本用件であり、農家などは差し当たって第一の要件として学習しなければならない大事である、と説く。

当て字を書かず、仮名を書いても通用によい方法を考えるべきである。届書、注進、願書、訴状などに擬字（あて字）があっては筋道が通らず、滞りの原因になる。特に裁判や訴訟などは、文体は簡潔に理非が明確に分るように書くのが巧者である。公正明白に書き、道理を貫き、非分に落ちないように心掛け、裁判や訴訟には勝つのではなく、負けないことを心がけて認《したた》めるのが基本である、とする。

これも再述になるが、『男重宝記・一』には「男子たる者は、士農工商ともに読み書き学問の芸を第一と心得よ」とある。因みに『同書』には『礼記・内則篇』を引いて次のように言う。男子が六歳になれば「数」と「方」の名を教える、七歳になれば男女同座せず飲食を共にしない、八歳になれば座敷について飲食作法と躾方を、九歳になれば日を数えることを教える。十歳になれば師について手習い、算用を学ぶ。十三歳になれば詩を読み、楽を学び、射（弓射）、御（馬乗り方）を学ぶ。二十歳になれば初めて礼儀を学び、孝行を心掛け、三十歳になれば妻を迎え、男の事を修める。四十歳になれば思慮分別を弁え、五十歳になれば政《まつりごと》を修める。七十歳になれば職事を致し修する（致仕）。また、聖人の教えとして、前引のように、八歳で小学校に入り、洒掃《はきそうじ》、応対、進退を習い、十五歳を成長の始めとして大学校に入り己を修め、人を修める道を学ぶ。

『女筆調法記・五』（元禄十年）には、「十に過ぎ、十五六歳に及ばば、その品々に従ひて学問をさせ、士農工商の基《もとい》、油断なく教へ学ばすべし」とある。ここで続けて女子教育の意義を記して置くと、世間の習いで、親の目には我が子はよく見えて悪い様は見えないが、他人の目には余る事が多く、疎《うと》み笑われることがある。拙い者の子は賎《しず》の業《わざ》のみ聞き慣れて仮にも良いことを知らない。中でも男子には、師を取り学問を勤めさせ、家を斉《ととの》え、身を治めることを教え知らせる人もあるが、女子に教える人は少ない。女子は十四五歳で縁付き舅姑に仕えさせる身なので、特に教えが必要である。第一に柔和、仮にも人と遊ばせず、縁付いて他家に仕える法、婦となっての心入れ、縫い針の道、手習い、次に女書を読ませて大和・唐土の賢女の道を教える。次に草紙・物語を読ませ、又歌学をさせるとよい。歌の道は上々《うえうえ》方のみの事と心得て下々《したじた》の娘等には教えないのは、その行き方を知らないのである。歌は和国の風俗で、昔 素盞烏尊が八雲立つと詠じ初められてから国も家も治め、卑しい身の上無冠の位に臨むのも和歌の徳とある。同書には又、幼学の道は七歳までは多くは物の差別なく、八歳になったら何でも習わせ教えることをいう。まず手習い、物読み、躾方等を教える。一般に父は恐《こわ》がり、母をば侮《あなど》り、言うことを聞かないのは朝夕馴れ親しむからで、深く愛する内に道を正し、義理堅くし、素直なことだけを言い聞かせ、教えると徒らに育つことはない、という。

江戸時代に女子教育について具体的に記す書は多い。現代においてもなおまだ女子教育を禁ずる国があるというのに、なんとも素晴らしいことである。解説の趣旨は同じことの踏襲であるが、そのいくつかを続けて例示してみることにする。それだけ啓蒙教化の書物が売られており、購読者がいたということである。

『重宝綱目女要婦見硯』（寛延二年、一七四九）には男女共に、八歳より手習いの師を取り、仁義礼智信の道を習わせる。『女用智恵鑑宝織』（明和六年、一七六九）には、七八歳より男子と同じく手習いさせ、手習いの暇《ひま》には『百人一首』『古今集』等の歌書、また女四書、女誡、聖賢の書も読ませないと、物の善悪も弁えられず、夫に縁付いても便り少なく、夫婦仲も、一門中の付き合いもよくなく、歌物語の席に関心のない女は見劣りして口惜しいという。十二歳からは外出させず家に居て、織り・縫い・績み・紡ぎを習わせ、仮初めにも色好み話、浄瑠璃・歌舞伎は勿論、伊勢・源氏等の好色の事は、常に弄《もてあそ》ばせてはならない、とする。但し、第四章八「小児、娘子の教育」に述べているように、和論語・女四書・女今川・女庭訓など女の道を諭してから読むのは差し支えはないとも説かれる。

『童女重宝記（教訓女大学教草）』（幕末刊）には女が七歳になったら次のことを教える。○物の数。一二三〜十、百千万億の類。○方角。東西南北。○十干、十二支の類。○物の受け取り渡し。給仕の仕様。○手習い。物読みの師匠を求めて学ばす。幼い時に、親が師匠を取って学ばせないために一生文盲愚痴になることが多く、年取ってから学ばなかったことを後悔し、親を恨む等の事は養育の善悪による、という。

『嫁娶調宝記・三』には、十歳を幼と言い、外へ出て手習い算用朝夕の躾方を習わせる。当世は十歳を待たず八歳から手習いに遣る。師匠を頼んで寺入《てらいり》ということがあり、身代（身分財産）によって赤飯を蒸し、樽肴を添え、金子百疋、二百疋（三、六万円位）を紙に包み、親同道で師匠の方へ行く。机・文庫を持参し、師匠が初めて手を取って教える。その日は一門へ赤飯を配るとよい（幕末の寺子屋の学費は、平成十九年十一月、愛知県安城市歴史博物館「寺子屋から学校へ」の解説よれば、正月、初午（二月）、雛節句、四月席書《せきがき》（母親等人前で字を書く行事）、端午節句、盆、八朔（八月朔日）、重陽節句、九月席書、歳暮に、各二、三百文（一万五〇〇〇円～三万円位））。

『麗玉百人一首吾妻錦』（文化八年）にも、文字を書く事は男女ともに修行すべきことで、女は芸の第一とする。幼い時から朝夕心掛け、良い手本を求めて懸命に書き習うのがよい。物を書かないと文字を知らず、文字を知らないと自ら愚かで、物の本や仮名草子等を見ても壁に向かうようである。筆の文字が美しくないと文章も拙く、文章を読んでも無念である。水茎の跡（筆跡）を見て男が心を寄せる例は多い。

手習いを始める年齢は、早ければ七歳、遅くても十歳のようであるが、多くは七八歳に始まる。その入学日は吉日が選ばれるが、第四章一「学問入学吉日」に記しているように、ほぼ毎日が入学吉日である。ここでは逆に『重宝記永代鏡』（慶応新版、一八六五～六三）から入学忌日を記して置く。それは暦中段、破《やぶる》の日（正月は寅、二月は卯の日。以下これに准ずる）。除《のぞく》の日（正月は卯の日、二月は辰の日。以下これに准ずる）である。さらに師檀絶命日には寺入り師弟契約をしない。

『進物調法記』(寛政七年)に「手習い寺入り」の祝儀物は、机、座布団、文庫、硯箱、油煙墨、硯石、水入、筆、杉原、墨挟み、小刀、鋏、物差、糸箱、掛け針、双紙を綴じて、清書巻、折手本、杉原、絵奉書、塵劫記、謡本、童子教、実語教、女今川、女大学、歌加留多、琴の歌本、琴の糸、針、香箱など、四十二品が挙がっている。「入学学問初め」には見台、文鎮、筆架、糊糸、筆立て、本箱、筆洗い、石印、朱肉、硯石、硯箱、白墨、朱墨、唐墨、油煙墨、唐筆、和筆、大字筆、細書き筆、日記筆、三頭筆、二頭筆、水入れ、手本、石摺本、栞板、机払い、色紙、短冊、罫紙、硯屏、書灯、書簡紙、絵半切など四十品目がある。

「手習い寺入り」と「入学学問初め」の差は、前者は「いろは」の書き習いから始り、後者は「素読《そよみ》《そどく》」に始まる。『童女重宝記』の「御子息手習い始めの祝い文」には、「麁相の品には御座候へ共手本千枚、筆百対、墨十挺御祝ひ申し上候」とある。『文章指南調法記・四』(安永十年、一七八一)の「入学文章」の範例文は、読書講習共に間断なく出精すること、詩文は拙くとも苦しくないが、ただ経書、四書の要儀ばかりを学ぶと忠孝の道に限りなく利益があると、学問する意義を書き送る、としている。

手習いの仕様は、例えば『男重宝記・三』には、謡の稽古は「高砂」一番を三十日も五十日も習うと速やかに上手になるように、手習いも「いろは」をよく書き習うと万の字に筆勢が移り、上根・能書となるのでよく学ぶことが大切とある。『女重宝記・四』にも手習いの始めには、まず「いろは」を書き習い、後には文章を連ね、そうすると男文字(漢字)も覚えるようになる。人は字は美しくなくても文章を連ね、文字を読むのを第一とするとあるが、能書ならなおさらであり、文を見ると姿心まで優しく艶に思い遣られるので、女性の第一は手を書くこととある。『童女重宝記』には、文字数は凡そ三万三三一字、一日に十字ずつ心掛けて覚えると、一年に三六〇〇字、十年で全て覚え尽せるではないかという。十字覚えると百字は覚え易く、一〇〇〇字を知って万字を覚えるのは愈々心安い。それには務めとして怠らず学ぶのがよい。

手本については、『重宝記』（宝永元序刊、一七〇四）に、手本一巻を一度に首尾習うことはよくないという。まず歌でも詩でも一首も二首も、取り返し繰り返し、数日もすると、手本のおもかげ（風・様子）がさわさわと意（こころ）に浮かび、晴（はれ 正式）に書く時も相違ないようになる。次第々々に奥をも習うのが手本習いの秘事とある。初心者が、先達にも窺わずにこの手本は面白いと心に任せて習う時は、必ず手跡が悪く、損ずる。初心者は学ぶ、学ばないの風体の差があるので、よくよく分別するのがよい、とある。

二　読書を楽しむ

文字が読めるようになると、読書が楽しめるようになる。『女重宝記・一』には、中より上の女中方の嗜む芸の第一は世帯方始末の仕様とある外に、手書き、歌詠み、歌学することがあり、『源氏物語』『伊勢物語』『百人一首』『古今集』『万葉集』の義理を知ること、連歌・俳諧をすること、ともある。

『女用智恵鑑宝織』には女中の玩ぶべき書に、『伊勢物語』『源氏物語』『栄華物語』『狭衣物語』『枕草紙』『徒然草』『土佐日記』『無名抄』『うつほ物語』などがあり、『伊勢物語』『百人一首』『徒然草』等は誰も所持すべきものとある。『女重宝記・三』（弘化四年、一八四七）には女子の十能の第一は織り紡ぎ、把針の業。第二の女筆は和漢の名家の筆意筆法を得る事。第三は和歌・俳諧である。

『女文翰重宝記』（享保五年、一七二〇）の「五月雨《さみだれ》の文」の範例文は書物借用の依頼である。

おやみ（小止）なき梅の雨よと、此寂しさいかゞ御入りなされ候や。爰元いかふ暮し兼まいらせ候まゝ、中しかね候へども、めづらしき草紙も候はゞ、御借たのみ入り参らせ候。源氏 狭衣 宇津保 竹取の類は此かたに持ち居参らせ候　かしく

とあり、返事は、

御文のごとく晴間もしらぬさみだれの空、いと日永く徒然《とぜん》さ、何方《いづかた》にも同じ心に思ひ参らせ候。しかし、物の本の事仰せ下され候。いと安き御事に候。希敷《めづらしき》品も御ざなく候へども、今は昔の物語 故事談 二部御目に入れ候。これも又ふるめかしくやと存じ候　かしく

とある。但し、『女文翰重宝記』には祖本があって天和（一六八一〜八四）前後の刊行と推定される失題の「初心書翰文集」大本に、散らし書の範例文があるので訳文で示す（漢字も使う）と次のようになる。「晴れ間のない五月雨でございます。この徒然いかが御渡りですか。爰元の事、御す文字（推量）下さいませ。左様の事でございますので、申し兼ねますが、源氏物語、伊勢物語、狭衣、栄華物語、枕双紙、この内どれでも御貸し頼み入れます」。返事は、「仰せの通り打ち続く雨の中、寂しさ遣る方ありません。然れば、書付けの書物は最易《いと》い御事ながら、方々へ借しまして今程手前にございませんので、土佐日記、無名抄、撰集抄、太子伝、宇津保、竹取、住吉物語、この通り古めかしく御座いますが、有り合わせのまま御目にかけます」。全く同意であるが、『女文翰重宝記』では書物の例示など簡略に整理されている。読書は梅雨籠りの個人的な楽しみである。

『女用智恵鑑宝織』には、人の許《もと》へ物を借りに遣わすことはしてはならいこととあるが、品によってはないことでもなく、書物等は不意に言い出しても苦しくない事とある。その場合、「御借《か》し下され候はゞ」「御恩借《をんしやく》申上たく」と書く。このことは替え字として記されている。女性の読書習慣が分るよい例である。

『女文翰重宝記』は書物貸借の範例文を示すことが眼目であるから、手元に所持すべき書物についての詮議は必要ないが、「古めかしく」とあるからには新しい書物の欲求が見て取れる。述べてきているように、読書の普及は、時代とともに新しい読物が常に期待されているのである。

男の読み物として親しまれたのが軍書であることは既に紹介されている貸本屋の蔵書目録などから明らかであるが、『改正刪補日夜重宝万暦両面鑑』には年々に軍書が掲出されている。文化九年（一八一二）版から引用すると次のようである。

○「和軍書目」は、『本朝通記』『王代一覧』『前々太平記』『前太平記』『保元平治』『源平盛衰記』『東鑑』『北条九代記』『太平記』『三楠実録』『残太平記』『後太平記』『続太平記』『本朝三国志』『越後軍記』『北越太平記』『北国太平記』『甲陽軍鑑』『武田三代記』『北条五代記』『陰徳太平記』『信長記』『織田軍記』『西国太平記』『土佐軍記』『太閤記』『朝鮮太平記』『石田軍記』『大坂物語』『島原記』。三十種が出ている。

○「唐軍書目」は、『十二朝軍談』『武王軍談』『呉越軍談』『戦国策』『漢楚軍談』『両漢記事』『三国志』『同続』『同続後』『南北朝軍談』『唐太宗軍談』『玄宗軍談』『五代史談』『両国志』『宋史軍談』『元明軍談』『明清冠記』『国姓爺忠義伝』『台湾軍談』。この十九種の外に数品があるという。

文章の読み方として、『大成筆海重宝記』（寛政九年、一七九七）には、句読（「、」文一章の読み切り）、段落（」文一段の読み切り）、批点（◎◎。文に墨で印する事）の説明がある。書物朱引《しゆびき》の歌もある。

右ところ《（所）》中は人の名 ひだり《（左）》をば官の朱引《（しゆびき）》とかね《（予）》てしるべし
ふたつ（＝）引く中の朱引は物の本 ひだりふたつは年号ぞかし

奥書は、『童女重宝記』に「立表測景定節気者」（表を立て 景を測り 節気を定むる者）と暦の末に記すのは、長さ八尺の表という木を立て、その景《かげ》を五月と十一月の中を旨として、その外日々の景を測り、暦算の術をもって合せ、節季を定めるもの故、毫厘の違いのない事を記したもので、これを奥書（おくがき＝末尾の証明文）と言うとある。浄瑠璃本の奥付に、太夫が自分が節付けに関与した正本というのに同じである。

三　文字を書く知恵

文字は人間の諸用事を達する根本なので、幼年の七八歳から十歳迄の間に男女ともに習い学び始めることは前述した。文字を覚えて和歌・物語・軍書等に親しんでいる様相も瞥見した。それでは一転して、生活の中で文字はどのように書かれ、工夫され、使われているのか。かって『島津忠夫著作集第十五巻月報』（二〇〇九年三月）に「書物等取り扱い方重宝記」として書いているが、ここではそれを増補してみることにする。

図3　白紙に線を引く(『日用重宝記』)

○「写し物罫引き仕方の事」(白紙に書を写す筋を引く)は、『日用重宝記』(文政十二年序 手稿本、一八二九)に大要次のようにある。書を写す罫引きの紙は、水戸 程村産の楮繊維の上質紙「程村《ほどむら》」がよい。厚い紙は折って筋が引き難く、その時は曲尺《まがりかね》を筋違《すじかえ》に当て、上と下へ錐《きり》か小刀の尖《さき》で星の当りを付けて定規で引くと広狭自在にできる。半紙本の罫なら綴じる方を曲尺一寸三分も明けて引く。紙数を重ね厚い本は綴じ目が窮屈では見難い。十行に引くには十一間《けん》に割ると十行になる。程村や上西之内《にしのうち》などは、罫や紙の裏筋が見えないので両面に引く(図3)。

○「文字を写す法」は、臨書・摸写などは、『重宝記』(宝永元序刊、一七〇四)に次のようにある。「臨(りん)」は字を写すのに傍に手本を置いて、その手本の字の形、大小、墨の薄い濃いもそれに従い、少しも違いのないように書き写すことをいう。「摹(も)」は字の上に薄紙を蓋《ふた》にして、その冊・折・大小に従って写すのをいう。「硬黄(こうおう)」は蠟紙で写すのをいう。「響搨(きょうとう)」は紙を窓に貼り押し付けて光で写すのをいう。これは指で筆を廻らすことなく腕で筆を廻らすものという。

○「字形」については、『重宝記』に至って肥え過ぎたのは卑しく、甚だ痩せたのは麗しくなく、筆の先を表してはならない。筆鋒を現すと手跡は薄く見える。それでも主角《おもかど》を隠すと字勢は生き生きしない。一字の形が、上が小さく下が大きいのはよくない。左の方が低く右高もよくない。
○「大文字を書く法」は、『俗家重宝集・後編』（文政十年、一八二七）に糠か米で大文字を下書きして、その周《まわ》りを焼筆《やきふで》で宛て書きする。焼筆は柔かい箸のような木の箸を炭状に焦がして使う。
○「歌を書く紙の拵え様」は、『俗家重宝集・後編』に明礬を細かにして水に沸《た》て、地の良い紙を選んで刷毛で斑《むら》なく引き、内干《うちぼし》にする。堂上方の歌書紙はこれとは別で、早稲藁の灰汁《あく》でする。
○「紙に墨付きをよくする方法」は、『男重宝記・二』に紙が古く墨が着かない時、白泔水《しろみず》（米の磨ぎ汁）を入れて墨を磨《す》って書くとよい。色紙・蒔絵・金箔・塗物等の上に文字を書く時に墨が着かなければ、糯米の粉を墨に入れて書くとよい。『筆海重宝記』（元文元年、一七三六）に「縮む紙に字を書く伝」は、墨に酢を加えて書くと墨写りがよい。又、唐紙の縮む紙には、紙を風に曝し、乾かして書くとよい。
○「油紙や傘に文字を書く方法」として、『大増補万代重宝記』（文久三年、一八六三）には、青松葉手一束を、五分位に切り、一夜水に浸した水で墨を磨って書くと墨を弾《はじ》かない。『俗家重宝集・後編』には「油気の物へ文字を書く」法は、皂角子《さいかし》の莢《さや》を煎じた水で、墨又は絵の具を溶いて書くとよい。
○「紙以外の物にも墨付きをよくする法」が『秘密妙知伝重宝記』（天保八年写、一八三七）にある。△絹・木綿の類には、薄く霧を吹いて書く。△欅《けやき》板は、水を流しよく拭き取る。△塗り板・箔置きの物は、綿で拭いて書く。△総じて滲む物には、酢か明礬を入れて書く。△油紙には、鉄漿《おはぐろ》を入れ墨に磨って書く。
○「板に物を書く伝」は、『調法記・全七十』（江戸後期写）に檜・杉などの油気のある柔らかな木に物を書く時は、濃い墨では滲むので五倍子《ふし》の粉を板に振り掛け、紙で一遍擦り付け、払い取って書くと少しも滲まず妙である。欅板に文字を書く時は『筆海重宝記』には、先ず板に水を流し、十分に拭き取ってから書くとよい。

直ぐに書くと木の目に水が入らず、墨色が白ける。

○「絹・木綿に文字を書く時」は、『俗家重宝集・後編』には、生姜の絞り汁を墨に磨り交ぜて書くと滲まないとある。「布木綿に書画を書く時」は『筆海重宝記』には、少し水を吹き湿して書くと墨写りがよく、強く湿すと縮むので程よい加減にする。また墨に麩糊を加えてもよい。

○「布へ書画を書いて散らぬ方法」として、『文政新刻俗家重宝集』（文政七年、一八二四）にも耳の垢を取って少し墨に交ぜて磨り、書くとよい。濡れた布に物を書いて滲まない方法として、耳の垢を墨に交ぜて磨り書くとよいと『調法記・全七十』にもある。『大増補万代重宝記』には、木綿に書画を書いて墨付きをよくする方法は、別の木綿を熱湯《にえゆ》で絞り、その木綿の上に敷いて、板を上に暫く置くとよい。

○「箔置きの物に文字を書く方法」は、『筆海重宝記』に箔置きは油気があり物を書く時は文字の墨が走るので、真綿でよくよく拭って書くとよいとある。『俗家重宝集・後編』は、箔の上に息を吹き掛けて燈心で拭って書くと墨が乗るとある。

○「金銀箔の物に物を書く法」は、『万まじない調宝記』（弘化四写、一八四六）にビロードで拭って書くと墨は走らず、また小豆灰を紙に包んで拭って書いても墨写りは大いによいとある。

○「石摺り仕様」は、『懐玉筆海重宝記』に鉄漿《だしがね》と明礬を加えた汁で書き、よく干して乾いた時、裏から墨を引くとよいとある。また、石摺り仕様で「細かな物」については紙に礬砂《どうさ》（＝膠に明礬を加え薄く煎じる）の地《じ》をして、蠟を火に掛けて沸かして書き、表から墨を引き、乾いた時蠟を削り落す。また空字《うつろじ》に写して外から塗るのもよいという。これは地をしない紙がよい。

○「書いた文字が消えない方法」は、『男重宝記・二』に石や木に物を書き付けて後世まで消えない法は、亀の尿《いばり》を墨に入れて書くとよく、亀の尿は物を柔らげて墨類を石や木の中へ通す。亀の尿とは亀の精汁のことで、亀を漆塗りの折敷の上に置いて鏡を見せると自分の妻かと思って精汁を出すのを取り溜めて用いる。また蒼耳《なもみ》《おなもみ》（薬草。炒り熟し搗いて刺を去る）の自然汁、大力子《だいりょくし》（悪実、牛房の種子）の汁を用いるとよいという説もある。『大増補万代重宝記』には石に文字を書いて消えない法は、煙管の脂を墨に磨り込んで書き、石を小溝に投げ入れ六十日程過ぎて取り出すと、文字は石に染み込んで洗っても磨いても落ちないとある。

○「文字を紙に書き通す法」は、『極秘秘伝清書重宝記』（明治初期刊）に亀の尿で墨を磨って書くと紙一〇〇〇枚を通すと言い、『調法記・全七十』（江戸後期写）には蒼耳の汁で墨を磨り木に文字を書くと、一寸程も通る。木に限らず紙でも通る。

○反対に、「書物や紙の油染み、衣服の油落し様」。『永代調法記宝庫・三』（文政六年、一八二三）に書物や紙の油付を落し様は、土器《かわらけ》をなるだけ細かく粉にして火で炒り、熱い内に五分の厚さに敷き、その上に紙一枚を敷き、その上に油の着いた紙を置き、その上に又薄紙一枚を敷いて、又土器の粉を五分の厚さに置き、その上にまた紙を蓋にしてなるだけ重いものを押しにして一夜置くと油は落ちるが、跡は残る。これは衣服の油着きにもよい。『女用智恵鑑宝織』には木灰を細かに篩《ふる》い、炒箱《いりばこ》の内に厚く置き、その上に油の着いた紙を何枚も置き、又その上に灰を入れて箱の内へ蓋をして鮓押《すしおし》のようにして強く重しを掛けて置くと落ちる。『女中重宝記』（文化十三年、一八一六）には随分濃い白水（米の磨き汁）を煮やし、その中に入れて炊くと落ちるとある。『日用調法人家必用』（天保八年、一八三七）に書物に油が掛かったのを抜く伝は、屋根の瓦に塗った漆喰《しっくい》を取って細末（粉）にし、紙の裏から振り掛けて伸ばして一晩過ぎると、油は悉く抜けて跡はなくなる。衣類にもよいという。「木に書いた文字を落す伝」は、塩を指で擦り付けて落すと悉く剥げ落ちる、また藁の白い灰で擦ってもよいという。

○「紙に墨が着いた時」は、『男女日用重宝記・上』（天和元年、一六八一）には紙の上と下に白紙を敷き楊枝の先に水を浸けて突き、上の紙を取り換え取り換えするとすっかり抜ける。白小袖も同様にする。『調法記・四十ゟ』（江戸後期写）には燈心の切り口を熱い湯に浸して墨字の上を度々擦るときれいになる。

○「煤気《すすけ》の落し様」は、『諸民秘伝重宝記』（江戸後期刊）に紙類や塗物の煤気を落とす時は、糯藁の灰汁を湯に沸かし布切を浸して洗うとよく落ちる。紙地・表具物・絹地でも刷毛で灰汁をそろそろと掛けると煤気は残らず落ちるとある。

○「手品の文字」は、文字が一般に普及している事の証左であろう。『男女御土産重宝記』（元禄十三年、一七〇〇）には、○白紙に文字を表す伝は、大豆（まめ）を水に漬けて柔らかくなったのをよく磨り、その汁で白紙に文字を書いて陰干しにして置くと字正《じしょう》は見えない。読む時は鍋墨を振り掛け、振り払って読む。隠密の通信に約束して書く。○愛宕山文字に書き様の事は、酒で紙に文字を書いて干すと字正は見えないが、読む時に火に掛けて見ると文字だけが薄焦げに現れる。○不動の火炎の文字の事として、橙《だいだい》の絞り汁で紙に文字を書き、読む時に火影で見るとよく見えるという。

○『極秘秘伝清書重宝記』の記事は既述の事と重複もするが紹介して置く。○文字を書き紙千枚通す伝は、烏の血を取り丹礬を少し入れて書く。○亀の尿で墨を磨って文字を書くと紙千枚を通す。○文字を書いて暗闇で光らせるには、蝙蝠の生き血を採って墨に磨り混ぜて書くと光って見える。○文字を紙に焼け抜かすには、火の硝（煙硝石）を入れて書いて火を付ける。

○「仮名文字遣いの留意点」。初心者向けとして『女用智恵鑑宝織』から引いて置く。

△文字の姿を優に書こうと思い、色々に窶《やつ》し散らし書きし、読み分け難いのは無礼である。
△点、引き捨て、撥ね等は、余り長く書かない。
△文字下りは区切りよく書き、上に付く字を下に付けたり、分けて書かない。「御さかな」を「御さか／な」等としない。
△墨継ぎも「御さかな」を「か」「な」で継ぐのはあさましい。『永代調法記宝庫・一』には、哉（や）、之、歟（か）、候、儀、者（は）、并、事、通（とおり）、ニ付、の類は前より書き続け、次行へ上げて書いてはならない。但し、言葉が続いたのはよい。候之故、候の由、者也など。仮名文字も「はな（花）」と書くのを、切り離して「は」は下、「な」を次行の上に書いてはならない等の注意がある。

四　墨・筆・硯・紙

筆や墨の筆記具についての知識も普及していた。

○墨の種類。△松煙《しょうえん》（肥松を燃やした煤を集めて造った唐発明の墨）と、△油煙《ゆえん》（灯油の煤で造る墨。松煙に対し、我が国奈良で製した上品）がある。手習い稽古の墨は、『重宝記』（宝永序刊）には△藤代墨（紀州藤代宿産の上品の墨）がよいとし、△唐紙には唐墨がよいとする。墨の保存法は艾《もぐさ》をよく揉んで墨を包み、夏を通し油に入れる時は石灰を入れて置くと蒸せない。△硯は、日々毎日磨るのがよい。特に夏になると墨が硯の面に留まり筆が泥《なず》む。『男重宝記・二』にはよくよく綿に包んで保存し、新しい藺草《いぐさ》で包んで所持する。朽ちた墨は石鍋の

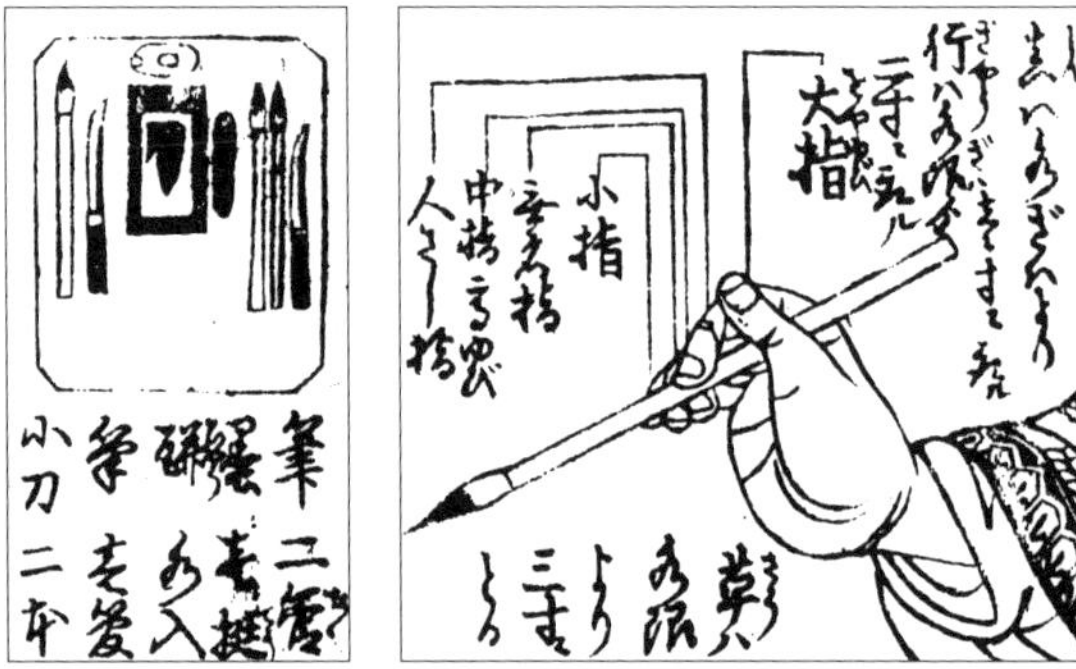

図4　筆・墨・硯の数え方　筆の取り方(『童子寺子調法記』元治2年)

湯で洗い、膠を塗り、干して用いる。寒中に墨の氷らない方は、『極秘秘伝清書重宝記』には酒を入れて墨を磨るとよいという。ついでに記すと、墨が着いたのを落し様は、『女重宝記・四』は半夏《はんげ》(和草烏柄杓)白朮《びゃくじゅつ》(和唐草 白おけら)の煎じ汁、或は米の酢の煎じ汁で洗っても落ちる。また含み水で洗い、小野小町の歌「まかなくに何を種とて浮き草の波のうねうね生ひ茂るらん」(謡・「草紙洗小町」)を三遍唱えると落ちるというのは呪いである。

○筆の取り方。『重宝記』(宝永序刊)にもとづく『童子寺子調法記』(安永五年、一七七六)に、中指と人差指と二ツの間に挟み、頭指《かしらゆび》の傍《かたわら》と大指の腹と二所で取る。薬指と小指と二ツを寄せ掛けて中指に重ねて力とする。掌《たなごころ》の内は空にする。大指の節を立てたのも落したのも見苦しく、よい程にする。始めはこれは取り難いようであるが、後はよくなり、字は自由によく書ける。始めから筆の取り方が悪いと文字の形も悪くなるので、稽古する始めから取り定めるのがよく、悪くなると修正するのは難しい。真(書)は水際より一寸に取る。行(書)は水際より二寸に取る。草(書)は水際より三寸に取る。初心者が用意すべき物がその数え方とともに図示されている。数え方は、筆二管《じく》。墨一挺《ちょう》。硯《びょう》。水入。筆一管。小刀二本(図4)。

△筆の用い方。『重宝記』(宝永序刊)に、手習いにもよい筆を用い、手本相応の筆がよいという。筆の用い

方は料紙により異なり、打ち紙（光沢紙）には兎毛の筆、打たぬ紙には鹿毛筆、檀紙には冬毛の筆、杉原紙には夏毛の筆、絹には木筆《きふで》がよい。

△筆の保存法。『男重宝記・二』に、夏は笠《さや》を挿さず、冬は挿す。常に塩水で洗って所持すると筆毛は柔らかくなり、虫が食わない。『年中重宝記・二』（元禄七年、一六九四）には、○黄連《かがみぐさ》の煎じ汁に軽粉を入れて筆頭と軸を浸し、乾かし、函《はこ》に入れて置くとよい（東坡の説）。○山椒と黄連の煎じ汁で墨を磨って筆を染めて置くとよい（山谷の説）。○韮と黄柏の汁に浸して置いてもよい、等がある。既に使った筆を練り返して書くようにする伝が『調法記・四十ち』にある。湯でよく振り、麩海苔を着けて筆を拵えるように練ると、元のように使えるようになるので、捨ててはならない。

○硯の磨り方。『男重宝記・二』に硯の柔らかなのは弱く磨り、堅いのは力を入れて磨る。また滓の溜まらないようによく水で洗う。

ここで文字・墨・筆・硯について、『万宝古状揃大全・新撰童子重宝』（宝暦七年原版、一七五七）に載る「執筆秘伝鈔・十三ケ条」を引いて整理して置くことにする。

①絹に物を書く時には、別の布を湿して湿りを掛けて書くとよい。又の方は、餅米の粉を墨に混ぜて書くと墨は滲まない。
②板に物を書く時は五倍子《ふし》の粉を擦り付け、よく払って書くと墨は滲まない。
③榉や栗など目のある木は、濡れた布巾で拭い、湿して書くと、墨写りがよく、はじけない。

④石に書く時も同じようにして、濃い墨で書くとよい。
⑤墨の滲み易い物には、全て耳の垢を墨に磨り混ぜて書くとよい。
⑥絵具の墨付きの悪いのも同じように耳の垢を入れて描く。
⑦書物の小口《こぐち》は少し湿して書くとよい。湿りが過ぎると滲む。
⑧紙に書き損じた字を抜くには、燈心を熱湯《にえゆ》に浸し、よく絞って字を擦るとよい。燈心が湿り過ぎたのは悪い。よく絞るのがよい。
⑨板に書き損じた時は、指の腹に塩を付けて擦ると墨は抜ける。藁の白灰で擦るのもよい。
⑩衣類に墨の付いた時は、飯粒を擦り付けて洗う。搗き立ての餅で擦るとなおよい。
⑪畳に墨が零れた時は水で拭うと畳の目に染みて悪い。そのまま乾かして、後に新しい藁草履で擦り落すのがよい。
⑫筆は塩水で洗うと虫に食われない。
⑬墨は艾《もぐさ》で包んで杉の灰に埋めて長く貯えて置くとよくなる。

○文具屋。筆・墨・硯・紙の商人も古くから三都にいたことが『万買物調方記』(元禄五年、一六九二)に記される。
◇京都で△「筆師」は町々に二十八人。「絵筆屋」は六軒。「蒔絵筆屋」は一軒がある。△「油煙墨屋」は町々に十八軒がある。△「硯屋」は寺町錦上ル、一条柳馬場西へ入ル町の外寺町二条より五条の間町ごとにある。△「紙屋」は三条通菱屋町と同埋忠町に四軒、三条通寺町より堀川迄町ごとにある。外にも室町出水上ル丁、御幸町二条上ルに三軒ある。また奉書は東洞院御池下ル町。美濃紙問屋は御幸町御池下ル、東洞院にある。吉野紙屋は六角通さかい町、高倉六角下ル町にある。

◇江戸で△「筆師」は日本橋、石町、本町などに八人の外、通町南北に所々にある。△「油煙墨屋」は日本橋南一丁目、南大工町の外墨筆一所が多い。△「硯屋」は南伝馬一丁目、日本橋南四丁目、同北二丁目、京橋南二丁目などにある。△「紙屋」は日本橋通筋南北、同南東中通、同北東中通、京橋南星中通など、町々にある。紙問屋は伊勢町通、本町四丁目、大伝馬町一丁目にある。

◇大坂で△「筆師并墨」は備後町堺筋、両替町、御堂筋ひなや町に七人の外、所々に多い。△「油煙墨所」は道修町、堺筋、北浜などに五人がいる。その内の池田屋三郎右衛門と秋田屋市兵衛は書林并古本屋でもある。△「硯屋」は堺筋にある。△「紙屋」は今橋筋 さかい屋。その外、家名色々ありとする。諸国産の紙問屋が三十一軒もあり、その中には、鳥子・半紙・杉原・塵紙を扱う問屋もある。

五　経師屋・哥書絵双子・書林物之本屋・唐本屋・浄瑠璃草紙屋・板木屋

京都・江戸・大坂の本屋については、それぞれの地域の地誌等に記載があり、当初は市中で多くは出版屋・新本屋・古本屋・貸本屋を兼ねていたが、時代が下るとともに市中から分散して広がる。また、販売する本の分野を定めた専門本屋も出現し、或はその卸問屋も出現する等、本屋の商業化が進んで行く様相については既に報告がある。大坂や京都については筆者も報告しているが、早期の三都の本屋について概観できるのはやはり『万買物調方記』であり、同じように纏めてみることにする。

○「経師屋」古く奈良・平安時代に、写経所などで経典の書写をした者を経師と言い、その後巻物や折本を仕立てる表装職人をも言い、さらには短冊・色紙・薄様・香包・色絵の紙など、紙を以って種々の装訂をする職人も経師屋と称した。その中の長を大経師と称して禁裏の細工をし、暦を改版して世上に出した。院経師は院の御用をした。これらの仕事柄、古くから自然と暦や書物を作り、売買や取引もする者も出現し、取締りの対象になったりした（『西笑和尚文案』慶長十一年）。

◇近世の業態は『万買物調方記』に窺えるので、三都ともに一覧して置く。「京ニテ経師屋」△大・院　経師屋。室町松本町　大経師内匠。車屋町椹木丁下ル　院経師藤蔵。これは諸々の御用紙を勤む。烏丸錦上ル　伊兵衛、同町　五兵へ等四人は諸々の経物を勤む。その外烏丸の南北に寺院の経師屋が多い。△「黄檗の経師屋」は烏丸五条より二丁下　太郎右衛門。△「一切経　和本」大和田黄檗山ニ刻納する。△「植え字（活字）の大般若経」昔時、烏丸の経師屋数家として経営する。△「新板の大般若　経六百巻」寺町五条上ル藤屋中野小左衛門。同町　同惣左衛門。△「手鑑経師」寺町の南北にある。手鑑打紙、色紙、短冊、印可許し。諸々の用紙を勤む。

◇「江戸ニテ経師屋幷手鑑」は尾張町二丁目　大経師左京。神田ぬし町　勝田長左衛門。下谷広小路　広三郎。但し、経物の類は書林にある。凡て通町の南北に経師屋が多い。

◇「大坂ニテ経師屋」は高麗橋一丁目（氏名不記）。同　作左衛門。松屋町筋南　吉左衛門。四軒町　五郎兵へ。心斎橋筋南北に多い。

○哥書絵双子・書林物之本屋・唐本屋・浄瑠璃草紙屋については、京都、江戸、大坂と、地域ごとに各種の本屋をこれも『万買物調方記』から、概観することにする。

◇「京都の本屋」。△「京ニテ哥書絵草子」は、小川一条下ル 林和泉。東洞院丸太町角 屏風や喜左衛門。烏丸丸太町上ル 與菱やの三軒。△「京ニテ書林物之本屋」は、小川一条下ル 哥書 林白水。二条通車屋町 内外 村上平楽寺。同衣の棚 儒医 風月。同東洞院 同 武村市兵衛。同富小路 禅 田原仁左衛門。寺町泉式部前 真言 前川権兵へ。同五条 同中野小左衛門。同町 法花 中野五郎左衛門。五条高倉 西村九郎左衛門。二条御幸町 金や長兵へ。この外に二条通、五条の東西、寺町の通の南北にあるという。△「京の古本屋」は、一条通の東西、堀川南北にある。△「京ニテ唐本屋」は、衣の棚竹屋町上ル 山形や清兵へ。同二条上ル同善兵へ。二条通西洞院 壺や宇兵へ。△「京ニテ浄瑠璃草紙屋」は、二条通寺町西へ入 山本九左衛門。同町南側 靏屋喜右衛門。ふや町六角下ル 八文字や八左衛門。

◇「江戸の本屋」。△「江戸ニテ哥書絵双子」は、京橋南三丁目 林文蔵。同一丁目八右衛門。新橋南一丁目彦兵へ。三十軒堀三丁目 木戸茂兵衛。日本橋南一丁目 大野木市兵へ、がある。△「江戸ニテ書林物之本屋」は、日本橋南二丁目 中野仁兵へ。芝神明前 中野佐太郎。京橋南三丁目 林文蔵。通乗物町には中野孫三郎ら二軒。通石町には中村五兵へ等三軒。川瀬石町横丁には、いせや清兵へ等三軒。左内町横町には近江や三左衛門ら五軒。青物町には伏見や兵左衛門ら三軒。日本橋南一丁目 大野木市兵へ。都合二十九軒があり、この外に下谷池の端に多い。△「江戸ニテ唐本屋」は、呉服町一丁目 山形や太兵へ。日本橋南一丁目 大野木市兵へ。△「江戸ニテ浄瑠璃草紙屋」は、大天伝馬長三丁目 山本九左衛門。同所▼屋三左衛門。長谷川長横町 松会三四郎。通油町 靏や喜右衛門。同所 山形や市郎右衛門。

◇「大坂の本屋」。△「大坂ニテ哥書絵双子」は、御堂前 奥村加賀。安堂寺真斎斎橋 大野木市兵へ。△「大坂ニテ書林幷古本屋」は、高麗橋一丁目に村上清三郎、藤屋弥兵へ、吉野や五兵へ、藤や長兵へ。四軒町には平野屋五兵へ、帯や甚五右衛門。御堂の前には本や庄太郎、ひなや八兵へ、小浜や七郎兵へ。心斎橋には、本や清左衛門、河内や善兵へ、本や九兵衛、あきたや大野木市兵へ、本や太兵衛、秋田や長兵衛等九軒がある。都合二十三軒ある。

◇「大坂ニテ唐本屋」は心斎橋 あきたや大野木市兵へ、のみ一軒。

◇「大坂ニテ浄るり太夫本屋」（写本でぁろう）は、上久宝寺町 作本や久兵へ。南谷町 同 八兵へ。平野町 いせや五兵へ。御堂の前、嶋や弥兵へ。備後町 中村や治兵へ。北久太郎町 いづみや庄右衛門。順慶町どぶ池 近江屋二郎右衛門。三休ばし 吉ミや権左衛門。真斉橋安堂寺丁 あきたや大野木市兵へ。その外御堂の前に有。高麗橋 山本九左衛門。

○板木屋も自ら彫刻して製作製本して本を売った。板木屋は、本来は出版本屋の注文に従い筆耕（版下書）が書いた版下を版木に貼り付けて彫刻し、印刷できるよう版木に彫刻する者であったが、彫刻・販売の両業を兼ねることで利益の倍増を目論んで出版も行ったと思われるが、狙い通りには行かなかったようで、一般本屋のような継続的な出版は大概認められない。版木屋は、新しい印刷物の担い手として市中に各種営業していたことは、三都ともに歴然としている。

◇「京ニテ板木屋」は、大宮通 六左衛門、出水通 九兵へ。蛸薬師、柳ノ馬場へ東 度々勘兵衛。其外下立売堀川より西に、数多ある。又、所々ニ小細工数知らず。

◇「江戸ニテ板木屋」は、日本橋南二丁目 新介、川瀬石町 川崎七郎兵へ。堺町 市左衛門、通油町 甚九郎、同所 四郎右衛門。

◇「大坂ニテ板木屋」は、天神橋平の町 伊右衛門、同所御蔵の前 伊兵へ等三人、平の町 市兵へ等二人、心斎橋北久太郎丁五郎右衛門、同博労町五郎兵へ等二人、道頓堀半兵衛、天魔宇右衛門ら、都合十四人がいる。

以上、見てきたように、古くから三都ともに、各種出版本屋の営業が著しい。かって、江戸時代になると整版印刷本が写本を駆逐して行く方向にあると書いて、出版の流れを強調しすぎて批判されているが、写本は多くは自家本、中期以降は個人が必要に迫られて印刷本を写したり、或は貸本屋が出版禁止令領域の本を写本に製作、読者向けにわざわざ製作させた物が顕著であることを、ここでも言及して置きたい。読者が誕生して、生活のために必要な実用・教養・知識・修身の本、或は娯楽本が求められると、それに応える本屋が誕生、商業ベースに乗せる努力をするのは当然の成り行きである。具体的な例でいうなら、大坂心斎橋の秋田屋大野木市兵衛は江戸に出店を構えて各種の本を営業する当代花形の出版本屋であり、池田屋三郎右衛門や秋田屋は大坂で油煙墨屋も同時に営んでいた。また大坂の人形屋（京大坂中買）では、書物・絵双紙・太夫本を一切の子供類道具と共に売っている等、兼業をしている。時代が下るとともに、四民読者の増大が、本屋営業を隆盛に導いて行っているのである。

六　生活の中の本

江戸時代初期から各種の本屋が三都共に隆盛している様相を概観してきたが、それは改めて言えば読者に本の購読意欲があったからにほかならない。色々の本屋が市中で営業して四民読者が増大していること、本が身近か

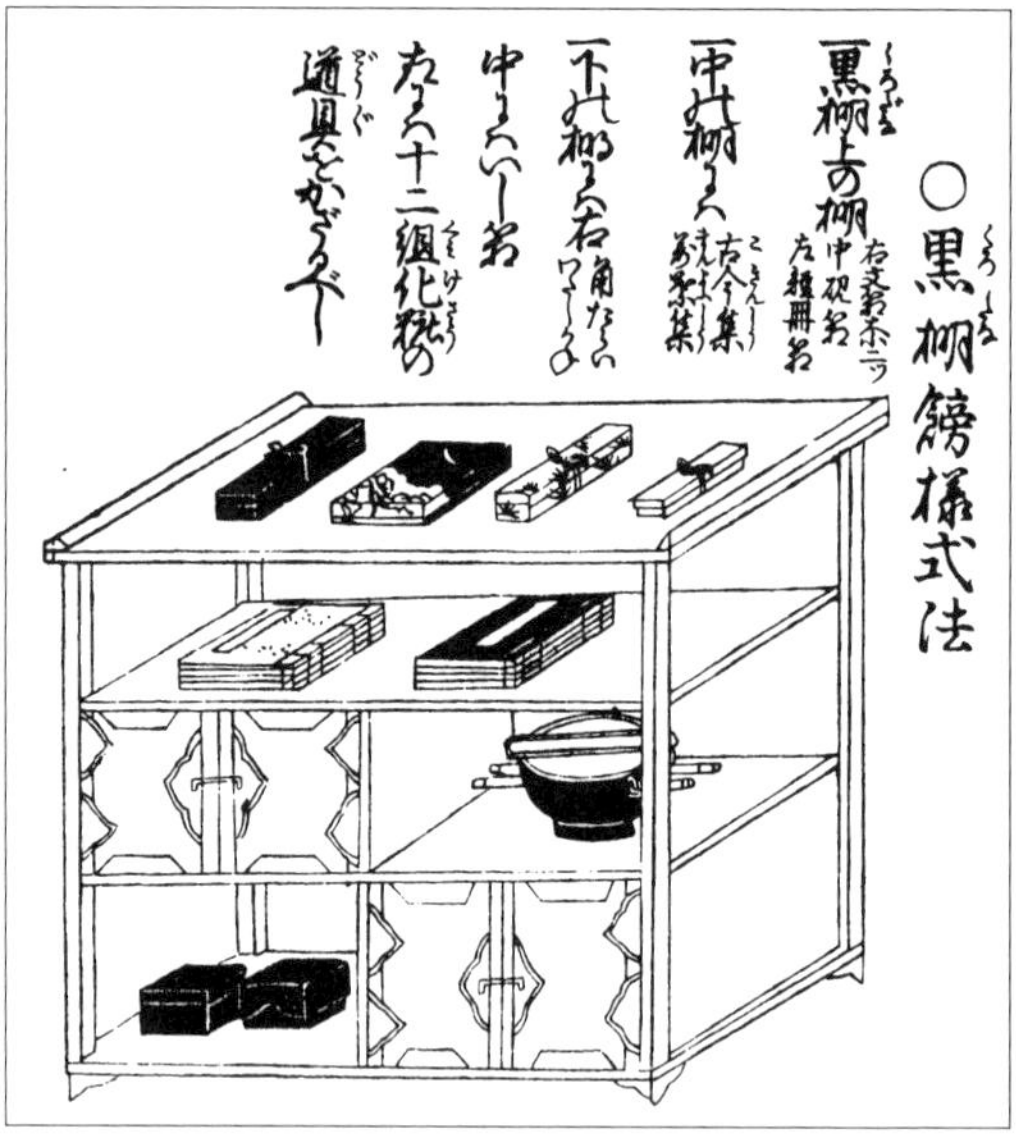

図5　黒棚飾り様（『諸礼調法記大全・地』天保9年）

な存在であったことを、もう少し具体的に確認してみることにする。

○読書と本棚。『嫁娶調宝記・四』には「女の嗜むべき事」があり、それは古歌を沢山に覚え、書く文に精を入れ、小学・四書（大学・中庸・論語・孟子）の類を読み習い、何でも裁ち物をし、秤目・算用・料理・織り方を習い、覚えよ、とある。『女寺子調法記』（天保十年、一八三九）から女の嗜むべき諸芸を纏めると、聖人の書を読むこと（前出、四書の類）、縫針は第一の嗜み、琴三味線も少しは心掛け、和歌にも心掛けると心優しくなるという。『諸礼調法記大全・地』（天保九年）には夫婦婚姻の調度飾りがある中の一つ、書物は書棚、違い棚に飾ることが図版のようにある（図5）。『女重宝記・二』にも黒棚の飾り様があり、ここには上の棚には短冊箱、中は硯、右は文箱（大文箱、家箱）を並べ、中の棚には古今集、万葉集。下の棚には右に角盥《つのだらい》渡し、中に石箱、左には十二組入化粧道具を並べる。婿養子の道具にも『嫁娶調宝記・四』に、大長持二ツ、小袖簞笥一対等の中に、書物簞笥五ツがある。

○旅行案内書。書物が旅行の餞別に遣われることも多い。旅行餞別は、『進物調法記』（寛政七年、一七九五）に雨具、貫差し、脚絆等六十種に混じって、万年暦、懐硯、旅行の方角重宝記がある。『音信重宝記』にも刻

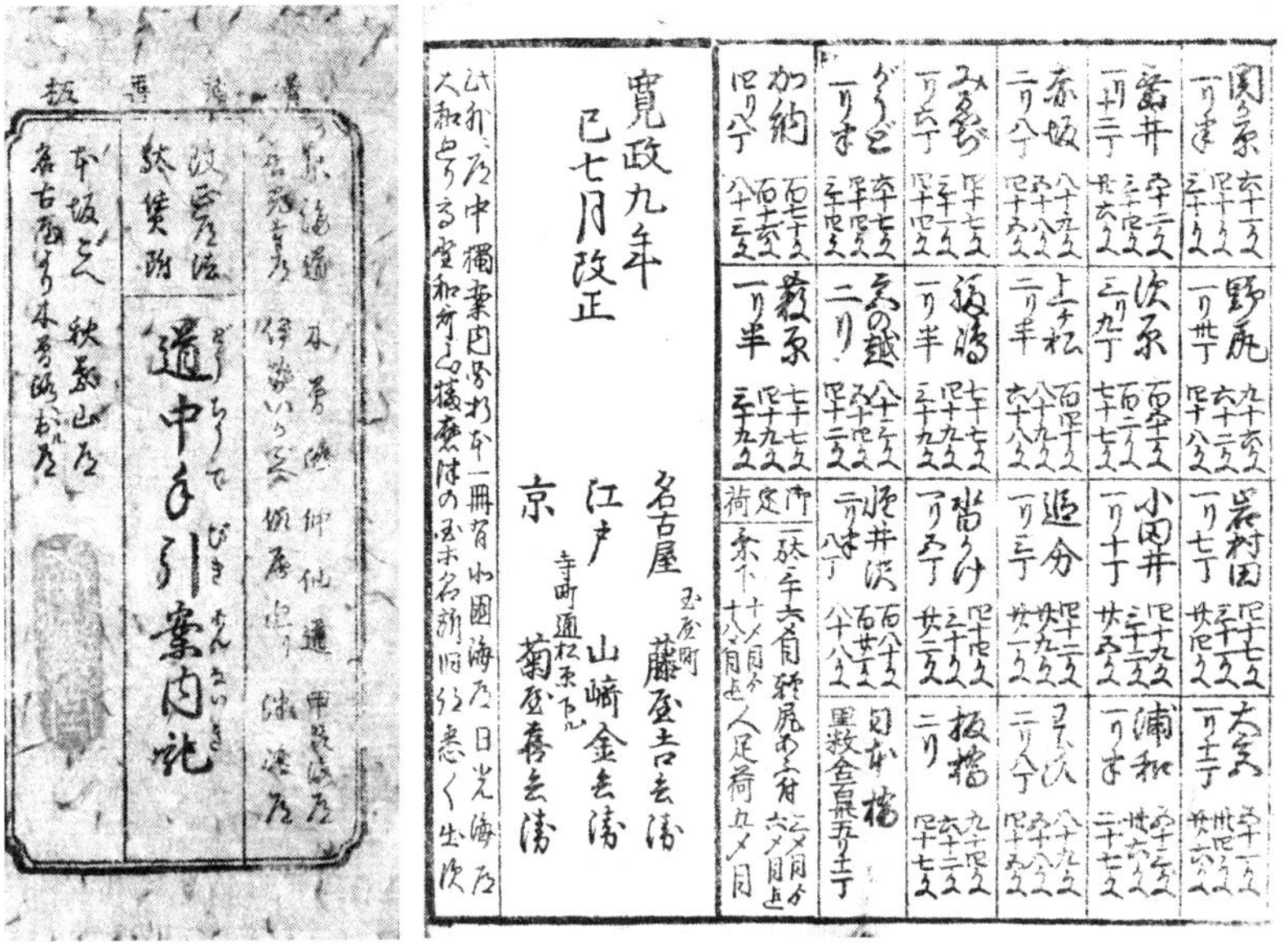

図6　『改正道法駄賃附道中手引案内記』（寛政9年）

み煙草、套味噌、腹薬に混じって、手帳、その道筋の紀行がある。図6の『改正道法駄賃附道中《どうちう》手引《てびき》案内記《あんないき》』は折本で、表紙中央書名の右には、「東海道 木曾路 仲仙道 甲州海道 善光寺道 伊勢いがごへ 佐屋廻り 津嶋道」、左には「本坂ごへ秋葉山道 名古屋より木曾路へ出ル道」とある。奥付広告には「此外ニ道中独案内図折本一冊有北国海道 日光海道 大和廻り 高野 和哥山 播磨津の国等 名所旧跡悉く出す」とある。それは例えば『（中山道）木曾道中重宝記全』等小本の地誌は三種類は確認している。

旅行案内書『東街道中重宝記・七ざい所巡道しるべ』（宝暦十一年刊、一七六一）には、奈良巡覧について、拝所・見所が多く、案内者を必要とするが、案内者任せでは見所を外すこともあるので、宿に着いたら早速案内者を呼んで道筋次第を相談するのがよいと言う。この注意は伊勢や京都についてもある。

表紙

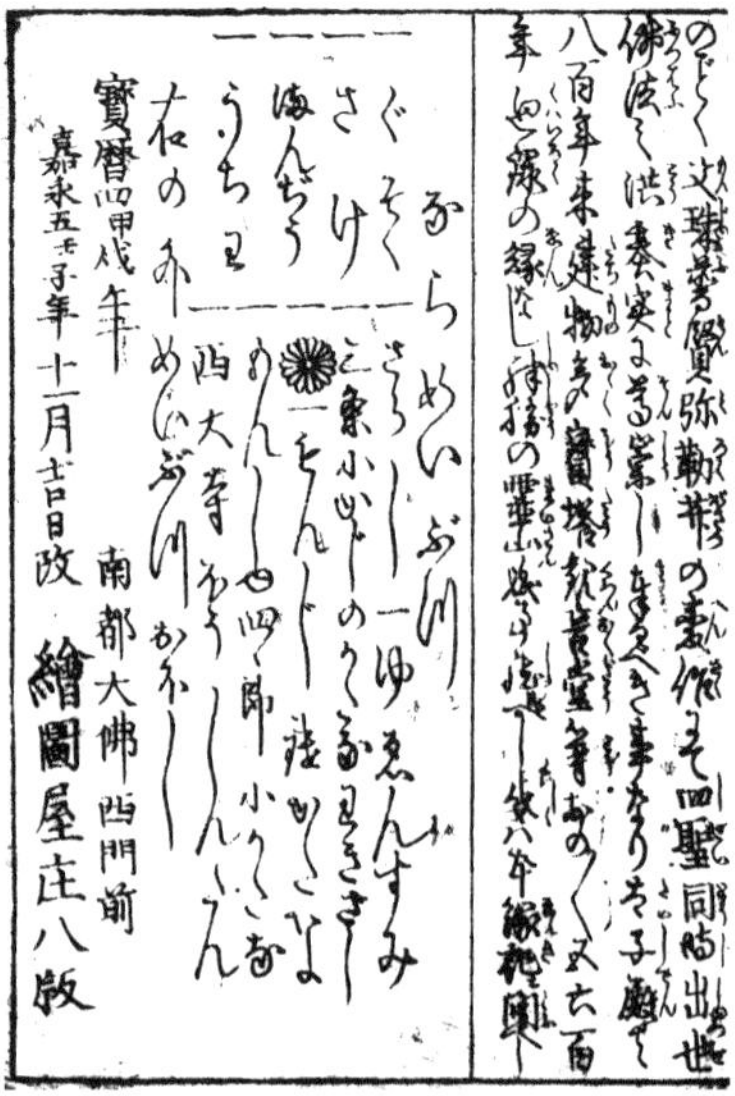

終丁と奥付

見返と一丁表

図7　『改正絵入南都名所記』(嘉永5年改板)

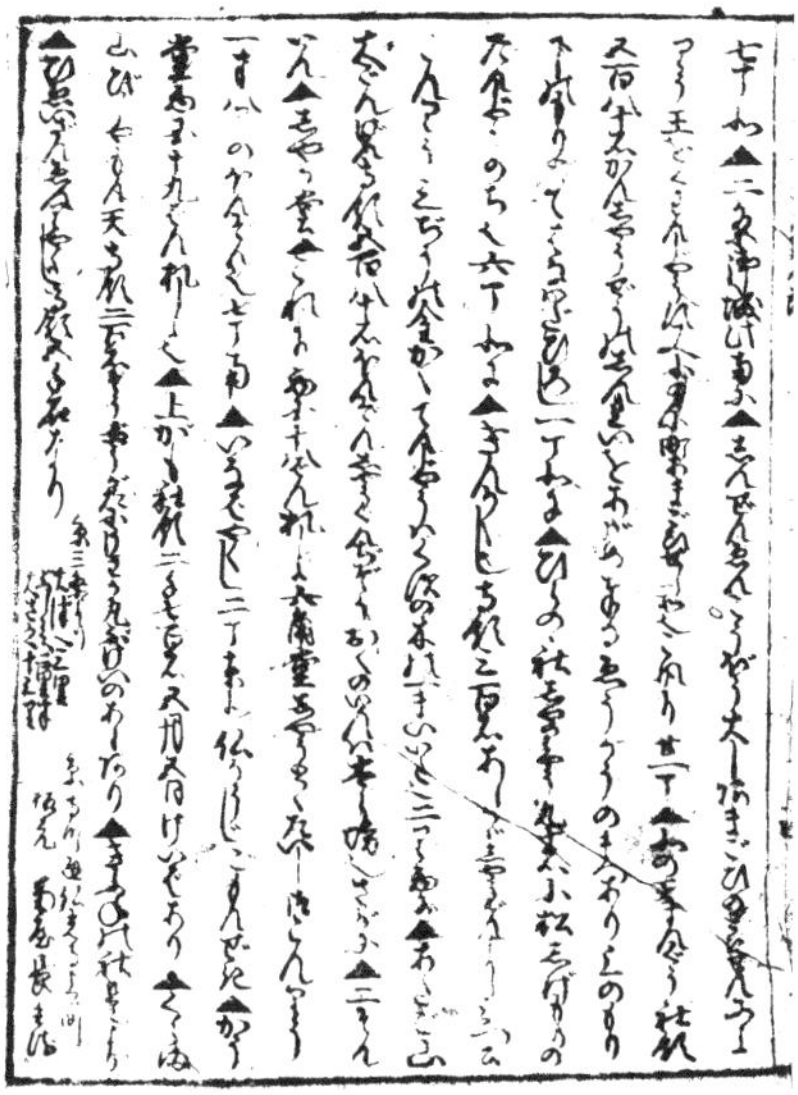

終丁・奥付

表紙

図8　『東山西山京名所独案内』（菊屋長兵衛板）

奈良では「案内の板行紙」があり、まずこれを買って、案内者に道筋を聞き、これに載っていない所も見たいと思うなら、案内者とよく相談するのがよい、とある。ここに言う板行紙とは、図7のような仮綴本『改正絵入南都名所記《なんとめいしよき》』（掲載本の「宝暦四（一七五四）甲戌年元版）に対し、「嘉永五年〈一八五二〉壬子十一月吉日改」と「万延二辛酉正月吉日改」版もある。（共表紙、二十一丁。見開絵五面）、或はこれに類する一枚摺物案内を言うのであろう。管見にも数版があり、版の前後を検討するのに良い教材となった。名所記に土産物の「奈良名物」を付載しているが、印刷物による観光地の名物販売が珍しい。具足、酒、饅頭、団扇、晒、油煙すみ、三条小鍛冶の打たる脇差、一文字銭、刀、文殊四郎小刀、西大寺豊心丹。この外に名物が多い、とある。

同じように京都にも仮綴本『東山西山京《きやう》名所《めいしよ》独《ひとり》案内《あんない》』（共表紙四丁、京寺町通仏光寺上ル町　板元菊屋長兵衛）がある（図8）。京都には手引き案内書が小型横本から中本型まで色々多く、例えば『童子重宝都名所往来』（菊屋長兵衛板）のような物が各種ある。

大坂には、『難波巡覧記』（半紙三ツ切二十七丁本。天保十二年、河内屋太助・秋田屋市兵衛）や『浪華名勝独案内』（半紙三ツ切十二丁本。松川半山画図。安政六年（一八五九）酒福楼蔵梓などがある。両本とも住民向けの案内も強い。土産物には一枚摺、また合綴本の『浪花みやげ』があり、その内容は浪華のみならず京を含むものがあり、中には日本全体に及ぶものもある。

道中手引案内書の外にも『懐中重宝記・慶応四』（嘉永三年（一八五〇）新刻、慶応四年（一八六八）再刻）のように、「種物を蒔植心得の事」「暦中段吉凶を註す」「男女相性吉凶之事」「年中養生之事」「懐妊中身持鑑養生之事」等日用重宝の記事を載せる中にも、諸国道中案内記を併載するものもある。そこには休所、休泊、商人宿を区別して記載し、その名前を掲載している。四十冊を売り弘めると名前を彫り入れ、四十冊に満たない者は削除するとして、四十冊の販売を条件にしている。慶応四年版の掲載氏名は三六八名あり、各人が『懐中重宝記』四十冊を売っていたと計算すると、一万四七二〇冊となる。驚くべき数であり、また商法でもある。本書が旅行道中案内のみならず、前記のように重宝記として、日常生活に必要な総合的な内容を含んでいることは、各地田舎の中核町村ではこの種の本が売られていたと想定される。（第九章「貸本屋略史　2　行商の本屋」参照）
○吉原細見。都市部の遊里案内書、『吉原細見』についても記して置くことにする。既に、柳亭種彦の『吉原書籍目録』に始まり、平成の『吉原細見年表』（日本書誌学大系72。青裳堂書店、平成八年）『江戸吉原叢刊 第七巻 吉原細見』（八木書店、二〇一一年）に至る迄、その収集成果があるので、そこから学んで報告したいことは次である。

①女郎の善し悪し、心々のあらまし、新見世女郎の入れ替わり、或いは各家の知れ難い事を悉く改めるなどして、毎月板行する整版の情報誌であったこと。

②横綴や小本仕立てにして、密かに懐中し易いように、造本していること（享保十一、十二年（新吉原細見））。

③小泉忠五郎という本屋がいたこと。明和七（一七七〇）庚寅年六月吉日刊鈴木春信の代表作『絵本青楼美人合』は舟木屋嘉助が統括するが、それは通油町丸屋甚八とともに吉原本屋小泉忠五郎も相板での参加がある。小泉忠五郎は宝暦十三年『吉原細見福濫雀《ふくらすずめ》』に新吉原本屋、明和七年には細見売所、安永三年には細見板元、天明二年『五葉《いつは》のまつ』には新吉原蔵板、天明三〜弘化二年（一八四五）には細見改所、その後弘化五年迄は小泉屋善兵衛がいる、などの調査がある。住所は寛政九年の細見に江戸浅草田町一丁目竹門とあるという。

④板元に対して売り弘めの卸し小売り店があった。このことについては『吉原細見年表』に「主要板元別細見一覧」があり、宝暦五年（一七五五）春『大宿梅』は次のようにある（図9）。板元は、大伝馬町三町目山本九左衛門。「此細見改致シ売所連名」は、揚屋町現金屋八蔵、江戸町二丁目若奈屋忠七、浅草御地内本屋平助、京町一丁目小間物屋喜八、角町布川屋惣八である。この内、本屋平助以外は、新吉原の町内にいる。一方、同宝暦五年春の鱗形屋孫兵衛の『宝婦寝』の「改仕売所」は、新吉原新丁本や弥七、浅草御寺内本屋吉十郎である。このことかられば、それぞれの板元にはそれぞれ付属する小売店が

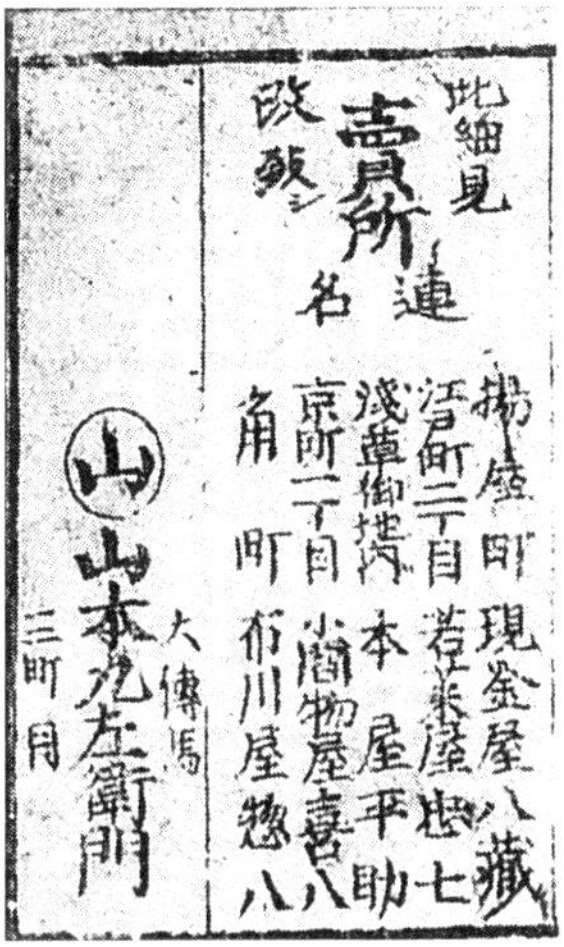
図9　宝暦5年春『大宿梅』
（日本書誌学大系72より）

あって相当の販売数が推測される。

⑤『吉原細見』は「芝居評判記」と同趣のものであったらしく、恋川春町『辞闘戦《ことばたたかい》新根《あたらしいのね》』（安永七年、一七七八）には草双紙問屋（版元）の看板に「吉原細見」と「芝居評判記」の二本の看板が並んで吊るされている。遊女と芝居役者とは、共に人気稼業である。

⑥春亭慶賀『縞黄金肌着《しまおうごんはだぎ》八丈《はちじょう》』（寛政元年、一七八九）には「細見売」が出る。

岩波新書高橋敏氏『江戸の訴訟――御宿村一件顛末――』には、御宿村《みしゅくむら》（静岡県裾野市）の名主湯山吟右衛門の日記買物覚え中に、嘉永三年、「吉原再見　二十四文」とある（延広真治氏・丹羽謙治氏 示教）。発行部数は不明である。因みに『江戸の訴訟』には嘉永三年中、「武鑑　一分」「色本代　三〆二分」「鎌倉年代記　四〇〇文」「経もん　三二文」等とある。

『柳多留』には次の句がある。

細見をみてこいつだと女房いゝ（四六）

因みに、江戸錦絵の祖清長（鳥居三世、文化十年、一八一三没）は、この句を浮世絵にした「誹風柳多留」がある。

また次の句もある。

細見を詠めて女房此あまだ（四二）

細見へ女房こいつと焼ぎせる（五七）

『川柳評万句合』には次がある。

さいけんを初会のあしたかいに出る（明和八、松三）
さいけんをつるしたよふな浅草寺（安永六、仁一）
細見はわか（分）りろんご（論語）はわからねへ（天明八、十、十五）

なお、棚橋正博氏には、最古の『新吉原細見』は明暦四年（一六五八）の刊行であったという報告がある（『日本古書通信』平成二十九年一月）。

○祝儀や見舞の贈答。

△誕生日（生辰日）は『女筆調法記・五』には一族一類を呼び集め式三献等がある等、分に応じて祝うとあるが、子は身を浄め新しい衣服を着せて座敷へ出し、男子には弓矢・太刀・刀の類、女子には糸竹・種々の作り物・書物・双紙・碁・双六等の類の玩び物を入れて混ぜ、子の心に任せて取らせ、その時初めて取り着く物が年長けて器用になると試みる。『進物調法記』にはある書に出るとして、三歳の生れ日、或は常の戯れに、男子なら六芸に擬えて扇子・笛・弓・筆・算盤・豆絵本・米俵・秤・鎌・鍬等を並べ、女子なら団扇・糸巻・物差・手鞠・雛本・琴の爪・櫛・簪・針・長刀等を並べ、外に菓子や饅頭も混ぜて置いて、児が心の

侭に取り上げた物を見て賢愚を知るとある。例えば、米俵を取れば農業を、算盤を取れば商人とする。元服や半元服の祝は、『進物調法記』には上下《かみしも》（裃）・羽織・脇差・印籠・巾着・煙草・煙管・毛抜など二十四品に混じって本類がある。手習・寺入については前述した。

△正月弁年玉は、『進物調法記』には筆・油煙墨・硯石・水入・紙類の外、懐中暦・重宝記・年代記・相場付・手帳・絵本・豆絵本・錦絵等がある。三月の土産にも豆絵本・ひな謳本がある。歳暮にも書物がある。

△湯治見舞いは、『進物調法記』には菓子類・干し魚・浅草海苔・漬物・煙草等三十数品物の外に、入湯場所の道中記、名所記、絵図類、読本類がある。もっとも城ノ崎・有馬・熱海など大きな温泉場には居着きの貸本屋があった。

△病気見舞いは、『進物調法記』には寒晒し粉・煮豆・飛び魚・干鮎等七十余品の中に読本がある。『音信重宝記』は病人見舞は砂糖漬類・軽い肴・干饂飩等決まり物の外に、慰み物・紙の折り方・歌書・譬えかるたも入っている。『万買物調方記』に「大坂ニテ人形屋（京大坂中買）」は、京雛、金太鼓、書物、絵草子等も子供道具一切と称する中にある中で売っていた。即ち、雛遊び祝品の内の一つに入っている。

以上は、庶民 即ち農・工・商の子女が手習いして識字能力を身に付け、身近に生活の中で書物と係わっている顕著な事例を列挙してみた。それをざっと纏めると次のようになる。

①そもそもの出発期、「手習い寺入り」の祝儀祝の品目中に、塵劫記、謡本、童子教、女今川、女大学、手本、石摺本などの類が含まれていること。

②梅雨籠りの読書のこと、また男たちに愛読された「軍書目録」の例示。
③生活者として文字を書き付ける知恵の数々。
④墨・筆・硯・紙等文房具の取り扱い方と、それらの店舗。
⑤三都では商業本屋の発達があり、専門店化する等得意の分野があり、しかもそれらの本屋は新本のみならず、古本の売買、また貸本もし、文房具等も扱い、多角経営する者もおり、時代とともに地方へも広がっていること。
⑥手に入れた本は、家にあっては黒棚等飾り様のあること。
⑦旅行には、当該地方で発行される絵図や道中手引書があり、三都にはそれぞれに観光案内の名所記のあること。江戸の悪所では「吉原細見」の定期刊行が最初期からずっと続いていること。
⑧祝儀や見舞の贈答品の中に、書物・双紙・絵本・雛本・懐中暦・重宝記・年代記・錦絵・読本・読本・歌書等が含まれていること。

第六章　江戸美人の読書

一　読書は知的美人の象徴

近世文学の淵源とされる『十二段草子』は、御曹子（義経）と浄瑠璃姫のはかない恋の物語である。鞍馬山に七歳で登山、勉学していた御曹子は十五歳の春、金売吉次に伴われて東下向《あずまげこう》の途中、三河矢作《やはぎ》に宿る。三河の国司兼高と、矢作の長者（宿駅の女主人で遊女を抱える）夫婦の間には、鳳来寺薬師如来の申し子浄瑠璃姫が十四歳に成長していた。長者館に心ひかれる御曹子は、籬《まがき》の間から覗き見して、浄瑠璃姫と侍女たちの教養の豊かさと美貌にとりつかれてしまう。そのことは、詩歌管弦とともに、本を読んでいるということで、次のように描かれている。引用文は読みやすく、適宜口語訳した。（以下の引用も大方これに従う）

御曹子があたりを静かに眺めると、数々の聖経《しょうぎょう》などを取り散らして置かれてある。まず天台は六十巻、倶舎は三十巻、噴水経は四十巻、浄土三部経、華厳《けごん》、阿含《あごん》、方等《ほうどう》、般若《はんにゃ》と打ち見えて、数を尽して置かれてある。

草子では古今、万葉、伊勢物語、源氏、狭衣、恋尽し、和歌の心を始めとして、鬼の読める千島文《ちしまぶみ》まで、押っ取り散らして置かれてある。

ここでの要旨は、浄瑠璃姫が、仏教経典から各種の古典を沢山取り散らかして読んでいて、御曹子の心をひく知的な美人の説明理由に使われていることである。書物を読む姿、あるいは書物の内容をよく理解していて、当意即妙に振る舞う才智は、平安時代の宮廷女官よりも見られることであるが、江戸時代には知的な美人を説明する典型的な表現になっていて、例えば仮名草子『恨の介』でも、女主人公雪の前について、次のように書かれている。

もとよりこの姫は歌の道に何の暗いところもなかった。古今、万葉、源氏、狭衣、伊勢物語に、長いこと遊び興じられたので、文章の達者、筆勢の美しいことは言うに及ばない。すばやく文章を書いてあやめ殿に渡された。

ここでの要旨は、古典を読んで精通しているだけに留まらず、長い間親しんだ成果はさらに文章がすらすらと見事な筆致で書けるということで、このことが知的美人の要件にされていることである。

これらのことは男性においても同じで、仮名草子『竹斎』にも類似の表現がある。

一方では、新興文芸として隆盛する貞門《ていもん》俳諧の詠句の知識としても古典の知識が求められている。

例えば、寛文十二年（一六一二）の『誹諧時勢粧《いまようすがた》』には俳諧作者の教養として、

経文、釈門、儒書、軍書の詞、唐歌《からうた》、和歌《やまとうた》、歌諷《うたい》、狂言、古い小歌、年久しい世話《せわ》（諺など普段使っている詞）、幸若舞、万歳楽まで、専ら必要である

とする。

江戸時代の出版文化は、寛永（一六二四〜四四）頃から隆盛する整版印刷によって顕現されることになる。整版印刷では読者の需要数に対して充足できる出版が可能になり、本書で繰り返し書いているように、写本の製作部数は必要な一部 多くても十部程度、古活字版印刷の一〇〇部程度に対して整版印刷では一〇〇〇部以上も印刷できたと言われている。従来、製版印刷は多く佛教経典類の印刷に利用されてきた技術であったが、江戸期に入りその技術が見直されて文学作品の出版や読物など諸方面で活用されることになったものである。それは、即ち徳川幕府の文治政策が将来したものであった。

徳川幕府の文治政策の効果は、例えば天和四年（一六八四）菱川師宣（元禄七年、一六九四。七十七歳没）の『団扇《うちわ》絵づくし』に、女性が気ままに本を読んでいる姿が描かれ、次のような説明がついている（図1）。

治まれる御代の尊さよ。幾年《いくとせ》生ける人、文学を好み、明け暮れ孔［子］老［子］の書巻を覗く女も、これに過ぎることはないと、打ち交わり、朝夕、古今、万葉の哥を読み、源氏、伊勢物語の草子を玩び慰んでいる。

かけて思う人もなければど、冬されば面影立たぬ昔かな

図1　菱川師宣『団扇絵づくし』(天和4年)

ここには、徳川幕府の治世による平和な世の到来に、女性が文化の産物、書物を読むありがたさが書かれている。『団扇絵づくし』には、他にも主君の夫を待つ秋の夜長の所在なさに、灯火の下に、侍女とともに本を読む絵もある。

上流女性が本を読んでいる典型的な姿絵は、貞享二年（一六八五）に同じ菱川師宣の『和国百女』にもある（図2）。その説明は次のようにある。

殿様が他国遊ばされて御留守の内、寂《さみ》しさのまま御慰みのためにといって、古今 万葉 伊勢物語 源氏 狭衣 栄花物語 藻塩草、数ある草子を自分からお読みなさることは願わしいことである。徒然草等にはあの吉田兼好法師の文柄が面白く作り置きし事等を聞くにつけても、女は髪のめでたからんこそとはとある。また伊勢物語には業平の事を、始め終り書き記している。仮初めの戯れ遊びにも草子を読んで慰むのがよいといわれている。

ここでは、大名の奥様が殿様の留守中、寂しさを紛らかす慰みに、自分で古典を読み、また仮初の戯れ遊びにも読書がたいへんよいというのである。本を読むことは戯れの遊びであり、学問とは言っていない。図2に見るように、侍女ともども灯火を囲んでの読書で、奥様はしどろなく立膝を書見台にして本を置き、侍女らは畳に本

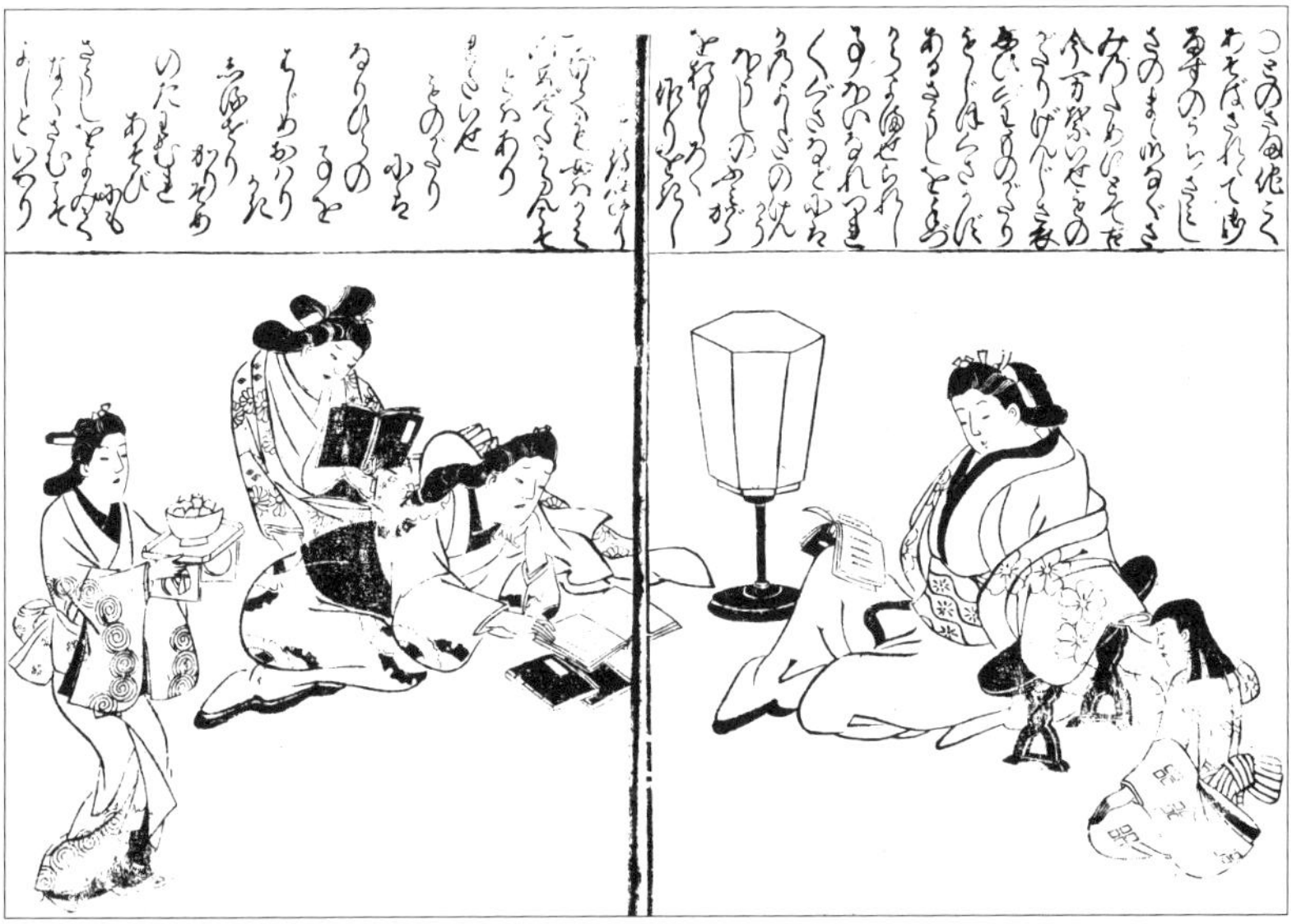

図2　菱川師宣『和国百女』（貞享2年）（国立国会図書館所蔵）

を広げ、或は横座りに気がねもなく寛いで読んでいる。読み聞かせではなくて、自から読んで、慰み楽しんでいる風景で、個々別々の読書である。

菱川師宣はまた、一家中で本を楽しんでいる姿を天和二年の『絵本このころぐさ』にも描いていて、その説明は次のようにある。

　由緒ある人の娘には、御乳《おち》、乳母《めのと》、腰元らを付けて手習い、又は伊勢物語、徒然草を読み習わせるのである。所在なく退屈な君女《くんじょ》は恋の部の歌書を取り出して読んで講釈をされる。乳母、腰元は謹んで聞く（中略）乳母、腰元は聞いて、もっともであると感じる。

ここでは、由緒ある人の娘は手習をさせ、また古典を読み習わせ、手持ち無沙汰の時には歌書の講釈も行われるというのである。

（ここで一応読書の勧めと留意点を、『帰鴈の文・上』（元禄

図3　西川祐信『百人女郎品定』（享保8年）

十一年、一六九八）から略記して置くことにしたい。『源氏』『世継（大鏡）』等は一渡りは御覧になるのがよいが、ただ徒らに心なく見ると御身の習いまで悪くなる。唐書《からふみ》は女の業《わざ》（読書対象）ではないが、文字を知り嘉言（よいことば）を聞くために普く学ぶのがよい。今めいた戯草紙《たわれぞうし》などはあまり御覧にならないのがよい。しかし徒然な折には一渡り御覧になるのもよい。その時の世人の俗情を知り、良い事に倣い悪いことを戒めるためである。女が歌を繁く詠むのは憎らしいが、それはそれとして、花を詠め、月を見、鳥の音《ね》、虫の声、時折珍らかに詠み出したのは趣き深いものである。又、『源氏』『伊勢』物語等の歌を空《から》に誦《じゅ》すのは心憎い、と昔の人も言っている。真名（漢字）仮名ともに河行く水のように安らかに読み流すのは実に羨ましいことである。『源氏』は特に繰り返して読み、教えの悪い師匠の教えのままでは、余りにも艶《えん》の方に惹き取られ、心が婀娜あだしくなられ、嫌らしく悪戯事《いたずらごと》になる、との注意がある。読書は批判的であれと説いている。

西川祐信（宝暦元年、一七五一。八十一歳没）にも師宣に比肩できる美人読書絵があり、祐信の最初の絵本

図4　「模様づくし」（『訓蒙図彙大成』貞享4年）

『百人女郎品定』（享保八年、一七二三）には「武家の室（奥様）」は、姫君に厳しく御講釈のようであるが、聞き込む姫君はうっとりとしている（図3）。三冊本（春本。枕草紙）が積み上げられていることは気にしてもよいであろう。外にも「鹿恋」「かぶろ（禿）」も描いている（後出）。祐信には享保十五年の『絵本常盤草・中』に、時雨・紅葉・炬燵を取り合わせて三人の女性が本を見る姿絵もある。

以上のような江戸時代上流女性の読書は、もともとは堂上貴族階級のものであったが、それはやがて四民階級の女性にも波及している。江戸中期になると、中流の女性の本を読む姿が上流女性を模倣して多くの画工によって描かれるようになる。貞享四年（一六八七）『訓蒙図彙大成』の「模様づくし」には『古今（集）』『百人一首』を読んでいる絵がある（図4）。「訓蒙図彙」とは、一般の初心者に百科項目を絵で教示するものであった。

二　遊女の読書

菱川師宣が、上流階級の女性の本を読む姿をよく描いていることは上述したが、吉原の遊女たちにも執心で、彼女らが本を読む姿を数々描いている。延宝九年（一六八一）の『吉原下職原《げしょくげん》』には、三浦屋四郎左衛門抱えの

図5　『吉原風俗図巻』(天和3年)(『肉筆浮世絵 第二巻・師宣』集英社、1982年)

太夫（遊女職の最高位）高尾を、本を読む姿で描いているが、その高尾は代々襲名された太夫名で、七代と十一代説のある名妓である。

一方、図5は天和三年の『吉原風俗図巻』で、格子の内側で遊女たちが思い思いに本を読みながら、客待ちをしている所である。この格子の中での読書風景を切り取り、拡大したような絵も多くの絵師により長く色々に描かれ続けているが、例えば江戸後期菊川英山（慶応三年、一八六七。八十一歳没）「花あやめ五人揃」もその一つである。客を待つ間の手持ち無沙汰に本を読み、三味線を弾いて慰んでいる。本を左手に持ち、右手を長襦袢の下から艶めかしく覗かせ、一冊は床に投げ出す奔放さである（図6）。英山には「東すがた源じ合（あわせ）・紅葉賀」もあり、手にしている本には「吉原八景・くらべ牡丹・小町少将・小春髪結・辰巳四季」の一中節の曲目も見え、文政三年（一八二〇）の作と推定されている。

本を読むのは知的美人の象徴であるが、それでは遊女が本を読む姿絵が多いのはなぜか。言うまでもなく、第一番は客を待つ間の暇潰しであるが、それ以前に遊女は教養を身につけ、男女情けの道を心得た美人でなければならなかった。それで以って客の関心を惹くのである。客は、歌舞伎役者に対するのと同じように、別世界の美人に魅力を感じるのである。そのため遊里の遊女が、流行の歌舞音曲をいち早く覚え込んだり、また人情をよく理解し礼儀作法など教養を身に付け、客の心を虜《とりこ》にするには読書によるのが早道であった。読書は時間潰しの慰み事になり、また教養を身につけるのに最適な手段であった。

当時吉原には、「本売喜之助（介）」が入り込んでいて、本を売ったり貸本にしたりしていた。菱川師宣は延宝三年『山茶やぶれ笠』、延宝六年『吉原恋の道引』、延八年『大和侍農絵尽』に、彼を点景としてよく描き込んでいる。吉原遊郭内に絵草紙売や貸本屋が往行していたことは、「第九章 貸本屋略史」に略述しているが、ここでは時代が下って天明元年（一七八一）の閻連坊の『三都仮名話』に「借本控」を持った貸本屋が座敷に上り込み（図7）、享和二年（一八〇二）の十返舎一九の『倡客竅学問《しょうきゃくあながくもん》』でも貸本屋が遊女らにあれこれ本を選ばせている挿絵があることを以って、遊女たちの読書が盛んであった一証とする。

図6　「花あやめ五人揃」（慶応3年）
（『浮世絵大家集成16』）

一方、遊女たちが本を読んでいることの実情には、天和二年井原西鶴作の『好色一代男・五・五』に、泉州堺袋町の話として、女郎が煎

図7　閣連坊『三都仮名話』（天明元年）

じ茶をがぶがぶ飲み、欠伸《あくび》しては二階に現れ、一階に降りては浄瑠璃本を読んでいる様子の記述がある。後出のように、渓斎英泉には浄瑠璃『都《みやこ》羽二重《はぶたえ》拍子《ひょうし》扇《おうぎ》』を読む大首絵がある。また、貞享元年（一六八四）の『好色二代男・七・二』には、ある時物覚えの弱い人が、『源氏物語』に「わりなきは情の道」と書いたのは柏木の巻にはないと争い、ある太夫殿へ源氏物語を借りに遣ったのに、すぐさま『湖月』を送られて即座に解決したが、この本を見て、さてもさてもこの里の太夫も末になったと慨嘆したとある（『定本西鶴全集』の注では『心友記』に出ていて『源氏』には見えないとある）。

「昔は名の有御筆《ふで》の哥書を揃へて持ぬはなし。板本《はんほん》遣はされて、物毎《ものごと》あさまになりぬ。今時は東山の浄瑠利会にも嘉太夫（加賀掾）が弟子分の者共、如何なる縁にや稀なる御筆者の書本《かきほん》、大竹集《あふたけしう》にてかたるぞかし」という記事が続く。ここでは、今時の太夫は『源氏物語』を名筆の古写本ではなくて、北村季吟の新しい整版本『源氏物語湖月抄』で読む時代になったと慨嘆し、これに対し

図8　西川祐信『百人女郎品定』（享保8年）

て新時代の流行の俗曲浄瑠璃会では稀有の筆者に縁を求めて書いた『大竹集』で語るというのである。伝統的な遊里社会では新しい整版本を、新興の浄瑠璃会では権威付けして当時名筆家の写本を使っているというのであるが、むしろ権威付よりも新時代への合理的対応、新しい整版本を融通し合って読んでいる遊女たちの賢明さが評価されてよく、新興の浄瑠璃会の権威付けを皮肉っているのではないかとも思う。

付言すれば、享保七年（一七二二）『孔雀丸』には「見て居ルはやさし遊女の湖月抄」とあり、出版書の挿絵で、部屋持の遊女の本箱には『湖月抄』と明記する本も多い（例えば『絵本青楼美人合』）。享保八年、西川祐信は前出『百人女郎品定』に京都島原の鹿恋《かこい》（囲女郎。遊女の階級で太夫・天神に次ぐ）、小天神《こてんじん》（天神の下、囲の上の女郎）、禿《かむろ》（太夫・天神等上級の遊女に仕えて見習い中の十二、三歳までの少女）らが本を読んでいる絵を描いている（図8）。

明和七年（一七七〇）六月、鈴木春信作『絵本青楼美人合』（通油町丸屋甚八／吉原本屋小泉忠五郎／駿河町舟木嘉

助版）では吉原の美人一六六人が艶を競い、その中に本を読むポーズがあって次の書名がある。『源氏物語』（一人）、『湖月抄』（一人）、『風雅集』（一人）、『徒然草』（一人）、『三井寺（謡曲）』（一人）、『秋の七草』（一人）、『吉原大全』（一人）、『ねなし草』（一人）、『絵本浮世袋』（一人。＝春信の本）、『宋紫石画譜』（一人）、「書名不明本」（四人）を読んでいる姿絵がある。勿論、琴・三味線・碁・将棋・書画、或は書状を読み・書く姿は両項目とも二十位と多い。このように『絵本青楼美人合』は実在の遊女美人画に逐一俳句を添えていて、春信の四十六歳の没年月が刊行になっている。

他の多くの本にも遊女たちが本を読んでいる姿絵を載せているものは多い。しかしながらどの本についても同じであるが、遊女らの性情と古典作品の特質を取り合わせているものと思われるものの、詳細は分らない。一方で、寝間で遊女と客が笑本や秘戯本を見ている姿絵も多い。

以上のような色々な読書絵の列挙を、不完全は承知で、一度は試みたが枚挙に遑がなく、機会があればと放棄することにした。

三　知識を身に付け楽しむ読書

元禄五年（一六九二）の苗村《なむら》丈伯の『女重宝記・一・四』には「女中嗜みてよき芸」が書いてあるが、その全部を引用してみる。

手書く事、歌詠む事、歌学する事。源氏、伊勢物語、百人一首、古今、万葉の義理を知る事。裁ち縫いの事、績《う》み紡《つむ》ぎの事、機織《はたお》る事。絵かき花むすぶ事、琴を弾ずる事、盤上の事、香を聞く事、茶の湯する事、連歌俳諧する事、立花する事、綿摘み様しる事、髪結ひ様しる事、女の躾方をしる事。此ほかは、しらでも事欠くまじき事なり。中《ちう》より下《した》の女中方《ぢよちうがた》は、此外にも芸あるべし。世帯方始末の仕様、内の治め様、第一の芸たるべし。

これは、生活当事者、いわば中流家庭婦人に対する教えである。芸とは身に付けるべき諸芸能のことであり、それは生活と関係していて、書物の義理（意味）を理解し、あるいは先人の教えを受けて、身に着け、生活に生かすことである。

宝永六年（一七〇七）の近松門左衛門作『堀川波鼓・中』では、女主人公お種の妹お藤が、不義を犯した姉に母の遺言を以って次のように意見する。

そちら二人は小《ちい》さい時から女子《おなご》の道を教え込み、読み書き、縫い針、糸綿の道も今ぐらいできれば恥は欠かない。第一女子《おなご》の心得は殿御《どのご》（夫）持ってからが一層大事である。（中略）総じて夫の留守の内に、男であれば、召使、一門他人すべて、年寄、若いの区別なく近づくな。この心掛けが悪いと、四書（大学・中庸・論語・孟子）五経（易経・詩経・書経・春秋・礼記）の全文を暗記している女子《おなご》でも、役に立たぬぞよ。この遺言をお前たちが論語と思うて忘れるなよ、とのお言葉が骨にしみ、肝に残ってよう忘れられぬ。

ここでは、女性としての芸能・倫理・貞実を、身に付けて守るべきことを言っている。このことについては、

図9　時枝左門『女鏡・上』(寛政元年)

既に元禄時代（一六八八～一七〇四）前後から出版の隆盛があり、その知識が学び取られるよう身近なものとなって存在していた（拙著『重宝記の調方記』臨川書店、二〇〇五年）。それは重宝記、宝訓、啓蒙書、女訓書などの出版普及であり、具体的には正徳二年（一七八九）の『女用智恵鑑』や『女大学』などがあげられるが、時枝左門の『女鏡・上』（元文五年、一七四〇板。寛政元年、一七八九求板本）（図9）には、読み習うべき本を、本を読む姿絵とともに、次のような説明がついている。

女の読み習うべき［本］は百人一首、伊勢物語、徒然草、源氏、狭衣、皆和歌の物語である。まったく歌ほど優しい［人情細やか］ものはない。それゆえ、女はこれを学ぶがよい。
その他は、女大学、大和小学、女諸礼、女秘伝書、用文書の類が今多く板行されている。見覚えて益が多い。
しかし、女が歌に慣れて、好色の仲立（媒介）とするのはよくない。よくよく慎むことである。歌に、
　目に見えぬ　鬼の心も和《やわ》らぐは　げに恵みある大和言葉《やまとことのは》

とある。上流階級の読書は、主として古典の読解、あるいは歌作、句作、作文などに資することであったが、それが中流階級に及ぶと慰みは娯楽の度合を一層深めて、多くは個人的な玩《もてあそ》びごとになる。その読書は、物語主人

公の生き様、歌書に描かれる人情、あるいは歌作態度、あるいは好色の感情を読み取ることである。それは言わば、文学作品としての読みにもなる。これらのことは、啓蒙書や実用書にあっては、その知識や技術、方法や態度が学び取られることになる、出版本屋は、古典文学書や実用書・啓蒙書を出版してきているのであるが、一方では中流読者が本屋に対して、例えば専門的な茶道書、花道書、謡など各種の秘伝書の開示もさせるようになってきている。

図10は明和四・五年（一七六七・八）頃の、鈴木春信（明和七年、四十六歳没カ）の五常を題材にした教訓絵である。右肩の枠内に「義／何事も身をへりくだり理を分ち偽りなきを義とはいふべかりけり」と記されている。上品な娘が手にしているのは絵入本、畳の上の二冊本の題名は読めないが、両本とも義理を説く教訓書であろう。信には「信／悲《ひ》をしりて善をみちびく心こそまことの信《しん》とはいふべかりけり」とある。これは礼・智・仁ともに五枚この頃の啓蒙的な読書風俗を描いたものであり、類似の絵は多い。

図10　鈴木春信「義」を題材にした教訓絵（明和4･5年頃）

女性が本を読んで、その内容を身に付けるべき本、言わば教科課程となる本は、男性のそれと同じように、江戸中期以降にもなると系統立てられていたようである。例えば、江戸中期の代表的啓蒙学者大江資衡（玄圃。寛政六年、一七九四。六十六歳没）には、明和六年（一七六四）に『女学範』、安永六年（一七七七）に『女早学問』があり、両書とも学問大意を巻頭に据えているが、『女早学問』から引用してみる。

学問大意／古《いにしえ》の聖人が正しい道を説かれた書物を読んで、周公、孔子の尊い道を学ぶことを学問というのである。男子《おとこ》も女子《おんな》も皆学問すべきことなのに、この国の慣習《ならわし》ではないが、若い男子が学問するのは稀である。女子はなおさら学問しない者のように心得て、唐土の正しい書《ほん》を読まず、例の、物語草子などの戯れ書を多く読み、それより下《しも》へくだると年々作り出す浄瑠璃、小哥などいうものを好んで、あたら月日を送るのは浅ましことである。物語、草紙、浄瑠璃、小哥の類は幼《いとけな》い女の玩ぶべきものではない。幼い女の読むべきものは、和論語、女四書、女大学、大和小学、翁草の類がよい。これらの書を読み覚えて、後には四書五経、孝経、列女伝などをも読んで、古の賢女の正しい行いを学ぶべきである。

ここでは、幼い女子には物語、草子、浄瑠璃、小哥の類がよく読まれており、本当に読まなければならない和論語、女四書、女大学以下は二の次になっている。究極の目標は、賢女の行いを学び取ることであるというのである。これらのことを本文「読書《よみもの》」の項では、さらに女小学、女大学、大和俗訓、五常訓、童子訓、家道訓、大和女訓、女訓鳴鳩草《みさごぐさ》の書目を増加して、分り易く解説もしている。それは「これらの書《ほん》を読み習うと、父母に孝行を尽し、兄を敬い、弟を愍《あわれ》み、全て女の正しい道を知る」ことになるというのである。

『女早学問』には読物について、さらに『廿一代集』『百人一首』『物語草紙』等が続くが、それは歌作や手習に必要な知識を学び取る教材、教科課程であった。しかし、歌作や句作とは無縁な中流階級の女性になると、素直に古典を慰みや娯楽、あるいは教養として読むことになる。そのことは教化啓蒙書を書くような作者先生には決して許されることではなかったのである。

読書が中流階級で、単純に慰みや娯楽になった時、読書法に読み聞かせはあるにしても、それは個人の世界のものになる。外界との関係を遮断して一人切りになり、本の中の想像の世界に遊ぶのである。

娯楽読物に、一人没頭している姿絵は数多い。喜多川哥麿（文化三年、一八〇六。五十四歳没）のよく知られた『絵本太閤記』を読む大首絵「理口者／教訓・親の目鏡」には以下のような説明がついている。（本を読むのは遊女であるが、ここでは記述内容を見た）

理口者／巴女の武勇は女の勇ではない。紀の有経が娘、在五中将に嫁して、夫が河内へ通うのを悋気はせずに、「風吹かば 沖津白波たつた山 夜半にや君が一人ゆくらん」と詠んだ歌で、夫の中将の心も折れて、遂に河内へ行く思いは止まった。女の貞実は男の武勇と同じである。不要な唐様の心で、手紙の通用が悪く、縫針が下手で、糸竹（管弦）に妙手であると、理口に見えるが、行き過ぎたことである。

巴御前の武勇は女の武勇ではなく、『伊勢物語』二十三段 夫の高安通いを、嫉妬するどころか、無事を祈って改心させた貞実は、男の武勇に匹敵するというのである。これは歌説話として江戸時代には『女筆調法記』（元禄十年 一六九七）等にも出ていて、女の嫉妬を戒める例話としてよく引かれている。ここでも表向きの教訓は忘れてはならないが、『絵本太閤記』を一人寝転んで読むのは読書の至福である。『絵本太閤記』は太閤秀吉の一生の出世譚を、挿絵を一二枚おきに入れて、絵だけでも内容が辿れるようにした本で、貸本屋の稼ぎ頭であったが、それを読む「理口者」を描いているのである。図11は哥麿の「風俗浮世八景 かこわれの夜雨」で、雨夜、旦那

図11　哥麿「風俗浮世八景 かこわれの夜雨」

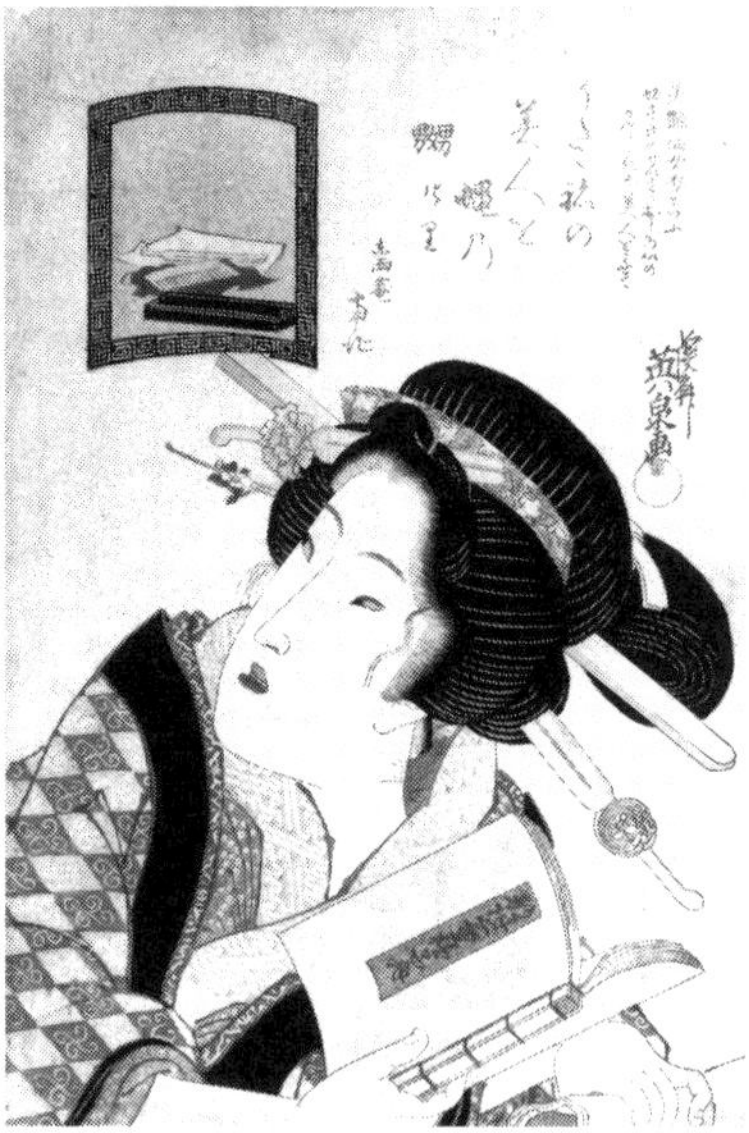

図12　渓斎英泉『都羽二重拍子扇』

がやって来られなくなり、下女とともに灯火の下《もと》絵草紙を読んで過ごしているのである。囲われ者は本読みに夢中、下女は本に向かったまま居眠り、その対比もよい。美人の囲われ者の貸本屋からの読書と言えば、森鷗外の『雁』のお玉を思い浮かべるが、しかし彼女は「夜は目が草臥《くたびれ》れると云って本を読まずに、寄せへ往く」。哥麿の「兄弟睦敷図・目出度三幅対」「二葉草草七小町・かよひ小町」には机に論語がある。

哥麿の「理口者」は有名過ぎるから、ここでは渓斎英泉（嘉永元年一八六四。五十八歳没）の大首絵・浄瑠璃『都《みやこ》羽二重《はぶたえ》拍子《ひょうし》扇《おうぎ》』を掲出する（図12）。これは文政三年（一八二〇）に一中節《いっちゅうぶし》の詞曲を編集・版行した本である（これも同じく記述内容を見る）。これには読本作者東西南北（文化十年、一八二七。六十余歳没）の「美艶仙女香といふ坂本氏の製するおしろいの名高きに美人をよせて／うたたねの美人を蝿のなぶりけり」の句があり、本の世界に思いを馳せ、うっとりと没入、いつしか寝入ってしまう庶民の読書姿を詠んだ妙句である。

また「当世好物八景」では窓に曲亭馬琴編述『里見八犬伝』と東里山人（鼻山人。安政五年。一八五八。六十八歳没）作英泉画『海道茶漬』が出ている。後者は合巻『東里一篇海道茶漬腹内幕』である。英泉の活躍は読本、洒落本、人情本、狂歌本、美人画と実に幅広いが、遊里取材の人物画に長じている。英泉には「昼寝」と題して妻は針仕事、夫はその横で本を被り物にして昼寝する仲睦まじい姿絵がある。夜には燭台を真ん中にした同趣の絵もある。

菊川英山（前出。慶応三年、一八六七。八十一歳没）は町娘を艶めかしく描いていて、「東姿《あずますがた》源氏合せ」の本を読む姿絵がある。また英山の「当世薬玉五節句」の絵で、崩した膝の上に本を置いて読む姿には気品が溢れる。「太好庵の秋月」は子供を姉娘に預けて母親は本を夢中になって読み入っている姿絵である。

鳥居清長（文化十二年、一八一五。六十四歳没）の柱絵《はしらえ》は、本を読んで昼寝になり、夢中に東海道を旅して、富士の霊峰を仰ぎ見る構図である（図13）。読んでいるのは、名所図会の類であろう。名所図会を詠む句は多いが、「諦めた妻の見ている名所図会」（『折句題林集』）はこの絵の解釈になりそうである。予定した旅ができなくなったか、あるいは旦那に連れて行かれず、名所図会を読んで夢にまでみるのである。磯田湖竜斎（生没年未詳）は安永頃（一七七二〜八一）盛んに活躍していて、彼にも柱絵「風流六歌仙 小町。思ひつつ寝ればや人の見えつらむ 夢と知りせば覚めざらましを」がある。

図13　鳥居清長「柱絵」
（『浮世絵大家集成』18）

図14　「春のことほぎ」(明和元年)

夜、灯火に本を楽しむのは古来言われてきていることであり、既に掲出した絵にも見る通りであり、そのことを記す『徒然草』十三段はよく知られているが、ここで改めて引用して置く。

一人灯《ともしび》のもとに文《ぶん》を広げて、見ぬ世の人（昔の人）を友とするのはこの上なく心の慰むことである。文は文選のあわれな巻々、白氏文集、老子のことば、南華の編（『荘子』）。この国の博士どもの書ける物も、古《いにしえ》のは心にしみることが多い。

図14は漁柳画（明和元年頃、一七六四）「春のことほぎ」で姫始《ひめはじめ》（正月二日、新年初めての情交）に夫婦で笑本か秘戯本を見て楽しんでいるところである。さらに笑本ともなれば、寝間でこれらの本を二人で見ている絵はいくらでもあり、これも調べ尽せない。あるいは貸本屋が持ってきて夫婦で楽しむその方面の本もある（『艶本三国一・下』に絵が出る）。

江戸時代中期以降には、中流以下の女性にも啓蒙・教訓・実用書とともに、文芸作品の娯楽・慰みの読書は確実に根付いている。

四　町娘の読書

天明（一七八一～八九）頃の『嫁入談合柱』には次のようにある。

書物／百人一首、女四書、伊勢物語（見様あり）、つれづれ、女大学、女今川、
いづれも秀逸感心々々。

なかでも「女大学」は、貝原益軒が書き記したもので、貞女の道を教え、嫁《か》しては舅《しゅうと》姑《しゅうとめ》に仕《つか》えることを、二十四孝の和解《わげ》に書き表し、夫に随い、家を治め、業《わざ》を勤めることは、女農業の図弁に婦人《ふじん》世《よ》継草《つぎぐさ》にこれを教えている。

あるときは春の日の長く、秋の夜の寝覚めがちな夜通し、あるときは五月雨《さみだれ》降り続き、または雪高く積って人も訪れず手持ち無沙汰なときは、源氏物語の絵抄、又は十二月色絵、和歌、これらを読ませると、人々の心を慰め、気をも養う内容がある。

父母に仕え、糸繰り、縫物をし、暇《いとま》ある時は、くり返しくり返し書物を見るのがよい。

仇《あだ》に見て心に深く移さずば千箱《ちばこ》の文《ふみ》も何かはせん

この歌のように、どんなに書物を見ても心に移さず、その教えを学ばないと、誠に論語読みの論語知らずとかいうものである。

図15　『娘教訓和歌百首』(安永9年)

これは前出の『堀川波鼓・中』に通ずるもので、読書は江戸時代中期以降にもなると生活の中にあり、読者は自ら糸を繰り、縫い物もするような中流以下にも広がっていて、読む本は一層啓蒙、教訓、実用的な本になっている。古典の伊勢、源氏などは淫乱《いたずら》心を起すので好色本となり、読んではならない本となる。ただし、その伊勢物語や源氏物語が、笑本に比べて何のことはないことは分り切っている。それでもなぜ好色本なのか。実際に、伊勢、源氏を読み通した者は数少ない筈であり、話に聞いてその場面が増幅されているとも解釈される。そうすると文字が読めるようになった町娘がいて、『源氏物語』を読むと淫乱心を起すことになるというのは、もっともなことになる。貞享五年（一六八八）の『日本永代蔵・二・一』には、娘の嫁入り屏風を拵えるのに、「洛中尽しを見たならまだ見たことのない所を歩きたがるであろう。源氏、伊勢物語の絵は心が淫乱になるであろうと考えて、多田の銀山の出盛りの様子を描かせた」とあるように、問題は文学世界、作品世界へのあらぬ過剰な連想があったのではないか。読書はそれほど広がっていたと見てよい。

安永九年（一七八〇）には『娘教訓和歌百首』のような本もあり、「好色の噺の本は見ぬものぞ。道ある書物よむぞおとなし」とある（図15）。女の貸本屋は座敷の真ん中で大風呂敷を広げて娘たちに貸本を勧めているが、実は貸本屋からすれば一番儲かる本が好色本であった。上欄の主旨は次である。

顕《あらわ》に好色の本というのではないけれども、女の色めいた物語の本は読ませてはならない。女の教えになる面白い本は沢山ある。身の為になる本を御覧なさるのがよろしい。その本は奥に数々記してある。

そこで奥を見ると、出版本屋「定栄堂蔵版（吉文字屋市兵衛）」として女の玩ぶべき書目があり、次が出ている。

高砂百人一首錦文庫（上つ方より下々迄の婚礼式法、其外婚礼文章など詳しく入る）
女教訓古今集（出産より子の育て様、年に従って習うべき事、教訓百ケ条、女の躾方など）
女文苑栄草（女の文散し書、其外一切女の日用に入るべき事を集る）
女今川教訓全書（女今川に準えて女の教えとなるべき事を書き集め、其外源氏歌仙等女の玩ぶべき事等）
女歌書大全（百人一首、歌仙、其外和歌の読み方、女の習うべき歌を悉く集る）
珍本童蒙訓草（童の育て様を細かに記し、其外年に随って玩ぶべき事を集る）

これらの本は古典文学ではなく、いわゆる啓蒙実用書である。古典文学は、要約からも分るように、それは抄出でしかない。これは出版本屋が企画編集したものであるが、これも逆に言えば、読者の好みに合わせたものであった。これらのことは、明和二年（一七六五）の『絵本江戸紫』にも、女性の心得るべき礼儀作法を、絵と文章で示して教訓絵本にしている。

図16は本を読む姿絵であるが、夏の夜、蚊帳の中で書灯を受け、机下に置く帙から一冊取り出し、端座して読んでいる。本を読む態度については、貝原益軒の『和俗童子訓』に、必ず手を洗い、心を慎み、姿勢を正しく

し、机の塵を払い、書物は机上に正しく置き、跪《ひざまず》いて読むもの、とある。図16はその模範絵であり、他の図で本を立膝に乗せて書見台替りにしたり、寝転んで読んだり、炬燵に入って読んだりするのは非難されるべきことになるが、本読みの楽しさはそんなことより自堕落さにあることは、昔から皆知っているのである。夏の蚊帳の中の読書に対して、冬は炬燵に入っての読書になる。図17は、享保十五年（一七三〇）西川祐信の『絵本常盤草・中』の絵で、左側の二人が一本を捲《めく》っている手付きは艶っぽいが、益軒先生には気に入らないであろう。けれど

図16　『絵本江戸紫』（明和2年）

図17　西川祐信『絵本常盤草・中』（享保15年）

も、炬燵の読書も画題の一つで、他の画工たちも数多く描いている。

五　人気作者の本の読書

江戸時代の中・後期に中型本、小型本の娯楽読物、すなわち遊里遊びを書いた洒落本、会話体小説の滑稽本、劇画の黄表紙、黄表紙を長編にした合巻、女中本・泣き本と言われる人情本など草双紙の誕生は、出版本屋が読者の直接購読を狙った新しいジャンルとして開発創出した出版物である。従来の浮世草子、読本、浄瑠璃本などが大本型や半紙本型で、多くは貸本屋を通して読者に届けられたのに対して、これらの中型本や小型本にした小冊本は貸本屋を飛ばして直接読者に売り渡し、言わば販売数を増やすことで、貸本屋に渡すよりも大きな利益を狙ったものである。本屋は、題材内容を一段と大衆向けにし、製作経費を削り、多部数を発行し、利益を上げることを目論んで新ジャンルとして開発したものであった。

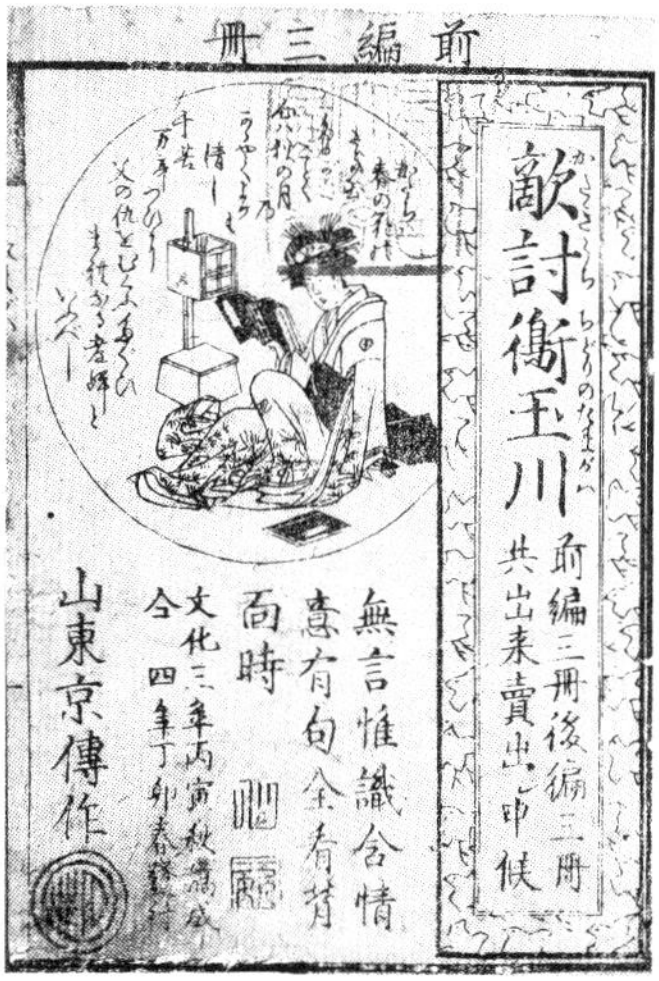

図18　山東京伝の合巻『敵討鵆玉川』（文化3年）（早稲田大学図書館蔵）

読者側から見れば、一層読み易い娯楽本を待っていたということになる。安価で親しめる本を作者が競争して出すようになると、読者は自ずから贔屓《ひいき》の作者や画工の好みの本を評判することになる。人気作者もまたその期待に応《こた》えなければならなくなる。

このような文学史を概説する本もある。図18は文化三年（一八〇六）山東京伝の合巻『敵討《かたきうち》鵆《ちどりの》玉川《たまがわ》』で、広

図19　山東京伝『冬編笠由縁月影』表紙（豊国画、文化12年）

告にもなっている。書灯に読書する娘には、「容《かたち》は春の花の咲き出たるが如く、心は秋の月の輝くよりも清し、千苦万辛、遂に父の仇を報う類、稀なる孝婦と言ふべし」の説明が付いている。これは「敵討鵆玉川」を詠む読者代表の賛美の声にもしているのであろう。

図19は文化十二年『冬編笠由縁月影《ふゆあみかさゆかりのつきかげ》』上下の表紙に載る文章である。

●此の草双紙は誰が作じやヱ。はい、それは京山が作でござり升《ます》。外題《げだい》の絵は御贔屓の豊国が描きました。半四良に田の介、よく似て居りますじやア　ござりませんか。●ほんに生き写しじやア。▲中の絵は国直が描きました。丸甚（本屋丸屋甚八）から昨日売り出しました。今年の新板でござり升。●そうかへ。ほんにお前は京山を知るでじやそうなが、そうかへ。▲至つて心易く致し升。此間も京山が申しますには、モシ大和屋の上《かみ》さん聞いておくれ、私が様な下手《へた》作者を御贔屓の御方もあらば、それこそ弁天様とも大黒様とも思ふて、蔭で拝んでゐると申しました。●京山に拝るゝはいやだのふ。ヲホヽ〳〵〳〵

図20　金竜山人(為永春水)『吾嬬春雨・四回』(天保3年)(早稲田大学図書館蔵)

ここからは、作者や画工に贔屓の読者がいて、作者は読者にたいへん阿《おもね》り、意識していることが明白である。

これは昨日売り出しの『冬編笠由縁月影』についての話であるが、文章も口語会話体で読み易く、文字も大方統一された漢字仮名で書かれており、江戸時代前・中期の多様な文字遣いに対して、方向としては明治の教科書五十音字体に近付いている。周知のことながら、草双紙が歌舞伎芝居と密接に交錯して、舞台を描き、また役者の似顔絵を挿絵に描いて、大衆読者の評判を取っているのである。それは引用文からも分るが、板坂則子氏の「戯作の読者と読書――草双紙と浮世絵――」(『曲亭馬琴の世界――戯作とその周縁――』笠間書院、二〇一〇年)に詳説がある。

図20は天保三年(一八三二)の金竜山人(為永春水)の人情本『吾嬬春雨・四回』にある絵で、次の会話がある。

図21　松亭金水『湊月』(弘化年間)

お政《まさ》とお満《みつ》がいる家に隣の下女が来て、お政に御覧に入れる物がありますと言い、お政は下女に病床のお嬢様の加減を尋ねる。

下女「ヘイ、少しお快いそうで、草双紙をお読み遊ばしておいでなさいます。そしてお満さんに馬琴の［絵本］漢楚軍談（読本）の三篇が（貸本屋より）参りましたから、お目にかけます。その代りに何卒正本《しょうほん》製《じたて》（種彦先生作／西村屋版の合巻）十篇をお借しなされて下さりまし」お満「オヤ、左様かえ。うれしいね。正本製は先刻からお菊さんにお借し申したから、是を上げます」と［傾城］二筋道（梅暮里谷娥作。寛政十年版の洒落本）を持たしてやる。

ここでの留意点は、読む本をお互いに融通し貸借し合っていること、しかも作者名や本の題名を知っていて指定していることである。贔屓または人気作者の本、あるいは読みたい本の選択がある。読本は貸本の又貸しである。合巻や洒落本は、恐らく購入の自家所持本と推測して誤らないであろう。又貸しされる貸本屋は堪ったものではない。

図21は弘化年間（一八四四～四八）版、松亭金水の人情本『湊月《みなとのつき》』に載る絵で、次の会話がある。

違棚《ちがいだな》に積んである源氏湖月抄から一冊取り出し、お鶴はこれを打ち披《ひら》き、二三枚読みたる折、松次郎は後からお鶴が肩越《かたごし》に覗き込み、

「何だ、車争い（葵の巻）の所か」

お鶴「何だか、どうか、私には碌《ろく》には分りません。これよりか矢張り、種彦の田舎源氏の方が面白うございますね」

松次郎「マア左様さ。しかしこの湖月抄で見ると、随分よく文章も解《わか》ってよい」

ここでは同種の本、『源氏物語湖月抄』（物語・注釈）と『修紫田舎源氏』（合巻）との比較であるが、それぞれの読書経験から、読み易い本、内容の理解し易い本、贔屓の作者の本、等色々の要素を基準にして読書していることが注目点になる。

江戸も後期なると、作者や作品内容が比較されて読まれる時代になっており、読書が大衆化していることが明らかになる。

以上、江戸時代の女性の本を読む姿絵を掲出しながら、書物の受容普及という側面を考えてみた。これらの図画も、もちろんのこと、読者の普及増加に繋がったであろう。

第七章　再説・浄瑠璃本の需要と供給

一　町浄瑠璃の繁昌

浄瑠璃は町人愛好者が増加して繁昌、音曲としての本文確定や正確な節付が求められるようになり、そのことで太夫直伝の稽古本や正本の製作板行を招来した。板行本すなわち整板印刷本は、大量生産ということばかりではなく、テキストクリティークを経た統一的な教科書としての役割を果たし、そのことで作者や太夫の権威を高めることになり、また刊行する浄瑠璃本屋も専門本屋としての地位を確立した。

浄瑠璃の町浄瑠璃としての隆昌は、例えば地誌類に推察することができる。延宝七年（一六七九）三月刊の大坂最古の地誌『難波雀《なにわすずめ》』には「浄瑠璃座」として「出羽　播磨　次郎兵へ　虎屋源太夫」、「説教」には「与七《よしち》郎《ろう》」、「からくり」には「竹田近江　道頓堀　長柄」、「三味」には「飛田　曾根崎　梅田」が記されている。

これが四ケ月後の同年七月刊の『難波鶴《なにわづる》』で詳しい記述になるのは、一層の隆昌と見てよいであろう。「浄璃璃座」は「出羽文弥。播磨。上野木屋七兵へ。井上市郎太夫。虎屋源太夫。次郎兵衛。宇兵衛」。説経は「与七郎。七太夫」。からくりは「竹田近江」とある。

「町浄瑠璃弁だうけ諸芸」として播磨風六人、文弥風七人、二郎兵衛《じろべえ》風二人、本出羽風二人、道化六人が記されている。これを詳しく記すと次のようになる。

△播磨風　万のふ上々とんとば三郎兵へ。すけいた町 はゝさ長兵へ。すゝや町 まとり惣兵へ。近江町 仁兵へ。内本町 うをや小左衛門。内大工町 勘兵へ。

△文弥風　伏見常盤町 たはこや三右衛門。南谷町 かせや吉兵へ。弥兵へ町 八百や三右衛門。八郎兵衛。おかた市兵へ。北谷町 権四郎。谷町 小間物や九郎三郎。

△二郎兵へ風　すけいた町 六兵へ。すけいた町 塚本又右衛門。

△本出羽風　谷町 とまや四郎兵へ。

△だうけ（道化）　きたかわや町二丁目 理兵へ。ひよろま。五しま 小兵へ。北新町三丁目 はぐの庄兵へ。はぐ ときや四郎兵へ。兵内。

右の内、例えば「播磨風、内本町 うをや小左衛門」、「文弥風、伏見常盤町、たばこや三右衛門」とあり、この外にも見える職業「かせや（綛屋）」「八百や」「小間物屋」が注意されるのであり、このことが町人芸能としての本質を象徴するものであろう。このような情況から、大坂で浄瑠璃を稽古したい町人たちは、住所近くの好きな師匠を探して習うことができたと推測できる。

元禄十年（一六九七）刊『難波丸綱目』になると、「町浄るり、町説教、町小哥」は、「諸流、時勢ふし之上手数十人、悉く記すに及ばず」とある。これは個人名を記す必要のない程多人数であることをいうものであり、それは諸芸能、雑芸の師匠数からいえば第一位、医者の三十九人、誹諧の十八人を圧倒的に上まわる数の表現である。

天明六年（一七八六）刊『素人浄瑠璃』上には、浄瑠璃は寛永（一六二四～四四）から宝永（一七〇四～一一）期に大いに整い、次第に繁昌して、今や繁き蒼生《たみくさ》、あるかぎり、これを玩《もてあそ》ばないものはないとまで記している。

寛政九年（一七九七）刊『はなけぬき』には「今は素人浄る利、蟻の涌《わく》がごとくに有りて、稽古屋殊之外忙しく、一町に三、四軒づゝありて、末へ町なりとも稽古屋のなきはなし。先づ弟子よりも師匠足らざる故、浄瑠璃四、五段覚へると、進めて稽古屋となる。都而《すべて》都の有難さ、安き師匠へはやすき弟子行、上中下共に相応の口過ぎ出来ること、浪花繁昌爰に見へたり」とある。この繁昌は大坂に限られるものではなく、江戸でも同じであったと推測される。

嘉永六年（一八五三）成稿の『守貞謾稿』には「京坂今に至り盛に行れ、此指南する者、百を以て数ふべし。近世江戸にも流布して、京坂太夫三味線ひき多く江戸に下り住居して指南し、又所々と寄《（よせ）》と云所にては銭を募りて語る」と記されている。

浄瑠璃稽古のことは、例えば正徳二年（一七一二）刊『商人軍配団《あきんどぐんばいうちわ》』四の一に「銀三百目出して、座摩の社内である稽古浄瑠璃へ毎日々々通ひ、二度目切をうけ取つて語る」のを楽しみとする人物が描かれ、浄瑠璃を口ずさんでいる様子は、他に西鶴本や八文字屋本にも散見する。

このような隆盛からして、師匠について習わず、草紙の節付を見て覚えたり、あるいは聞き語りなどするのを「売僧《まいす》浄瑠璃」（元禄十年、一六九七刊『紫竹集』）とも、「間似合《まにあい》浄瑠璃」（正徳二年、一七一二頃刊『浄瑠璃加賀羽二重《じょうるりかがはぶたえ》』）とも言われて、侮《あなど》られたりすることになる。これは、どれほど利口発明な人でも、口伝を受けずに道に叶い、功のなることはない（『紫竹集』序）というものであるが、これは裏返しすれば、それだけ浄瑠璃を自由に口ずさみ楽しむ者の多かったことを明らかにしている。そうなれば当然のこととして、稽古本の供給が必然になる。

二　稽古本のはじめ

浄瑠璃愛好者がふえ、稽古が盛んになると、稽古本が必要になる。稽古本も、仮名草子や俳諧などと同じように、その当初は書写本であり、需要は書写伝播の範囲（約十部位）で間《ま》に合っていたと推測される。

大坂の稽古本の始めは『今昔《いまむかし》操《あやつり》年代記《ねんだいき》・上』（享保十二年、一七二七）に、「其比〔貞享〕は〔太夫は〕床《ゆか》本かたく閉《とぢ》て、弟子たらんにもむさとゆるさず。勿論稽古本といふ事なく、漸《やうやう》聞書《きゝかき》にして、一行《くだり》二行づゝ覚へ、夜歩きの友となしぬ」とある。続けて、大坂にはまだ浄瑠璃本屋はなく、替り浄瑠璃が出ると伝《つて》を以って前の浄瑠璃を懇望して、京都でこれを板行したが、それは「しらみ本」（細字の多行本）というのに五段を書いて、その間々《あい〱》に一段の絵を差し込み、童子の遊びとして広め、全く稽古人の助けにはならなかった。ようやく「心斎橋三津寺辺に、書本《かきほん》を商売仕《す》ル井上弥兵衛といふ人、太夫の許しを請《うけ》、語り本の内、道行、四季、神落《かみおろし》などを乞請《こひうけ》、是を書本《かきほん》にして稽古人《けいこにん》の助《たすけ》となしぬ。其外段物を望む衆中、伝《つて》をもって弟子と成」とある。増加する浄瑠璃愛好者は、その稽古のため稽古本の入手を熱望するが、それもはじめは書本の抜本、段物集であった。これは初発期の浄瑠璃本のありようを説明するものである。これに対して太夫は「ふし口伝稽古するといへども、むさと教へず、むさと弟子を取らず」（同書）とあり、権威を保持することに努めていた。

この書き本屋隆唱のことについては、元禄五年刊『万買物調方記』に「大坂ニテ浄るり太夫本屋」として、次の十余軒が出ている。それは、上久宝寺町 作本や久兵へ。南谷町 同 八兵へ。平野町 いせや五兵へ。御堂の前嶋や弥兵へ。備後町 中村や治兵へ。北久太郎町 いづみや庄右衛門。順慶町どぶ池 近江屋二郎右衛門。三休ばし吉ミや権左衛門。真斉橋安堂寺丁 あきたや大野木市兵へ。其外御堂の前に有。高麗橋 山本九左衛門である。それにしても浄瑠璃太夫本屋の数は驚くほど多い。彼等は顧客の求めに応じ、浄瑠璃を書写製本して売っていたと推測される。

このような状況の中から、統一のあるテキストとしての浄瑠璃本が印刷刊行されるようになる。浄瑠璃本刊行の始めについては、早く『用捨箱《ようしやばこ》』下に考証がある。柳亭種彦《りゆうていたねひこ》は、大坂の楠里亭其楽《なんりていきらく》から寛永板の『八島』を贈られたが、これよりすれば寛永以前に数十種の彫本のあったことが推察され、初めての刊行は元和年中（一六一五〜二四）であろうと推測した。『八島』については『古浄瑠璃正本集』一（増訂版）に解説があるが、寛永板の存在から元和板の存在は推測できるものの、古活字版『浄瑠璃十二段』のごときは別にして、浄瑠璃本の刊行もやはり整版印刷が普及する寛永頃からになるようである。『用捨箱』をはじめ『嬉遊笑覧《きゆうしようらん》』や『守貞謾稿』等近世の考証随筆では寛永板を稀珍としているが、このことは現在の研究段階でも同じであり、前掲『古浄瑠璃正本集』等に代表される諸本研究でも、寛永板を始源として、次のような報告がある。

寛永二年（一六五二）正月『たかたち』五段本は、寺町妙満寺之前 勝兵衛開板。同十年五月『とうだいき』六段本は刊行者無記名本である。同十一年四月『はなや』六段本は草紙屋太郎右衛門開板。同十四年四月『ともなが』は草紙屋九兵衛開板。同十六年正月『やしま』四段本は浄瑠璃本屋喜右衛門開板。寛永中頃『小袖そか』六段本は草紙屋長兵衛開板である。

『はなや』以下の浄瑠璃本は、主として太夫の正本が、中本《ちゆうぼん》で、草紙屋や浄瑠璃本屋から刊行されていることが注意される。即ち、出版本屋の商品で、正本としての本文が確定され、読本にはなっているものの、浄瑠璃の稽古本ではない。このことは前述『今昔操年代記・上』に言うように、五段に各段の絵を入れて童子の翫びにして広めたものであり、『南水漫遊・拾遺』には「絵入細字の読み本計りにて、稽古本といふは曾てなし」とある。これらには稽古に資するような節付はほとんどなく、小説風に書かれた絵入り狂言本（歌舞伎の筋を詳しく纏めた刊本。貞享・元文期に読物として出版された）と大きな相違はないとされている（鳥越文蔵氏『元禄歌舞伎攷』八木書店、一九九一年）。

浄瑠璃稽古本の始めについては、『今昔操年代記』上に宇治加賀掾とし、日々に繁昌し、弥々この流を語り出し、「剰へ《あまつさ》稽古本八行《くだり》を、四条小橋つぼやといへるに板行させ、浄るり本に謡のごとくフシ章《しやう》をさしはじめしは此太夫ぞかし」とある。このことは『竹豊故事』上にも「新作の浄瑠璃を作らせ、稽古本大字八行の正本を始て板行させ、謡本のごとく節章をさし初しは、此加賀掾根元なり」とある。『摂陽奇観・二十』には「貞享二乙丑年に七ツ伊呂波の浄るり五段を大字八行に板行させ宇治加賀掾節章を指し、直の正本と号して出さる。これ稽古本の最初也」とある。

加賀掾の稽古本「四条つぼや」板行の八行本は現在不明であるが、延宝九年（一六八一）六月刊加賀掾の段物集『大竹集』は四条中嶋橋本町つぼ屋吉左衛門板で、十三外題に段物の外題二十の目録が出ている。延宝七年五月の加賀掾八行本『牛若千人切《うしわかせんにんぎり》』は二条通寺町西へ入丁山本九兵衛の刊行である。現在知られている八行正本中ではもっとも古いものとして有名であり、作者を近松門左衛門とする説もある。

『牛若千人切』には、稽古本として節付がありそれは、序・ヲロシ・地・色・ハル・ウ・フシ・詞・三重・ヲクリ・スヘテ・中・上・ウレイ・ノル・ギン・歌・ハツミ・三人ツレ・引・ユルメ・イセヲトリ歌・コハリの外、これらの節を組み合わせる等した、約五十種ほどの節付がある。それ程に念入りで正確な節付本が出版されたということは、愛好者の要に応えたものである。『牛若千人切』には、同七年六月太夫之正本屋刊の絵入細字本も知られているから、稽古本も読本も両方が出ていたことになる。

宇治加賀掾は浄瑠璃稽古本を刊行したことで有名であるが、一方では延宝六年八月『竹子集』を初めとする段物集も刊行している。その序と跋文は『未刊浄瑠璃芸論集』（演劇研究会編刊、一九五八年）等に収録されているが、それは芸論や音曲節付について記す所が多く、稽古の大事を説くものである。これら段物集は、太夫自らが節章の解説をするように、重要でおもしろい節章をつけた本文を抜粋して稽古に役立てる本で、後出するように多くの本屋が刊行している。

以上、概観してきたように、いわゆる浄瑠璃本といわれるものには、太夫の語り口を写した初期の写本、絵入りの読本、あるいは読物にした中字本、正本の景事・道行を抄出した抜本、またこれら複数の本を集めた段物集等がある。これらを本屋が商品として、浄瑠璃愛好者の需要をみたすべく、色々に供給してきているのである。

三　正本の性格

正本とは、普通には浄瑠璃全段を収録した完本をいい、抄本の段物集等に対する。狭義には、浄瑠璃太夫が使用する原本と文句・節付が寸分違わず、正確な本をいう。このことは近松浄瑠璃本の奥書を調査した『近松浄瑠璃本奥書集成』（大阪府文芸懇話会）、『近松浄瑠璃本奥書集覧』（『正本近松全集』別巻、勉誠社、一九八〇年）、「西沢浄瑠璃本奥書集成」（拙著『近世上方浄瑠璃本出版の研究』東京堂出版、一九九九年所収）、「板元研究」（神津武男氏『浄瑠璃本史研究』、八木書店、二〇〇九年所収）で明らかになってきた。なお奥書というのは、毫釐の違いのないことを記したものであることをいう（『童女重宝記』に暦の末に「立表測景定節気者（表を立て景を測り節気を定る者）」とあるのは八尺の表という木を立てその景を測って暦算を以って合せ節気を定める故）。

『近松浄瑠璃本奥書集成』では、前半（一―三十九）には、太夫が秘密の音節や墨譜に及ぶまで少しも違わず写させ、加えて作者近松が重ねて自分の著述の本を以って校合し、正本として認証したという奥書。後半（四十―六十八）には、本屋例えば山本九兵衛が新しく七行大字の板を彫って正本とする認証を求めたのに、太夫や近松が連署したとか、本屋が太夫直《じき》の正本をもって板行した等の奥書。これらのことから正本の実態を次の三点にまとめることができる。

①太夫の語り本が転写されるなどして、音節墨譜まで逐一吟味されていて正確である。
②近松著述の原本が直接板行されたものではないが、近松が原本と校合している。
③早期には、太夫が許可して開板させる形式であるが、後には本屋自身が校合し、秘密を加え、開板する。

要するに浄瑠璃本とは、小説等散文と違って、人形を上演するための台本であり、それは歌詞としての本文に、音曲としての節付を施したものであり、これらの要件を正確に備えた画一的なテキストとして整版に付されて発行され、浄瑠璃愛好者に供給されたものということになる（図1）。

浄瑠璃正本の確立と完成には近松門左衛門が大きな役割を果たしている。元文三年（一七三八）正月刊『難波土産』の「発端」には、近松は自ら「昔の浄るりは今の祭文同前にて、花も実もなきもの成りしを、某《それがし》出て加賀掾より筑後掾へ移りて作文せしより、文句に心を用る事昔に変りて一等高く」なったと書いている。『翁草《おきなぐさ》』五には、近松は草紙（散文小説）を書くこと難く、其碩は浄瑠璃を作ることができず、浄瑠璃を書いても趣向はおもしろいが人形は働かないと書いている。言う所は、近松は音曲の詞文を書いて秀れ、其碩は読物の草紙を書いて秀れているというのである。

近松が浄瑠璃作者の地位を確立していく経過も、わずかずつ跡づけることができる。『今昔操年代記・上』には、貞享二年（一六八五）竹本義太夫は竹本座を創立し、近松に縁を求めて『出世影清』を拵《こしら》え、これで月を重ね、その後『源氏移徙祝《わたましのよろこび》』（現在は近松作認定外）も評判よく、町中が口真似する所に、同三年には「佐々木大鑑幷に藤戸の先陣、松よひしぐれ相の山の道行、おもひ川ほさぬ袂の語り出し、珍敷趣向とはしぐ〳〵角《すみ》〴〵、此道行稽古せぬといふ者なく、是より義太夫節ともてはやしぬ。その上に近松門左衛門続いて新作をこしらへ、追《おい》〳〵おもしろき趣向に、かはり文句働き」とあり、これも義太夫の語りとともにもてはやされたとある。

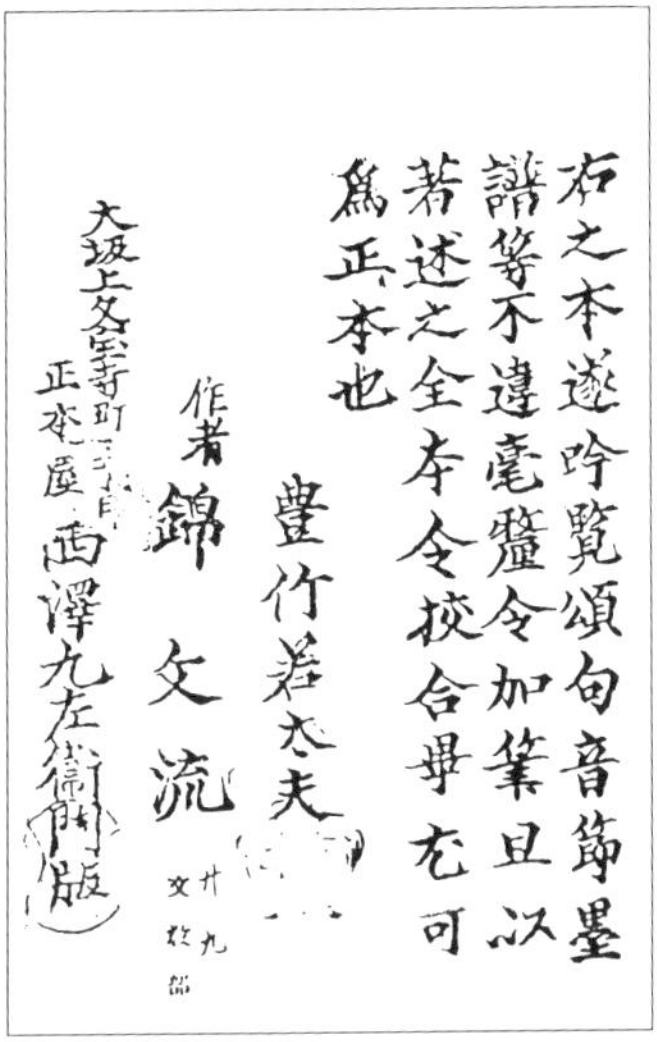

図1　西沢九左衛門版『心中恋の中道』の奥書

近松の浄瑠璃作者としての地位は元禄十六年（一七〇三）の『曾根崎心中』で確立する。このことは『浄瑠璃《じょうるり》連理丸《れんりまる》』に「竹本仕出しの世話浄るり、節付文句操り上々吉、近年の大当たり、作者近松門左衛門」とあり、『一話一言』四五には「徂徠先生、近松が曾根崎心中をよみて（中略）近松が妙処この中にあり、外を問ふに及ばず」と感嘆したと伝えている。これは『曾根崎心中』劇を見たり、浄瑠璃を語ったり、聞いたりしてのことではなく、作品を読んだ上での発言であり、このことは『嫗山姥《こもちやまうば》』など、その後の作品にもおよんでいる。

竹本座『曾根崎心中』の大当たりは、豊竹座の興隆も将来することになり、元禄十六年『心中《しんじゅう》泪《なみだ》の玉《たま》の井《い》』『金屋金五郎浮名額《かなやきんごろううきなのがく》』についても道行が評判になり、後者の「茶屋名よせの道行」は「それ崎道行同前に、此稽古本、京大坂の浄るり本屋、門を並べて板行してひろむ」(『今昔操年代記・上』)とある。

近松の浄瑠璃本は、稽古に使われるばかりでなく、読本にもなったことは『今昔操年代記・下』に、「近松門左衛門は作者の氏神也。年来作出せる浄るり百余番、其内当り当たらぬありといへども、素読《そよみ》するに何れかあしきはなし。今作者と云るゝ人、皆近松のいき方を手本とし、書綴る者也。此道を学ぶ輩、近松の像を絵書《えがき》、昼夜これを拝すべし。又あるまじき達人、敬ひ恐るべし〱」とある。このことは享和元年(一八〇一)秋成立『作者式法戯財録《けざいろく》』にも「近松の浄るり本を百冊よむ時は、習はずして三教(仏教・神道・儒教)の道に悟りを開き、上一人より下万民に至るまで、人情を貫き、乾坤の間にあらゆる事、森羅万象弁へざる事なし。真に人中の竜ともいふべきものか」とある。ここで注目したいのは、近松の文章について「素読するに」「よむ時は」とあって、読物として高く評価されているのであり、人情を書き、宇宙一切のことを心得ているというのである。

段物集も浄瑠璃本とともに購買者は多く、本屋から板行されて流布している。井上播磨掾の段物集『忍四季揃』(延宝二年、一六七四)は京都西沢太兵衛板、宇治加賀掾の『竹子集』(同六年)は山本九兵衛板、同『大竹集』(同九年)はつぼや吉左衛門板、同『小竹集』(貞享二年、一六八五)は大坂森田庄太郎板、同『新小竹集』(同三年)は大坂清兵衛板、竹本義太夫の『日待調法記』(元禄〈一六八八〜〇四〉初年頃)は大坂西沢藤九郎板等々がある。これらの本屋も京都や大坂の有名娯楽出版屋である。

四　浄瑠璃本屋

元禄頃から専門の諸職業は、お互いに関連する他の職業と連帯提携する時代になる。竹本座では近松門左衛門を専属作者として抱え、その竹本座上演の作品は大坂の正本屋山本九兵衛から刊行されている。豊竹座では紀海音を専属作者に抱え、豊竹座上演の作品は正本屋西沢九左衛門から刊行されている。つまり、お互いの職業にはそれぞれ専属契約が成立しているのである。このことは、浄瑠璃本も含めて、競争力、商品力があることを明かにしている。そうすればこれら販売力のある浄瑠璃本は海賊版にもされて、他の本屋からも流布することになる。浄瑠璃本の板行、海賊板（重板）の横行については、『貞享四年義太夫段物集』跋文に山本九兵衛が長々と書いている。

――やつがれ（僕）愚父が家業を継いで、浄るり正本のはやし、板行の森、其枝葉難波津に茂りて、六十余州に知《しる》人得たるもまた楽しからずや。されば、古今高徳の大夫が手に残らずちなみて、新板をひろむる事数年にあり。身を立て名を起すは一芸の徳なり。書は万代の鏡なり。一字の違《たが》ひ百万の誤り、其罪《つみ》の重きを恐れ、たびごとに直《じき》の訟本《しやうほん》を写し、口伝を直に聞て、千《ち》たび校合し、百《もゝ》たび琢磨し、墨紙《ぼくし》を選ぶも道を思ふが故なり。

しかるに、此頃類板《るいはん》の塵芥巷《ぢんかいちまた》に満ち、或は、山本といふを山木とかすめ、或は板本を略し、価《あたひ》の軽《かろ》きを以て危《あやぶ》めんとす。其書たるを見れば、愆文錯簡節訟《ゑんぶんさくかんふししやう》の誤り、数ふるにたらず。あゝ一字は千金なり。書の誤りを以て、大夫の誤り芸のそしりとならん事を恨みて、愚《ぐ》が板行の正本には大夫在判《ざいはん》を記しとなし侍《はんべ》る。

とあり、自今以後紛らわしい浄瑠璃本を改めて、正しい浄瑠璃本を用いれば、浄瑠璃の稽古上達は明白と言っている。さらに正徳元年（一七一一）の『鸚鵡《おうむ》ヶ杣《がそま》』の筑後掾（義太夫受領名）の序文には、

――今此もてあそび（浄瑠璃）隆盛《さかりさかん》にして、雲の上には大宮人の桜かざし給ふ頃、諸侯は御在国の御つれ〴〵浄瑠璃を写さしめ給ひて、僕が墨譜《ぼくふ》の仰を被《かうぶ》るも多かり。板行の書なりては冨家《ふか》の深閨《じんけい》にももてあそばされ、遠国波涛《はとう》の椎（樵）歌（しやうか）にもまじりて、道のひろく布《しき》わたれる事のあら楽《たのし》いかな。されども重板《ぢうはん》・類板《るいはん》まち〴〵にて、或は七行《ななくだり》に書《かき》かへ、予にことわりもなく、奥書《おくがき》・名乗《なのり》を似せて、直《ぢき》本・正本と偽り、世を欺《あざむ》き、しかも文字をあらけ、紙数をかさねて価《あたい》を卑《ひきう》し、芸の道を軽蔑《ないがしろ》にし、直伝《ぢきでん》をうち消さんとする意路《いぢ》のわるき類《たぐひ》、伝々写々《でんでんしやしや》として節頌《ふししやう》墨譜《はかせ》にいたり、毫末《がうまつ》のあやまり大なる相違となる事、我猶これを病《やめ》り。たとへば唐人参《とうにんじん》の見ばよきよりも、朝鮮の髭《ひげ》人参の功能《くのう》はるかに、勝るがごとし。それが故に早くよりせしがごとく、予が名の下に青赤《しやうしやく》の二印《ゐん》を加《くはへ》て、直伝《ぢきでん》と顕《あらは》すは、山本九右衛門一家に限《かぎ》りて外にはなしといふ事を、爰《こゝ》に記して是を序とする

まとめると、筑後掾は浄瑠璃の隆盛を喜び、次のように言っているのである。諸大名は在国中のつれづれを慰むために浄瑠璃本を写させている。板行書ができてからは富家の女性の寝室、辺土の樵《きこり》の歌にも混じって広く歌われて楽しいことである。しかし重版・類版が色々に行われ、或いは断りもなく奥書や名乗りを似せて偽り、安価で売る。こんな流行を強く咎め、今後は浄瑠璃本の自分の名前の下に青と赤の二印を加え直伝とする。

このような状況のなかで、山本九兵衛は正徳二年三月『けいせい掛物揃』、同三年閏五月『𡢽静胎内捃《ふたりしずかたいないさぐり》』を始

めとして、以後七行本の初板本を継続的に次々に刊行するようになっている。その『けいせい掛物揃』の奥書は次のようである。

七行《なゝくだり》大字直之正本とあざむく類板《るいはん》世に／有といへ共又うつしなる故《ゆへ》節章《ふししやう》の長短《ちやうたん》墨譜《はかせ》の甲乙《かんおつ》上下あやまり甚《はなはだ》すくなからす三写烏焉《さんしやうゑん》／馬《ば》なれは文字にも又違失《いしつ》多《おほ》かるべし全《まつた》く予が／直之正本にあらす故《かるかゆえ》に今此本は山本九左衛門治重／新《あらた》に七行大字の板を彫《ほり》て直《ぢき》の山本のしるし／を糺《たゞ》せよとの求にしたがひ予が印判を加ふる所左のごとし

竹本筑後掾［教博］（印）
正本屋山本九兵衛
山本九右衛門［治重］（印）
大坂高麗橋壱丁目

重板とは現在の海賊板のこと、類板とは類似板のことで、どちらもいわゆる偽板である。重版・類版は浄瑠璃本に限られるものではなく、広く板行本一般に見られることで、出版商売を乱すものとして大坂では書籍商有志が重板・類板の禁止申し出をしていて、元禄十一年十一月に聞き届けられ、さらに大坂本屋仲間が享保八年十一月に認可され、本商売について対外規制と内部団結をはかる事になった。

浄瑠璃本屋山本九兵衛には、山本を山木と欺いた偽板本屋の山木九兵衛が出現している。このことについて前出神津氏『浄瑠璃本史研究』には「義太夫節大字本の偽板一覧」が作成されていて、山木板は元禄五年（一六三二）から享保三年（一七一六～一三）迄、八行本は四本、七行本は六本で、都合十本の調査結果がある。ついでに紹介すれば、山木の外に、八行本の偽板者には正本屋善四郎、瀬戸物伝兵衛、本屋仁兵衛、正本屋兵兵衛、山本六兵衛、正本屋七兵衛、八文字屋八左衛門、象牙屋三郎兵衛、谷村清兵衛、鶴屋喜右衛門、正本屋善四郎、鱗形屋孫兵衛と八文字屋八左衛門の相板が出る。七行本の偽板者には正本屋仁兵衛、菱屋治兵衛、正本屋喜右衛門、谷村清兵衛、作本屋八兵衛、菊屋七郎兵衛が出る。ここでは義太夫節に限ったことであるが、僞本の本屋数は多い。

それでは山木とは誰か。相当な出版数があるので、同時代には恐らく誰か分っていただろう。近時色々に取沙汰されながらも明らかにならないが、京都の本屋を推定する向きもある。

七行浄瑠璃本の刊行については、従来、竹本座上演本の出版権を所有する山本が偽版を防止するために採用した新版式と説明されてきたが、前出神津氏『浄瑠璃本史研究』には、山本九兵衛・九右衛門は、偽版の七行本の形式を自分の出版に使って刊行するようになったという新しい考証がある。このことは前掲資料の記述をそのまま素直に解釈すればよかったようである。即ち、偽作で評判になった七行本の版式を自分の版式にし、その奥書にはこれが正真正銘の正本であると奥書して、太夫と本屋が認印（在判）を据えて売り出したのである。

これにならって西沢九左衛門も豊竹座上演本の版式を七行本とした。それは正徳四年（一七一四）五月以前『小野小町都年玉』、同七月『曾我姿富士』からである。

大橋正叔氏は『諸事取締帳（寛政六〈一七九四〉甲寅年九月）』から、大坂の竹本座・豊竹座の両座の初演に合わせて大字七行正本が板行されて後、京都には新浄瑠璃を仮名書中字十行に写し取って板行する「中字株（菊屋七郎兵衛・菱屋治兵衛・菱屋孫兵衛・海老屋伊三郎・鶴屋喜右衛門）」が存在した（『ビブリア』93「浄瑠璃本の出版――中字十行本の場合――」）ことを報告され、神津武男氏は『大坂本屋仲間記録・出勤帳』（明和五年〈一七六八〉十二月十六日）から、「七行は勿論大坂板。中字は京板。絵づくしは大坂板に相定。京行事へ双方より一札取有之候」との報告がある

（前掲書）。これらは板権をめぐる紛争の記録であり、裏返せば浄瑠璃本はよく売れたことの証明になる。

話を元に戻して、浄瑠璃愛好者の増加は浄瑠璃専門本屋を出現させた。前述の重板・類板の板行者の数からも明らかであるが、以下の資料もある。貞享三年（一六八九）刊『雍州府史・七』には「浄瑠璃本、二条鶴屋弁九兵衛店、浄瑠本あらざるはなし」とある。

元禄五年刊『買物調方記』には京・大坂・江戸の三都の浄瑠璃本屋を列挙している。「京ニテ浄るり草紙や」は、二条通寺町西へ入 山本九左衛門。同町南側 鱗屋喜右衛門。麩屋町六下ル 八文字や八左衛門の三軒。

「江戸ニテ浄るり草紙屋」は、大伝馬町三丁目 山本九左衛門。同所 菱屋三左衛門。長谷川長横町 松会三四郎。通油町 鱗屋喜右衛門。同所 山形や市郎右衛門の五軒。

「大坂ニテ浄瑠璃太夫本屋」は、上久宝寺町 作本屋久兵衛、南谷町 同八兵衛。平野町 伊勢屋五兵衛。御堂の前嶋や弥兵衛。備後町 中村屋治兵衛。北久太郎町 いづみや庄右衛門。順恵町どぶ池 近江屋二郎右衛門。三休橋吉ミ屋権左衛門。真斎橋安堂寺丁 大野木《あきたや》市兵衛。其外御堂の前ニ有。高麗橋 山本九左衛門。

その後の地誌類を見ると、三都ともに、浄瑠璃本屋は増加を見せ、地域も市中から方々周辺部に広がっている。

浄瑠璃本の普及には貸本屋の役割が大きかった。明和四年（一七七六）頃から明治三十二年（一八九九）迄、一三〇年以上も続いた名古屋の貸本屋大野屋惣八の場合、廃業時の売り立て目録に載る総蔵書数二万一四〇一部の内、浄瑠璃本は一二五八部、約六％を占めていた。読者には十日間を三分から六分で貸していた。

また、城ノ崎温泉で入湯客相手に享和二年（一八〇二）頃から明治迄営業していた貸本屋中屋甚左衛門の場合、浄瑠璃本は廃業時には一八一部（営業時には三〇〇部）あり、これは全蔵書数の五二％にあたる。こちらの見料は七日間で二分五厘から三分五厘くらいである。

文政二年（一八一九）『義太夫執心録』では『恋娘昔八丈』の「ソリヤ聞へませぬ」が、江戸はもちろん近国の浦々までも流行して、抜本の出来上らないうちに、中山佐七という貸本屋が床本を借りてその夜の内に写し、これをすぐに抜本にして、紙数十五枚で一匁ずつに売り出し、銭儲けしたという（以上、拙著『近世貸本屋の研究』東京堂出版、一九八二年）。

現在伝来する浄瑠璃本を見ても、多くの本に貸本屋の蔵書印を確認することができ、貸本として慰みに読まれていたことが分る。

五　五行、六行本

時代が下って、文政二年（一八一九）刊の大坂の『商人買物独案内』（以後、文政三・七、天保二・三、弘化二、慶応三年版がある）には、「五行床本　心斎橋より南へ五丁目／書物類幷ニ草紙物卸佐々井／大字六行　大津屋治郎右衛門」とある。この大津屋のような卸には、「五行床本／大字六行（抜本）」を標榜して、「江戸積雑書問屋玉水／天満屋源次郎」、「草紙本類卸／天満屋安兵衛」、「萬草紙本類おろし／正本屋清七」、「萬艸紙本類おろし／綿屋木兵衛」、「草紙本類卸／天満屋木兵衛」がいる。これは「唐本和本古本売買書物江戸積問屋」（十八軒）「唐本和本古本売買書物売買所」（一軒）「唐本和本書物売買所」（十七軒）「萬雑書類古本売買書売買物仕入幷ニ草紙本卸」（一軒）「唐本和本書物仕入所」（二軒）中の六軒である。このような五行、六行の大字床本を営業品目とする専門本屋が出現したのが後期浄瑠璃本製作の特色となる。

彼らは自らの出版物を浄瑠璃愛好者や地方本屋に売り捌くため、共同でか或いは単独でか、蔵板の五行、六行の「浄瑠璃本外題目録」、即ち販売目録を刊行していた。

寛政七年（一七九五）三月開板、文化三年（一八〇六）正月再板本『五行六行浄瑠璃外題目録』の本屋は大津屋治郎右衛門、本屋清七、綿屋喜兵衛、塩屋林兵衛、天満屋安兵衛、勝尾屋六兵衛、天満屋源次郎らである。その構成は次のようになっている。

天満屋蔵板の「五行床本目録」では、竹本部は正本外題五十二、抜本外題二〇九。豊竹部は正本外題四十五、抜本外題九十二が載る。「同道行事節事」では竹本部は正本外題十六、抜本外題三十六、「おどけ浄瑠璃」は三外題が載る。

大津屋蔵板分で豊竹座は、正本外題三十、抜本外題四十六、「おどけ浄瑠璃」六外題が載る。

綿屋蔵板分で豊竹座は、正本外題六、抜本外題七が載る。

本屋清七蔵板分で竹本座部は、正本外題二、抜本外題三であり、豊竹座部は正本外題四、抜本外題四が載る。

以上、五行床本目録の総計は、正本外題二〇五、抜本外題四七二である。

「浄瑠璃六行惣目録」は蔵板者別ではなく一括で、正本外題一一八、抜本外題三三一が載る。

但し、「書籍目録」の常として、寛政七年（一七九五）初板本にも文化三年本にもそれぞれ後印本があり、掲載外題数に異同がある。

嘉永三年（一八五〇）七月再板『通本抜本浄瑠璃外題目録』の刊行者は、近江屋善兵衛、本屋清七、綿屋喜兵衛、佐々井治郎右ヱ門、加嶋屋清助らである。このうち佐々井を欠く板、そこへ竹中清助を入木する板、また無刊記板等があり、板によってこれにも掲載外題に異同がある。巻末には、

当時、段々新浄るり抜本出板致候ニ付、筆耕文字あらく、読安く仕、彫刻摺紙等格別念入、追々再版致候ニ

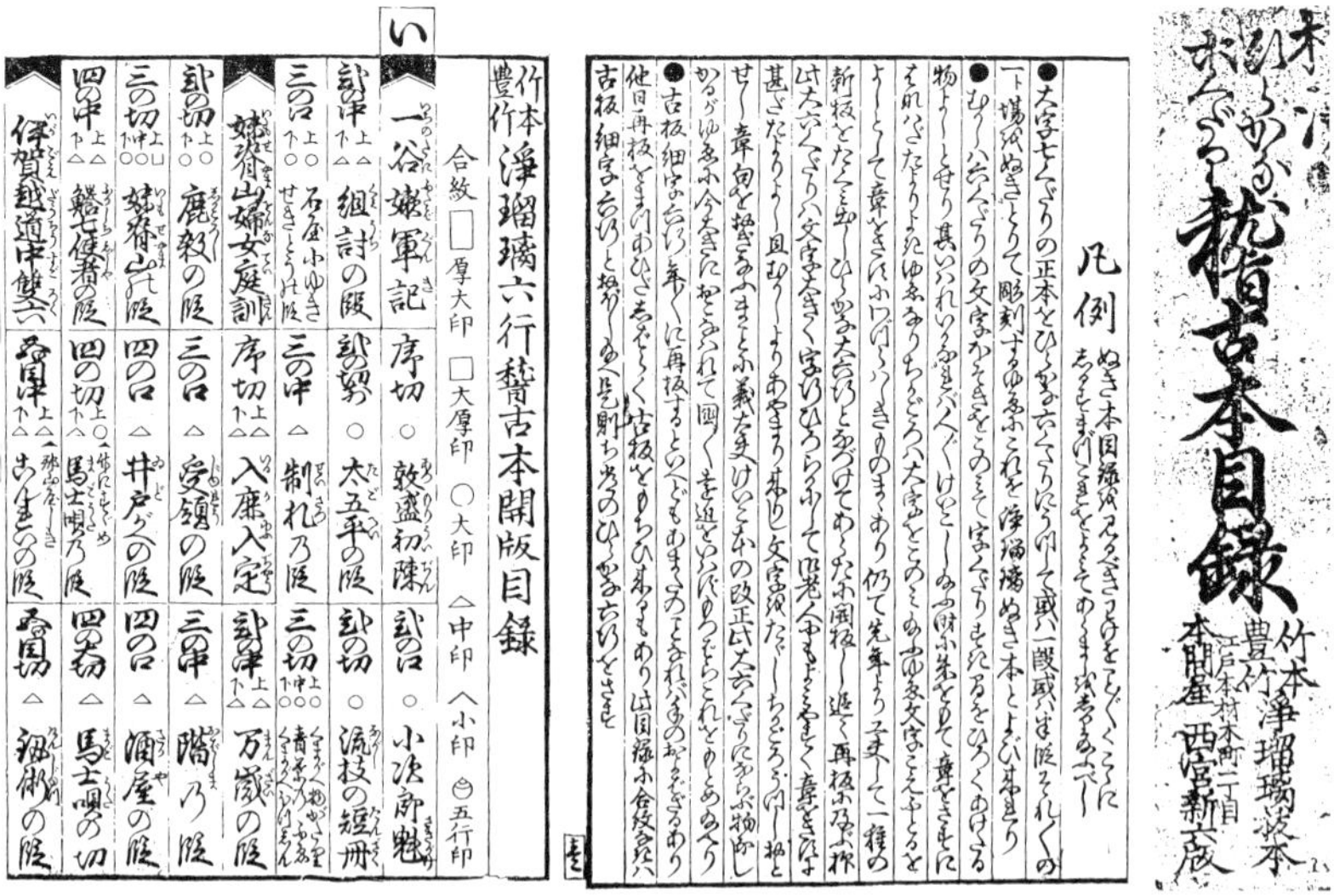

図2 『竹本豊竹浄瑠璃六行稽古本開版目録』

題簽

付、此度外題目録相改、新板仕候間、御覧之上不相
変御用向之程、偏ニ希上候 以上

とある。構成内容を見ると、「七行通シ本目録」では、竹本の部二〇一、豊竹の部二十五外題が載る。「五行床本目録」では、竹本の部で正本外題一一〇について抜本外題二八五が載る。豊竹の部で正本外題九十七について抜本外題二二六が載る。「四行床本目録」では、竹本の部で正本外題十三、抜本外題十六が載る。豊竹の部で正本外題十三、抜本外題十八が載る。「五行道行景事節事」では、竹本の部で正本外題三十九、抜本外題四十一が載る。豊竹の部では正本と抜本外題が四十一載る。「おどけ浄瑠璃座」としては、正本外題三十一、抜本外題三十三が載る。以上、外題総数は八八六である。

このほかに一枚摺物の浄瑠璃目録があり、例えば鹿嶋屋清助板 天保四年（一八三三）『浄瑠璃五行抜本目録』は、大字正本、五行本、六行本を載せる広告である。

江戸では文化十三年（一八一六）卯月、本問屋西宮板

『ひらがな六くだり稽古本目録／竹本豊竹浄瑠璃抜本／本問屋江戸本材木町一丁目西宮新六版』（内題『竹本豊竹浄瑠璃六行稽古本開版目録』）があり、正本外題一五九をいろは順に、抜本外題四七〇、道行・景事の薄物六十八を載せている（図2）。

凡例には、抜本のことを次のように記している。

○大字七行の正本をひらがな六行に写して、一段或は半段の一場を抜きとって彫刻するゆゑに、浄瑠璃抜本と呼び習わしてきている。

○昔は六行の文字の細いのを好み字行《じくだり》・隙間《すきま》を広く開けたものをよしとした。その訳は人々が稽古する時に朱で章をさすのに至便なためである。近頃は大字を好まれるので文字が肥大して章をさすのが煩わしくなったものもあるので、先年から新板を工夫して平仮名大字と名づけて開板、追々再板する。これは文字を大きく字行を広くして老人にも読み易く、章をさすにも甚だよい。その上昔から誤ってきた文字を正し、近頃写した章句を補ったので、義太夫稽古本の改正はこれに並ぶものはない。そのため、今大いに行われて、国々遠近でもっぱらこの本が求められている。

注意されることは、ここでも浄瑠璃愛好者のために、娯楽稽古本ながら正確で、大字で読み易く、扱い易い本が製作されていることである。

巻末には各種出板本の広告が載る。

○内外百番謡曲《うたひ》けいこ俗に、奴本ともつち本とも申候で。○あづま錦絵。○御男子様方必読の書古状揃用文章庭訓往来の類、四書五経の類迄大本小本品々。○御女子

様方必読の書百人一首川の類。女用文章女今。哥かるた折手本 ○絵草紙戯作本品々黄表紙一代。記黒本合巻 ○絵入読本類大・中・。小本品々 ○柱隠し・色紙・短冊。○武者絵浮世絵御伽絵本類。○字引節用集の類平生調法。の書物類。○諸宗御経類品々。

浄瑠璃本など音曲類については次のようにある。

○義太夫浄瑠璃大字七行正本俗に云丸本
○五行大坂開板けいこ本しな〳〵
○豊後ぶし。○長屋。○めやすけいこ本品々。
○……別して浄瑠璃抜本の儀は私先祖より数代相続の品に御座候間昔は茅場町薬師堂前に住居致し抜本売弘申候怠らず相はげみ 念を入れ奉差上候、何卒不相替御取用ひ被下置度此段わけて奉上候 恐惶謹白
文化十三年丙子卯月中浣
義太夫稽古本目録製造

と浄瑠璃本の販売普及に懸命である。

天保七年（一八三六）三月発兌・同十三年正月再摸・弘化二年（一八四五）四月上梓、外題『五行浄瑠璃抜本目録』は見返題『竹本豊竹浄瑠璃五行抜本目録章句改正新刻改正』で、江戸の三河屋喜兵衛板である。三河屋は次のように広告している。

（前略）義太夫浄瑠璃五行床本之儀者、御府内私方一軒之仕来ニ御座候、且有来候六行小字中字之抜本は仮名文字多く読にわづらはしく、又は字違ひ落字等有之候、私方出板仕候五行床本は誤字落字を悉く改正し、字とかなと用ひ所の差別をたゞし、紙摺仕立迄入念奉差上候、尤追々出板之分は、此目録江増補仕候間、何卒

不相変御用向奉希上候　以上　板元謹曰

即ち、出板の床本はすべて改正し、紙摺り仕立てに及ぶまで、入念にしたという。弘化板は正本外題九十四をいろは順にして、その抜本外題二二六を載せている。

さらに外題『新板五行書本形目録』は見返題『豊竹竹本章句訂正誤字改糺新刻製本五行書本形目録』で、前掲書の刊記弘化二年四月上梓の次に安政四年（一八五七）四月再刻を付け加えた冨士屋儀兵板である。冨士屋は三河屋の跡式という。見返の口上には次のようにある。

当時太文字床本新刻仕候所、殊之外御評判宜敷、毎度御用向被仰付難有仕合奉存候、尚又都而上摺ニ而紙等迄格別念入、追々出板仕候間、不相替御用向之程、偏ニ〳〵奉希上候　以上　板元敬白

前掲書と同じ主旨の広告であるが、正本外題四十二について抜本外題四十九が載る。

以上、五行・六行床本を中心に、大坂と江戸の浄瑠璃本刊行の盛況を概観してきたが、天保年間、丸本株所有者書物問屋行事と板本板行者との間で争われた訴訟記録集『義太夫本公訴一件』（日本庶民文化資料集成七『人形浄瑠璃』三一書房、一九七六年）も、概説してきたように、抜本がよい商品であり、その版権をめぐって争われた資料である。今も音楽の著作権は厳しいと聞かされる。

一方、抜本刊行の盛況を購読者の側から説明する資料として、『音曲初日山』（宝暦年間刊）には二十二外題の景事を集めて、その目録には「道行景事の品々を撰集《えりあつめ》稽古備《そなへ》の励《はげみ》となすのみ」とあり、『義太夫執心録』（文政二年、

一八一九年写）には抜本の多く売れることは、「流行と云ながら今に替る事なし」という表現もある。続けて抜本屋、五行本屋、新六行の始め等について記している。

六　浄瑠璃本の見料

浄瑠璃本が稽古本や読本として受用されるには、浄瑠璃本屋のほか貸本屋の役割が極めて大きかった。浄瑠璃本が市中に出回っていたことは、古くから「誹書 京中にみち〳〵て、浄瑠利本にことならず」（『五条の百句』寛文三年、一六六三）とあり、また「おほひもの 浄瑠璃本のなかりけり」（『たみの笠』元禄十二年、一六九九）と記されている。

その浄瑠璃本はいくらしたのか。大東急記念文庫蔵本『本朝班女箑《ほんちょうはんじょのおうぎ》』（寛保元年初秋、一七四一）七行本には天明七年（一七八七）十一月買い入れの代金を二十四文と記しているが、これは新本価格ではなく古本価格であろう。

貸本屋の見料は比較的目につくが、享和（一八〇一）頃から文化・文政（〜一八三〇）期を経て明治まで営業した城ノ崎温泉の貸本屋中屋甚左衛門の場合、全蔵書の半分以上もあった浄瑠璃本の見料は、二分五厘から三分五厘くらい、見料の高い『万戸将軍唐日記』は五分もしている（前出、拙著）。貸本の見料は、三回転か四回転すると仕入書籍の原価が回収できる例が多いから、浄瑠璃本の値段は一匁から二匁ぐらいであろう。貸本の見料は芝居が来たり、祭礼があると二倍近くになることもある。

浄瑠璃本について、『草茅危言《そうぼうきげん》・九』（寛政元年、一七八九）では「最初よりはもはや数百本に可及」といい、「此印本程の災は又有間敷也。他書に違ひ一本出る毎に、必ず天下に遍くする事故、是に費す紙墨工料等も夥しき事成可。今是等の弊を救はんには新作を停止し、旧作にても男女相対死の入たる分は停止有。其外にて是迄有来たる内を、替る〳〵用ひさせて、是足ぬ可」とある。これは浄瑠璃本の広汎流布の弊害を告発するものである。

一方では、浄瑠璃が「当世の人気を察して作文」し（『浄瑠璃道之枝折』『雲錦随筆』）、「公の大法ではなく」世間の大法を述べて益あるものであった（『愚雑俎』）ことをいうが、近世庶民に浄瑠璃が好まれた要因は間違いなくここにあろう。世間の義理を分りやすく纏めて仕組んでいるのが浄瑠璃本である。芝居や浄瑠璃から人間の生き方や男女関係を知ったという年寄の話は、筆者も聞いた。

第八章　食事作法

一　食礼

重宝記は近世文学読解の基本資料です、と教えて下さったのは大阪市立大学名誉教授故森修先生（昭和六十二年逝去）である。昭和三十五年に佐賀大学から大阪市立大学院に入り、現在も隆盛を極める大阪の和本専門書店中尾松泉堂に引率され、店頭で安永七年（一七七八）板『昼夜重宝記』（書林　江戸 西村源六・山崎金兵衛／京 菊屋七郎兵衛／大坂 柏原屋清右衛門）を奨められて、和本というものを初めて買い求めた。帰りの喫茶店で本を見ながら、江戸時代全般に及ぶ内容が網羅されていることを逐一指し示して解説していただいたことを今も覚えている。重宝記について教えを受けた者は私ばかりのことではなく、門下生の等しくする所である。森修先生の御逝去後は、私も重宝記をかなり集めたけれども、古本屋さんで森先生の話をすると、あの重宝記を集めておられた先生と懐かしむ店主も多かった。その方々の何人かも鬼籍に入られた。

在職中は、重宝記をじっくり読む余裕はあまりなかったけれども、退職してから時間にまかせて読んでみると、江戸時代の知識や智恵のみならず人間の在り方まで、実に巾広い範囲のことがおもしろく学べて為になる。勿論、記述は各種重宝記により重複しており、説明の仕方も異なり、齟齬もあり、何もかも重宝だとするのには注意も必要だ。

次は日常生活の基本食事作法について、重宝記に載る記事を辞書風に整理してみたものである。これまでの古語辞典よりも要領を得た解説になっていると思うのだが、どうだろうか。

〔衣更え〕『年中重宝記』（元禄七年、一六九四）には次のことがある。四月朔日に、今日より五月四日迄、袷《あわせ》を着るので今日を「衣《ころも》がへ」と言う。五月五日より八月晦日までは衫衣《かたびら》を着る。九月朔日より八日迄は袷を着る。九月九日よりはまた綿入《わたいり》を着る。『消息重宝記・三』（天保三年、一八三二）には次のことがある。「更衣《ころもがへ》」は冬衣を夏衣に引き換える。九月八日迄袷で、九日より又冬衣に換える。これは字音に更衣《こうい》と読む。一年に二度ある。また、四月朔日より五月四日迄は袷小袖を着る定め故一日を「ころもがへ」と名付ける。綿の入ったものを抜き換える意である。「わたぬき」という名字《みょうじ》を「四月朔日」と書くのもこの意であるが、今は「綿抜」の字を書く、とある。『女筆調法記・一』（元禄十年、一六九七）には、卯月一日を「ころもがへ（更衣）の祝儀」と言い、今日より袷を着る。卯の花に装って白い衣服を着るのを白重《しろがさね》という、とある。「卯の花によそへて白き衣服を着」るというのが興味深く、何しろ女高生の白い制服への衣更えをすぐに思い浮かべるものだから、卯の花に装えるというのが鮮烈だった。日光を遮断する白、そんな近代的なことしか思い浮かべなかったのだが、白にその性質のあることを昔の人は既に知っていたのである。

閑だからテレビを見るが、物食う場面にもよく出会う。彼等は美味さの表現に決まって「ウ～ン」とのたまう。演技者だから外の表現法は考えないのかと思ったりする。『大増補万代重宝記』（文久元年、一八六一）は『礼記』を引用したと言っているが（実際は類書からの孫引きであろう）、礼は飲食に始まると言い、食礼のない食事は貪り食い、禽獣に同じとする。

〔物食い様〕『女用智恵鑑宝織』（明和六年、一七六九）等に次のことがある。

○物食う座で、上座するのも辞退するのも度が過ぎると無礼、その座を見合せて一応は辞退し、分に従う。先に挨拶すべき人が後になった時は、下の身は殊の外迷惑するので、先に挨拶するにしても程々がよい。出過ぎたのは見苦しく、控えたのも初心である。座敷の程を見合すのが第一で、我ばかり味をしめようとするのは大変な無礼である。

○膳に座るには、きちんと膳に真向いに座るのは悪く、膳を少し左の膝の方に寄せる心持ちで座る。

○総じて食は飯から食い始め次に汁を吸い、又飯に返って菜に移る。飯は右手で飯の蓋を取り左手に移し、又右で汁の蓋を取り、飯の蓋と重ねて膳の左脇に置く、次に箸を取り、汁を掻き立てて飯を二箸食い、汁を吸う。

○膳の箸は人より遅く取って。早く置くのがよい。但し、少しの違いで極端にならないようにする。

○腰を屈め、俯き、また口音高く食ってはならない。

○飯椀の内から余所目を使わない。

○焼物は介添え、通いする女が毟《むし》り取って参らす。自分で毟っても裏を返してはならない。同じ事なら手を掛けないのがよい。汁を掛ける事が古法にあるが、汁は掛けないほうがよい。

○湯が出たら箸を取って湯を受けて呑む。箸でよく掻き立て箸を濯ぐ。

○貴人の挨拶があり、又菜など戴くことがあれば謹んで礼をする。箸を持った時なら、箸を持ちながら飯椀に隠れる程持つのがよい。

○度々箸を下に置くのは悪い。又食い続けるのも見苦しい。

○香物《こうのもの》（漬物）は湯の菜であるが、湯の中へ入れて食ってはならない。同じ事なら食わないほうがよい。

○湯漬、粥の食い様が古法にあり、准えて知るべきことである。晴れの座には稀なことである。

○強飯を食う時は小形片器《へぎ》盆等で出るのを手に持ちながら指で抓んで食う。品によっては箸で食うこともある。

○餅や丸い物を食う時は一口に食い切ると三ケ月形に歯の跡が残って見苦しい。一口食い、又脇の方を少し直ぐさま食い切るのがよい。

○餅、饅頭なども手で抓んで食うのもよい。餅は楊枝に挿して食い、箸では食わない。指に抓んでも食う。饅頭は左手で取り、右指で締め割に二つに切って、右の方を下に置き、左の方を食う。割る時内の餡を溢《こぼ》さないように押し合わせるとよい。又汁の添うた饅頭は箸で食う。その時は饅頭は切って出る。

○包（芳）飯は菜の類を色々取り合わせて飯の上に置いて出す。これを置くのは麦飯のように清まし汁なので初めから汁を受けて食う。再進からは汁を椀に受けて置く。菜飯《さいはん》とは少し違うが食い様は同じことである。

○雑煮は取り上げず、下に置きながら喰うのがよい。汁を吸う時には箸を下に置いて吸うのが法であるが、時とその座敷により常の様にも食う。

○粽《ちまき》は、膳に箸を副えて出る。巻いた葉先を左にして左手に持ち、右手で巻き目を解き、取り直して頭《かしら》より挟み切って食う。食い終って葉を二ツに折り、巻緒でくるくる巻いて膳に置く。頭から解き、又は下の方から食う事は決してしない。但し、粽を出す時は葉を解き器に盛って砂糖 黄な粉等取り合わせ、楊枝を副えて出す。この時の食い様は餅と同じである。
○麵類を食う事は、汁を置きながら一箸二箸掬《すく》い入れて、汁を取り上げて食う、その後は汁を持ちながら入れて食う。蕎麦切も同じ。男の用に汁を掛けて食うのは堅く女中はしないことである。
○吸物は初献には汁を吸い 後実《み》を食う。二献目には実を食い 後に汁を吸う。三献目は初献に皆同じ。小漬（こづけ、簡単な菜を添えた飯）で吸物を出し、後に飯を出す事がある。その時は変えて食う。
○真桑瓜は楊枝を添えて出す。楊枝で中込《なかごみ》を除いて食う。
○茶は台に据えて出すのを、右手でとり、飲んで左に取り直し下に置く。通《かよい》の者が台に載せて帰る。
○菜の引き落し、汁の掛け落し等があっても乞い求めてはならない。後でこうだったと語るのはなお卑劣である。一座の中でこのようなことがあったら通いの人にそっと脇から注意するのはよい。
○引き落しの菜は蓋《かさ》を取って引く。蓋を客の方から差し出したら手に掛けて盛り下に置くとよい。もし菜を引く人が主人なら客はこれを取って戴く。
○飯を替えるのは盆では受けない。左手でそっと底を受けて飯を以って差し出す。
○汁は手で替えず、盆で受けて装い、勝手から出る時替蓋をして持ち出、客の前で蓋を取り盆の縁に掛けて差し出す。汁は減った方へ参らす。しかし再々覗き廻ることは決してしない。
○飯は強く強《し》いて参らしてはならない。通いの人は猶々強いてはならない。何でも同じ。
○魚料理は骨のないようにするのが女中客人への馳走である。骨のある物は骨のない所を食い、骨を選り出してはならない。

○食い終った料理に、骨や固い物、嫌いな物があったら、平壷や汁椀など蓋のある器の内へ入れて蓋をして置くのがよく、食い荒らしたままにして置くのは見苦しい。
○使った箸は鼻紙で拭って置く。
○膳の中へ雫《しずく》を零すなどは無礼であり、常日頃から心掛けて置き、膳回りを綺麗にして置く。晴れの座敷で俄に嗜み、行儀にしようと思うと却って誤りが起り易い。
○菜《さい》は左の方より食い始め、犬食いや渡り箸を嫌う。
○度々の挨拶は悪く、又一時にわやわや言うのも聞き難い。口中に食のある内に挨拶されるのも迷惑であり、大口に食い含みながら物言うのも大いに見苦しく、反対に尋常にしようと壺口になるのも大変初心である。程々にするのがよい。
○鱠の汁を吸わず、けん（付け合せ）は決して食わない。
○二、三の膳の汁を食う時はその膳についた菜《さい》を食い、他の菜は食わない。
○味噌の物、塩辛の類、汁の垂れる物、箸の汚れる物、食い難い物、挟み難い物、また歯音の高い物は、他人への配慮がいる。
○辛子山椒等甚だ辛い物、大蒜《にんにく》等臭いの悪い物を食ってはならない。
○通いの人を待たせて置いて汁を吸って出し、また通いが汁を持って出たのを取って、直ぐに吸ってはならない。
○盃は、酒を少し残して湑《した》み、その湑み口を左の親指の腹で拭い、又は鼻紙を折りながら拭ってもよく、それから人に遣わす。人から受けた盃は久しく控えて持ってはならず、又手に持ちながら長話などしてはならない。等々。

『永代調法記宝庫・一』にも同じような食事作法がある。例えば、
○物喰う時は無用の話し等せず、挨拶は左右を見合せ一列にし、出過ぎないようにする。
○箸は深く濡らさない。小箸に挟んで何度も食うのがよい。
○鼻は、次の間へ立って噛むのがよい。立たれない時は下座へ向いて低く、次には少し高く三度に噛む。
○塩は突っつかず挟んで喰うのがよい。
○貴人より先に汁を掛けず、汁を掛けてからは再進を請けず、飯が多いのには汁を掛けず、飯の少ないのに汁を早く掛けて喰い納めるのがよい。
○中酒《ちゅうしゅ》（＝飯後に飲む酒）を受けたら早く飲まない。一座請け揃えて飲む。二献目からは請け次第に飲む。
○膳をあくる時は三寸明けて給仕人へ渡す。俗に手を付けずに明けさせるのは無礼と心得ること。等々。

次は、飯食い様について嫌う語である。

〔犬食《いぬぐい》〕とは、『諸礼調法記大全・地』（天保九年、一八三八。以下『諸礼』と省略）には前後を省みず情《こころ》を食味に移して食うことを犬食と言い、『女用智恵鑑宝織』（明和六年、一七六九。以下『女用』と省略）は、挨拶もなく打ち傾いて飯を食うことを犬食いと言い、これを嫌う。
〔移り箸〕とは、汁より菜《さい》を食い、また外の菜へ渡るのを移り箸と言い、嫌う。飯を食い、菜を食うのである。二の汁を食う時は二の膳の菜を食う、外の膳の菜は食わない。右方にある菜は箸を持ちながら左へ移し持っ

て食う。下に置く時も同じことである。（『女用』）

〔請食《うけぐい》〕とは、飯でも汁でも、通いから受け取り、膳に置かずに直ぐに食うことを請食と言って嫌う。（『諸礼』）

〔腕越《うでごし》〕とは、二の膳を食い、その手を三の膳、四の膳へ直ぐに一度に挟んで食うことである。（『諸礼』）

〔込み箸〕とは、口に物のある内にさらに食うのを言い、嫌う。（『女用』）

〔塩の重塡《じゅうてん》〕とは、食べ物を続けて食うこと。（『諸礼』）

〔重菜《じゅうさい》〕とは、口に食を含み、その口へ数多の菜数を一度に取り込み食うことを重菜と言い嫌う。どれも一種ずつ食するのがよい。（『諸礼』）

〔膳越《ぜんごし》〕とは、膳の向こうの物を、箸を延ばして挟むのを膳越と言って嫌う。（『諸礼』）

〔谷越《たにごし》〕とは、本膳の汁を吸って二の膳の菜《さい》を食い、二の膳の汁を吸って三の膳の菜を食うことである。（『諸礼』）

〔鈍箸《なまりばし》〕とは、焼物を食おうか 刺身を食おうかと、手の鈍《なまる》のを言う。飯食の時はうろたえる体《てい》は見苦しく心騒がしくないのがよい。（『諸礼』）

〔豆の横箸〕とは、豆を横に捽《つま》んで食うことである。豆は縦に一粒ずつ捽んで食うのがよい。（『諸礼』）

〔迷い箸〕とは、どの菜を食おうかと、あれこれ見合すことを言い、嫌う。（『女用』）

〔渡り箸〕とは、『諸礼』には同じ膳の内の菜でも二ツ三ツの菜を一度に捽んで食うことを渡り箸と言い、『女用』には菜は左の方より食い始め、菜より菜を食うことを渡り箸と言うとある。

（注）汁は飯に、吸い物は酒に当てるもの、菜は副食である。

二　『諸礼筆記』の「飲食」記事

難波隠士林立斎には『諸礼筆記』（宝永三年序刊、一七〇六）がある。庶人の礼には『小学』の習いがなく、それぞれの教えが立たず、質朴は卑野で簡に過ぎ、文飾は驕奢で僭に越える、二つながら人道に違うのを知らずとして、弱冠より有職について纏めたのが本書であるとして、「飲食」のことが、前述の記事と等しい内容で書かれている。本書を以って食事作法を説く、初出本とは考えていないが、重宝記の記事は本書の様な流布した知識の集成だったと思える。それが主題別に、或いは総合的に編集されたものであった。

以下、「飲食」の部を現代語訳して紹介してみよう。

○膳に座り様の事　真向《まむき》に座らず、少しすみ（角）かける様なのがよい。左足を袴の裾で踏み包るんで前へ出し、右足は常に畏まるようにするのがよい。膳の時は貴人の前でもこのように座するのが古礼である。しかし当世は貴人の前では常のように畏まって食してきている。

○通《かよい》に対し礼式の事　膳を据える人が亭主か 又は亭主の子息一類か 又は品により貴人が据えられる時は、膳を下に置かない先に此方から両手を出して中で取って礼をする。その次、通が並の人でなければ膳を据える時我が両手をついて挨拶するのがよい。膳を戴く事は、貴人ならば全て戴くごとに受け取って下に置き、両手をついて御礼を言う。常の通には挨拶も要らない。引出物もこの格式でよい。

○食い始める事　まず右手で飯椀の蓋を取り左手へ移して左に置く。汁椀の蓋も同じ。次に箸を取り上げ直ぐに持ち、右手で飯椀を持ち上げ左手へ移し、二箸飯を食い下に置き、汁を吸い、又右手で汁椀を持ち上げ左手へ移し汁を吸い、又右手に取って下に置く。又このように飯汁を食い、今度は汁の実《み》を少し食い左手で下に置き、膳に付いた菜《さい》を食う。仕舞い迄飯を食い汁を吸い、菜を食い、食う。三度目からは左手で飯椀も汁箸も取り上げ、下にも置く。膳より脇にある菜は何度も、右にある物は右手で取り上げ左手に移して食い、右手に返して元の所に置く。左にある菜は左手でする。膳にある物は取り上げて食ってはならない。左手で右にある物を取り、右手で左にある物を取ってはならない。膳にある物が汁の垂れるなら汁椀の上の通りで食う心得がよい。

○箸取り様上中下の事 幷箸置き様の事　貴人の前では箸は短く持つのがよい。しかし余り短いのは卑しく、半ばより上を持つ。それより程々に従い上を持つ。飯を食い仕舞い、酒の間は箸を飯椀と汁椀の間に筋交えて縁に掛けて置く。湯を呑んで後に初めのように横に置く。

○箸なまりの事　例えば、鱠を食おうか和え物を食おうか、ぐずぐずするのをいう。

以下の十四五条は皆物食いの病である。慎むのがよい。

○移り箸の事　焼物を食って、又煮物へ移す等をいう。総じて菜は一度に二色を食うてはならない。

○握りこ箸の事　箸に着いた飯粒は椀の内で落すのがよい。それを共箸で落すのをいう。

○椀ぎ食の事　箸に着いた飯粒を、口で落すのをいう。

○舐り箸の事　右に同じ。飯粒が箸に着くのは、箸を深く使うためである。

○込み箸の事　口中へ箸で押し込むことをいう。

○抉じ箸の事　下にある汁の実《み》等を抉《こ》じ起こすのをいう。

○探り箸の事　又何かあるかと探ってみることをいう。

○廻し箸の事　湯の中を香物《こうのもの》（漬物）くるくると廻すのをいう。

○空箸の事　食おうとして箸をつけ、食わずに箸を引くことをいう。

○受け吸いの事　汁椀の再進を通《かよい》から受けて取り、直ぐに吸うのをいう。

○又盛《またもり》の事　飯を箸で押し付けて食うのをいう。

○膳越《ぜんごし》の事　膳の向うにある物を取り上げず、箸で直ぐに食うのをいう。

○犬喰《いぬぐい》の事　俯き入って、とかくの挨拶もなく、食い入っておるのをいう。

○焼物の事　焼物は火にく（焼）べたのをいう。串で刺したのはあぶ（焙）り物という。串に刺した物は串を持ち上げて食う。尾頭の付いた焼物は表《おもて》ばかりを食う。裏を返して食うてはならない。

○香物《こうのもの》の事　湯の菜《さい》に食う。飯の菜には食わない。

○飯を強いる事　古《いにしえ》は所によって、飯を強くし（強）いたというのは凡下のことである。然るべき人にはないことである。当世も所により無理に強いるのはあってはならないことである。

○膳の間に乞い求めてはならない事　例えば菜の引き落しがあり、又は掛け汁等失念で掛けてなくても乞い求めてはならない。食わずに置く迄である。もしこんな事が一座の中にあるのを脇より見付けたら、必ず通いの人に脇からそっと注意するのがよい。一般的に塩 醤油 湯茶など乞い求めてはならない。

○汁を替える事　汁は本汁を替えた後で二の汁を食う。二の汁のない時なら汁を替えた間は飯を食わない。しかし、きっと箸を構えて待っているのも目に立ち過ぎるもので、その間の仕方はあるべきである。或は煮物に汁のある物ならそれを添えて食うか、又どのようにも目に立たぬ仕方はある。礼法は汁の来ない間は食わないことである。

○湯漬の事　湯漬は、洗い飯にして椀に盛り出す故、箸で少し中を崩し、湯を七分に掛ける。菜は香物より食い初める。その他余り箸の汚れない菜を食うのがよい。汁は吸わず実《み》ばかりを食う。汁の再進もしない。湯漬の後の湯は箸を添えず、湯ばかりを受けて呑む。香物も食うてはならない。常の飯の湯とは変わる。

○飯に汁を掛ける事　本汁を掛けて食う。初めから掛けて食ってはならない。仕舞いに掛ける。しかし二三の汁が清ましならば清まし類の椀の中の汚れないのを掛ける。

○芳飯《ほうはん》の事　飯の上に加薬を置いて出るのをいう。汁を掛けてそろそろと飯を片端から崩して食う。

○菜飯《さいはん》の事　芳飯と同じことであるが、加薬を皿に盛って出すのをいう。飯の上に加えて、食い様は芳飯と同じ。

○赤飯《せきはん》の事　箸を取り、右手に直ぐに持ちながら指三つで食う。しかし、時宜により箸で食うこともある。

○強飯《ごうはん》の事　白い強飯《こわいい》のことである。赤飯は小豆も入ったのをいう。食い様は同じ。

○乾し飯の事　菜は、塩 梅干 蜜漬けの生姜 山椒等である。又塩と昆布とを出す事もある。箸を取り上げ右手に直ぐに持ち、水を受けて食う。

○鶏卵の事　卵の形にして、中に砂糖を入れて煮た物故、心得ないと口中を焼き、又砂糖が飛ぶ。そっと箸で崩し掛けて食い切る。（『料理調法集・麵類之部』に「けいらん餅」は、糯粉六分、粳粉四分を、十分細くして水で捏ね、中に砂糖を入れて金柑大にまるめて煮た菓子）

○饅頭の事　饅頭の甑《こしき》着きの方を上にして割る。割り様は半分程割り、又押合わせるようにして、二三度に割る。そうしないと餡が零れる。右の方を下に置き、左の方を食い仕舞いて、又半分を食う。

○切麦うどんの事　もはや食うまいと思うと、汁を皿の内へ明ける。それを見ると亭主も強いないものである。

○粥の事　汁を掛ける事があってはならず、大方湯漬同前である。

○雑炊の事　粥に同じ。

○餅の事　餅に限らず香物でも、丸い物は一口に食い切ってはならない。半月のようになる。その為一口食い切って歯を離さず、脇を又一口食い切る。餡餅《あんぴん》というのは常の餅に餡の入ったのをいう。

○吸物の事　初献目に出たのは汁を吸って後に実を食う。二献目は実を食って汁を吸う。三献目は初献に同じ。

○蒲鉾の事　今様は大板にして切って出すのは略儀である。小板にするのを本式とする。箸を直ぐに持ち、箸を持った方で取り上げ左手へ移し、剝《す》き掛けた所を食う。剝き残した所は食わずに置く。

○串に刺した物の事　これも蒲鉾の格と同じ。しかし貴人の前等では鶉雲雀の類なら、串を抜いて右手で鳥を抓んで食う。

○貴人引き物の時の事　貴人より我へ自身引き物があれば、鶉雲雀の焼鳥の類なら摩り出て直ぐに手に受けて戴き本座へ返る。汁のある物ならば蓋《かさ》を持参し、あなた（彼方）へ蓋を渡さず此方へ持ってそれに受けて、戴き退く。

○茶菓子の事　これは料理が過ぎて銘々に出る。又口取りばかりが縁高で出る事もある。その時は上座より一ツずつ楊枝に刺して取って廻す。食い様は常の通りで、食って後に楊枝を右手の内で二ツに折り、そっと遣って懐中する。

○菓子の事　これも銘々に縁高で出すのが本式である。又一ツに足打ち三方に盛って出るのを総菓子という。

○茶飲み様の事　左の掌《たなごころ》に茶椀を据え、右手をそっと茶碗の右の方に添えて呑む。

ここで改めて言えば、『諸礼筆記』には「飲食」に見るような諸礼が各種載っているが、その基本は、作法に心を込め、敬いを基本にしたものである。即ち、作法をしっかり身に着けて、相手に不快感を与えない事である。

三　食事作法図

『童学重宝記』（寛政十二年、一八〇〇）には食事作法について各種の図示があるので、次に掲出して置くことにする。

食事作法図

①盃戴《いただ》き様
盃は台共に取り、台は左に盃は右の手で取り分け、台を下に置き、左の掌《てのひら》を盃の糸底へ付けて戴く。

②膳持ち出る体《てい》
座敷へ膳を持出る時は、右の大指を縁に掛け、左の手は膳の左の縁にあしらいに添えて持つ。(絵に合わず)

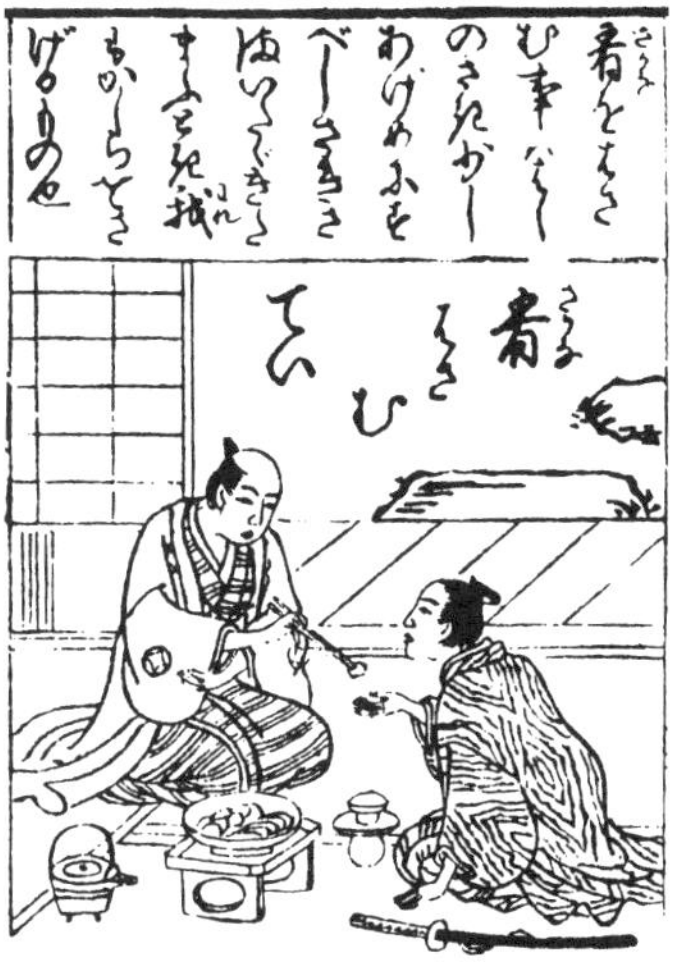

③肴挟む体
肴を挟む事は箸の先を少し上げめにする。先様が戴かれる時、自分も頭を下げる。

④飯喰い様
膳に座り椀の覆を取り、次に汁次に菜の蓋を取り、少し、飯を食い汁を吸う。蓋を取らずに置く事は無礼である。

⑤膳を据える体
膳を据える時は客の左の膝の方へ、少し筋違いに、膝へ触らぬ様にする。初め据えた所から四五分も押し入れる。

⑥飯をつぐ体
飯をつぐ事は盆では替えない。椀の糸底を左手に抓んで盛る。その侭左手で出す。

⑦汁を替える体
汁を替える時は盆で替え、勝手で、また外《ほか》の蓋をして出す。蓋を取り盆の脇に置いて出す。

⑧汁をつぐ体
汁をつぐ事、冷汁は提《ひさげ》に箸を入れ、弦《つる》に持ち副えてつぐ。箸は詰まった時の用意と心得よ。

⑨相伴《しょうばん》の体
相伴は客人同座に呼ばれるので、必ず遅く（れて）行ってはならない。正客が立たない先に立ってはならない。

⑩真桑《まくわ》剥き様
真桑瓜の剥き様は六ツ半に皮を剥き、輪切にする。土用が過ぎたら竪《たつ》に四ツに割り、皿に二ツずつ盛る。

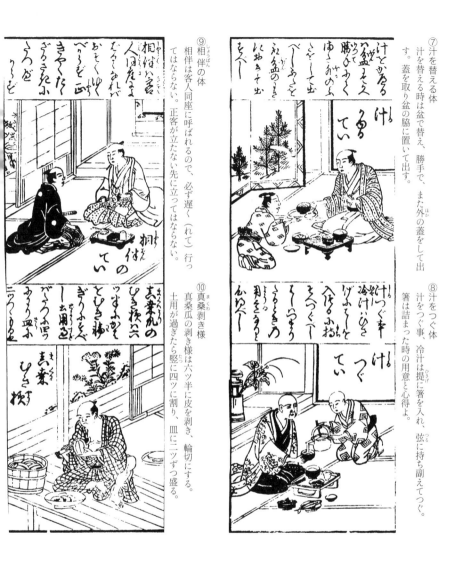

⑪麺類喰い様
麺類喰い様、蕎麦 饂飩 素麺は同じ事である。汁を掛けて食うのは卑劣。汁の残りは椀へ空ける。吸ってはならない。

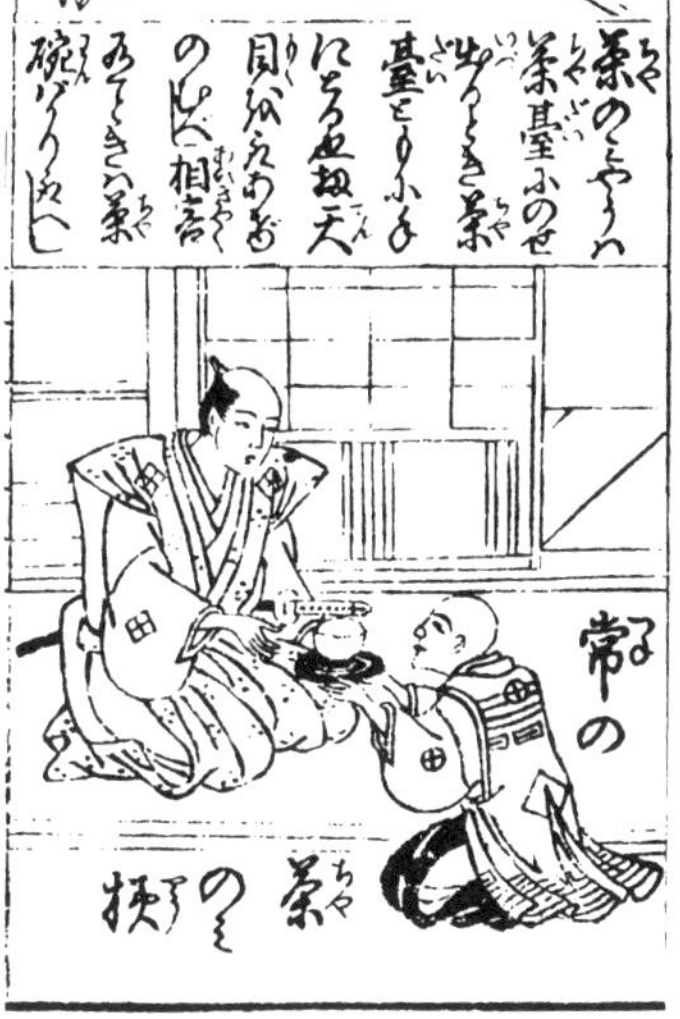

⑫常の茶飲み様
茶飲み様は、茶台に載せて出る時、茶台共に手に取る。次に、天目を取り上げて飲む。相客がある時は茶碗ばかりを取る。

「食事作法」について図示し、解りやすく説明したものである。「盃戴《いただ》き様」「飯喰い様」「相伴の体」「麺類喰い様」「常の茶飲み様」等々、細かい説明がついている。これらの作法は、丁稚奉公から仕上げた者が世の中に出て人付き合いする時、社会生活の最も基本的な常識として身に付けて置くべきものであった。日常的な事柄は、これを欠いては人との関係がうまく成り立たないのであり、学び取るしかなかった。

時代とともに食べ物も変わる。それにはそれに相応しい作法が必要になる。「肴挟む体」は「フォークの使い方」、「汁つぐ体」は「スープの注ぎ方」、「真桑剥き様」は「メロンの切り方」とでもなろうか。

格式張った食礼は別として、合理的な食礼は生活上不可欠なものであり、あった方がいいに決まっている。例えば、人込みの中でアイスクリームを舐めながら歩く姿など、とても容認できない。相手に構わず、どうでも好きなように食べればいい、ではない。

「食礼」は相手方への心配りである。

第九章　貸本屋略史

第一章に述べているように、近世初頭の堂上貴族の日記や記録類を見ると、書写本の相互貸借が盛んであり、それから又写本が造られている。それが中期以降にもなると、概説してきているように、四民にも読書が普及し、出版業が盛んになり、出版本屋に関連する各種の商売も起る中で、貸本屋はどのように発生し、どのように展開したのかを略述する。

その上で、第十章につなぎ名古屋の貸本屋大惣について、従来の研究と資料の重複はあるが、大惣の事跡をたどり、研究史も概観して、図書館発展の要件を探ってみたい。

一　商業本屋の開始

商業本屋がいつ起ったのかを明らかにすることは極めて興味深く重要な問題であるが、しかしこのようなことが何時《いつ》と確定されるはずはなく、状況判断するしかない。

本の商売をする者を一概に商業本屋というなら、その商業本屋の発展に変革を起したのは、大量に印刷できる整版印刷技術が、書物印刷に使われるようになってからのことになる。これまで整版印刷は、摺経《すりきょう》や経典類の印刷を中心にして、長い歴史を持っているが、それは一度板木を製作すれば、これを原版として何度でも摺刷を重ねることのできる秀抜な技術であり、この技術が読者の増加により近世初期に見直されたものである。『当代記』慶長十四年（一六〇九）には次のようにある。

此の冬、此の五三個年、摺本《すりほん》と云ふ事を仕出し、何の書物をも、京都に於いて、これを摺る。当時（現在）、是れを判と云ふ。末代の重宝なり。

一般に書物の製作は、写本では必要に応じて一部多くて十部迄、活字版では一〇〇部内外、整版本では一〇〇〇部位の製作能力と考えられており、これは読者数に対応した製本部数とみなされている。要するに、それは読者数に対応した技術革新であったと言えることになる。

初期整板本の流布を伝えるのは、従来から着目されている『長者教』横本一冊十七丁である。日本思想大系59『近世町人思想』中村幸彦氏の『長者教』解説に、「本文末に『右しやほんのことく開板、くわんゑ四ねん』とあって、末が切れている。次に掲げる古活字版後刷の末に『右如しやほんの開板、くわんゑい四年卯七月吉日』とあるに照合すると、刊行の月日、あるいは刊行書肆なども欠けたものかと想像される。しかし現存最古の本であり、整版本として広く流布を考えた出刊である」とされている。即ち、教訓書『長者教』の読者を目論だのである。

初期整板本の普及を具体的に伝えるのは、寛永二十年（一六四三）『祇園物語』の記事である。

近比、烏丸を通りしに、所用の物本《ものほん》もやあると、物本屋に立寄り候折節、家の主は留守なれば、立帰らんとせしに、奥より十一二なる姫の出て、「何の物本の御用候や、何々本こそ候へとて、巻の数、作者の名まで、細かに申しける。

また、同書には、

清水物語と中物を携へ来たり、是を板にせられ候はば、利徳あらんと申され候により、即ち調へ候へば、京や田舎の人々に、二三千通りも売り申せし也。

とある。前者には本屋の娘が読者に対応できる十二分の知識を備えて接客しており、後者では写本で伝えられてきた『清水物語』を整版印刷にして、京や田舎の読者に二、三〇〇〇部も売って利益を得たことが記されている。以上のことから、次のことが明らかになる。まず書物に詳しい知識を持った本屋が出現していたこと。次に一人の読者に読まれていた写本『清水物語』が、大量に出版印刷されて大勢の読者を得たこと。言わば、本屋は利益を稼げる革新技術を獲得したことになる。これは本の商品性が高まったのであり、さらにこのことは板木屋、紙屋、表紙屋、製本屋、取次本屋、行商本屋、貸本屋等の誕生と、その繁栄を将来させることになる。

読者を予定した出版物は、読者意識を反映した教化啓蒙書、実用書、娯楽読物等と漸次領域を広げ、江戸時代前期の四民上層階級の読者層は、後期になると若い婦女子にまで広がる。文学関係で言えば、江戸時代前・中期の仮名草子、浮世草子、読本、浄瑠璃本等の普及は、後期になると洒落本（遊里小説）、黄表紙（劇画）、合巻（黄表紙の長編化）、人情本（市中青年男女の恋愛小説。御女中本）等の誕生になり、それは内容・構成・表現・文字遣のみならず、書型・製本にまで、変化をもたらすのである。その方向は平準化であり、本は扱い易い中型本・小型本になり、文字遣も統一されて読み易い方向をたどる。本屋の発展には、都市の繁栄と識字人口の増加が必須になるが、江戸時代二六五年間は、寺子屋や武士の藩校なども飛躍的な増加を辿り、広く子弟教育の思想が充満していた。教材には実語教・童子教・今川状などの啓蒙教化の出版物が使われ、寺子屋などで学習した庶民が娯楽本を好むようになり、その裾野を拡げて行き、出版物から見ても読書人口は増加の方向を辿ったと言える。

話を元に戻して、それでは商業本屋はいつ頃から始まったのか。三都や地方について瞥見して見よう。

京都では、慶長癸卯（八年、一六〇三）季春既望、富春堂新刊の『太平記』四十巻（日本古典文学大系の底本）等の刊行を、筆者は兼ねてから商業本屋の初めと推測している。その理由は『太平記』が仏書や医学書ではなく近世初頭に読物として流行していること、刊記のあることである。富春堂には慶長壬寅（七）冬日南至『脉語』の活字版があり、また慶長十年『吾妻鏡』の伏見版もある。

古典では細川幽斎著『伊勢物語闕疑抄』が慶長二年に刊記「御幸町通二条 仁右衛門　活板之」として出るが、也足叟素然の跋からは商業性は汲み取れない。

刊記に本屋と記載する始めは、「慶長十四己酉年陽月（一六〇九年十月）下旬室町通近衛町本屋新七刊」の『古文真宝後集』十巻二冊とされている（和田万吉氏『日本書誌学概説』有光社、一九四四）。岡雅彦氏『江戸時代初期出版年表』（勉誠出版）に同年『四体千字文』の刊記に「新七開版」とあるのは同一人であろう。

大坂では、寛永三〜十七年頃（一六二六〜四〇）、『大坂市街・淀川堤図』（八曲一双）に謡曲『忠信』を売る店が描かれている（脇坂淳氏「大坂を描く諸屏風の脈絡」『大阪市立美術館紀要』第六号、一九八六年）。一方、現在大阪最初の開版物として確認されるのは、刊記に「寛文十庚戌年（一六七〇）正月吉日　於大坂開板」とある『寛文重宝記』（折本一帖。縦二六・三センチ、横一一・二センチ。開披全三〇七センチ）である。これは利息計算の早見表に、寛文十年迄の年数表（年表）も載せる実用書で、大坂出版物の最初として理解しやすいものである。次の出版物は寛文十一年正月刊の俳諧書『蛙井集』となる。

江戸では、寛永（一六二四～四四）初め頃から、他の商売と同じく、京都の有力な本屋が江戸出見世を出して、京都の店名に、江戸出見世の住所を入木したりした出版物が多い。松会《まつえ》版の発行も江戸版を特色づけるもので、京都等上方の出版本を江戸で改版している。現在知られるものでは、正保四年（一六四七）『光明真言初心要抄』（松会市郎兵衛）が古い（柏崎順子氏編『松会版書目』書誌学月報別冊一〇）。

名古屋では、貞享年間（一六八四～八八）頃に書林風月堂が開店している。京都書林風月堂に奉公後「古本売買」を始めた、と伝わる。享和二年（一八〇二）の『騎旅漫録』には「書肆は風月堂　永楽屋　貸本は湖月堂（大惣）」とある。

地方の本屋では、井上隆明氏著『改訂増補近世書林板元総覧』（日本書誌学大系76、青裳堂、一九九八年）があり、その調査から集計して上位の本屋を列挙すると、次のようになる。

仙台十七軒。水戸十軒。横浜・美濃各六軒。新潟・山形・松阪・堺各五軒。和歌山五十軒以上。長崎二十軒。

江戸時代には、都市の発達とともに、全国で出板本屋等が誕生し、盛んに営業していたことが確認される。

二　行商本屋

出版によって各種の本商売が起る中、貸本屋の淵源となるのは本を持って売り歩く行商本屋であるが、それにも色々な形態があった。

本売その者は中世終り頃からいて、堂上貴族の館を巡回していることは日記や記録に確認されているが、近世初期の記録にも出てくる。例えば、『鹿苑日録』元和元年（一六一五）三月十八日には「書物を鬻《ひさ》ぐ者来る。大小十二部買ふ」とあり、『土御門泰重卿記』元和三年（一六一七）三月八日には「本屋、太平記、拾芥集（抄）、持来候。買置候。銀子四拾目也」とある。『涼源院殿御記』元和七年八月十五日には「双紙売来り候ふて、和玉篇、下学集、大学、御成敗式目買ひ申し候ふ也」とある。このような記事は少なくない。

一方、上層町人階級、あるいは農村の名主等の間を巡回する者も現れる。寛永初年頃（一六二四年）成立の笑話本『昨日は今日の物語』には、次の記事があって珍しい。

> 田舎へ物の本売りに下りて色々の物売りける。又ある人、枕草子《まくらざうし》を買ふとて、「もし文字の違ひたる事があらば、返さうぞ。此の程の買うた中にも、悪しきことがある」と申されければ、「これは、要法寺の上人、世雄坊《せいわうばう》の校合なされたほどに、少しも違ひは御座あるまい」と申した。

「枕草子《まくらざうし》」は春本であり、「世雄坊《せいわうばう》」は日蓮宗の権威ある学問僧で、古活字要法寺版の出版者であるから、春本の校合等する筈はなく、それを売る者も買う者も何の事も知らずに、知ったかぶりの発言に笑いを取っているのである。この話の理解には知識を必要とし、執筆者の知的水準の高さと、無知な購買者の知識欲が窺える。

寛永期を過ぎると本売りが次々に現れる。『徳川時代警察沿革史・世欸雑聚二・万治二年（一六五九）』には巡回して営業する小間物売が、本を一緒に持ち歩いている記録のあることが既に紹介されている。

都市部にあっては、市中で本を売り巡る者が現われる。

寛文（一六六一～七三）頃刊の『吉原はやり小哥惣まくり』には遊郭内で「本うり喜之助」が描出されている。その後、延宝三年（一六七五）『山茶やぶれ笠』（図1）、同年『吉原恋の道引』、延宝六年『大和侍農絵づくし』、『よしはらの體』（『浮世絵大家集成Ⅰ』）に吉原遊郭内で本売喜之介（後三者は人名はないが同一人と判定した）が本を売り歩いている姿が描出されている。共に菱川師宣の絵であるが、本売喜之助が、昼は暇な遊女たちの慰みに、本を売って歩いている描画である。師宣には天和三年（一六八三）に『吉原風俗図巻』もあり、ここでは格子の中で客を待つ間本を読んでいる様子が描出されている（菱川師宣が読書する絵姿をよく描いていることは、「第六章　江戸美人の読書」参照）。

図1　『山茶やぶれ笠』（延宝3年）

元禄初期（一六八八～）頃、石川流宣の『武道継穂の梅』には新吉原町に本売庄介が描かれている。

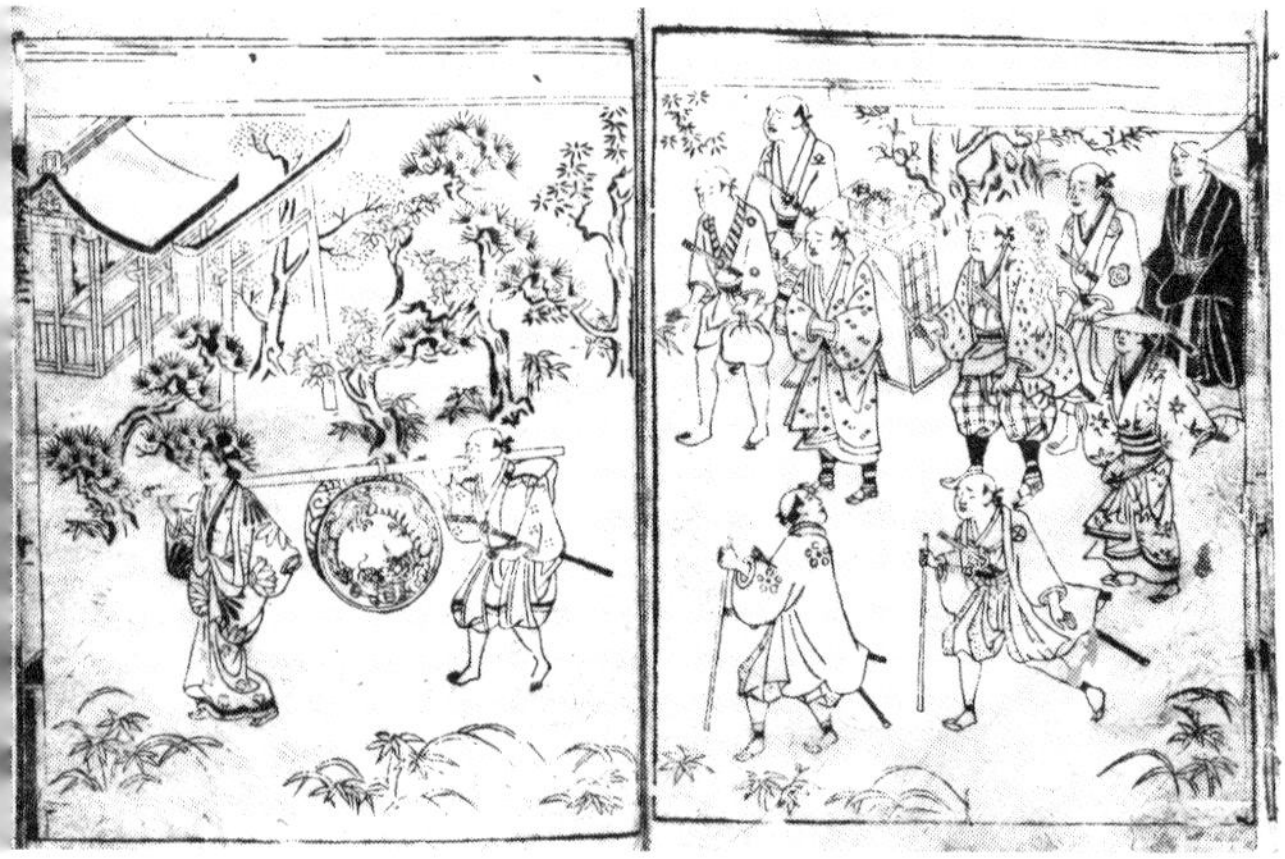

図2　『本朝桜陰秘事・一』（元禄15年）

（部分拡大）

元禄十四年の『吉原風俗図』には、菱川派の本売の描画がある。

時代は下るが、文化四年（一八〇七）『大尽舞廓始』は菱川師宣の前出吉原図の模倣画であるが、そこには本売喜之介に似せて「ゑほん」売りが描かれている。

天明元年（一七八一）の『三都仮名話』ではついに座敷に上がり込む貸本屋が描かれている。

吉原を離れて市中にも本売りや貸本をする者が出現する。詳述が必要であるけれどもざっと見ただけでも次のようになる。

貞享・元禄頃（一六八四〜一七〇三）の『好色四季咄』には「本屋ほん、今はやる好色の草紙めさぬか」と本売りの口上がある。

元禄十五年『本朝桜陰秘事・一』「太鞁の中はしらぬが因果」には北野天満宮社前の松原に巡回の「物之本」売りの挿絵がある（図2）。『江戸風俗図巻・浅草の図』（享保五・六年〈一七二〇・二一〉）にも二人の本売が描かれている。

元禄十五年『元禄大平記・一』には、本屋が「当世はたゞ堅い書物を取り置て、あきなひの勝手には、好色本か重宝記の類がましぢや」という。

元禄十六年『風流今平家・序』には、寵愛の十五歳の娘に、昼夜の分かちなく、「哥かるた、貝合《かいあわせ》、ある時は哥浄るり、上方にはやる色草紙あまねくもとめさせ、独寝《ひとりね》の友是程よき慰みあらじと、明暮《あけくれ》すかせ給へど」とある。このように好色本は本屋には売りやすい本であり、読者にはつれづれを慰めるもっともよい読み物であった。

宝永二年（一七〇五）、同じく西沢一風作の『傾城武道桜・四・三』には浪人が小間物売伝介に姿を変えて、吉高屋敷に彷徨《さまよい》、次のように登場する（図3・4）。

図3　小間物売伝介状好色本を売る所
（『傾城武道桜・四・三』宝永2年）

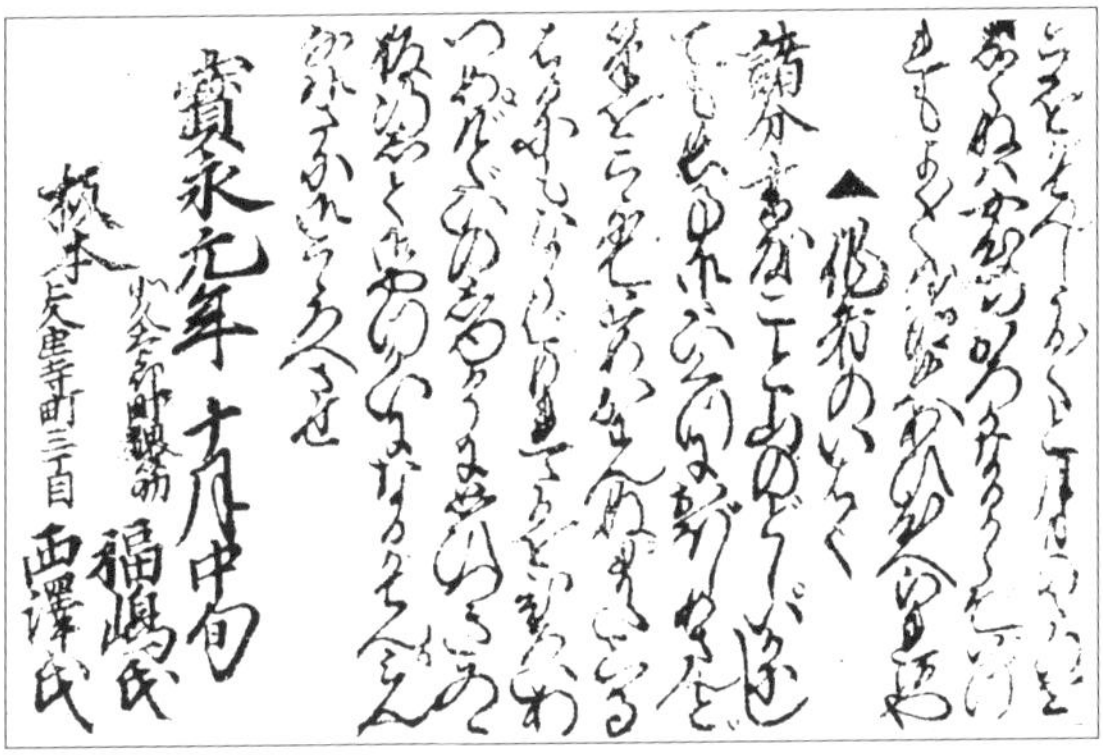

図4　伝助が売った『茶屋諸分車』（宝永3年）

私は新米の小間物売、何によらずおまけ申す。此のお館《やかた》へお出入りを願ひます。伽羅《きやら》の油、櫛、笄《こうがい》、元結《もとゆい》、丈長《たけなが》、煙草入、鼻紙袋、香包、袱紗《ふくさ》、香箱、畳紙《たたうがみ》、白粉《おしろい》、眉掃《まゆはき》、紅屋針《べにやはり》、好色本、上るり本、御望次第召しませい、と声を張り上げ売りけるを、佐助呼び入れ、こりや苦しからぬに是へ参れ。

と、お館の下人の佐助が呼び入れていう。

久々の御逗留に残らずの遊興。又近日京へ御上りなされ共、色にほだしをうたれ、立つもたゝれず、居るもいられず、明かし兼ねたる夜の長さ、徒然草も古ければ、新しい色草紙《いろぞうし》はなきか。

と尋ねるのに、伝介が承り、言う。

されば、新板としどし(年々)板行するといへ共、いづれか思ひ付同じことにて、皆板がへし(同じ事を繰り返す陳腐な表現の譬え)の如し。さる程に、作者の知恵も変わらぬもの。中にも気の替りたるは、茶屋諸分車と申して、茶屋一通りの大全、代物は弐匁、お買いなされませいと、本を出せば、吉高奥より其の本求めよ、畏まり、

佐助サア二匁の商い、旦那。是から何がうりやうも知れぬ。扨そちに尋ねたい事有。もし此の辺に兵法の指南して世渡る者はないか。

引用が長くなったのは、小間物売の実情を伝えたかったからである。小間物売が方々に出入りしていて、情報探索或は提供者にもなっていることは、後の貸本屋でも同じで明治迄続いている。もう一つは、これまで伝本不明であった『茶屋諸分車』中型横本下巻一冊で、一丁落丁本ではあったが、最近入手した。古本販売目録に出た価格は、十万円。当時の二匁を単純に現在に換算すると四〜六〇〇〇円位だろうか。『西沢一風全集』全六巻（汲古書院）が二〇〇五年に完結してからの西沢一風の新出本として、大東急記念文庫「かがみ」第三九号に紹介できた。一風は自分の本で自分の本を宣伝しているが、内容は茶屋遊びの指南書で、読者迎合も甚だしいものがある。

中型横本の事は拙著『江戸時代の書物と読書』（東京堂出版、二〇〇一年）に、「八文字屋本の横本」で宝永八年（一七一一）一風作『傾城禁短気』を扱い、「横本は簡便さ手軽さを旨とした書型であったが、八文字屋において役者評判記としての定型が確立され、浮世草子においても（後には大本が多くなるにしても）、種々の工夫が凝らされている。これら八文字屋の作本上の新工夫考案が作品の内容趣向におよばぬ筈はなく、日本文学史上はじめての本格的な大衆小説となっている」と書いている。ここで、もう一歩進めて推測すれば、それは直接販売を狙った安価な製本形式であり、好色本に当てたものと思われる。

西沢一風の浮世草子処女作『新色五巻書』（元禄十一年。万屋仁兵衛板行）はともかくとして、『傾城武道桜』（宝永二年。菊屋七郎兵衛開板）、『伊達髪五人男』（宝永四年。菊屋七郎兵衛開板）、『風流三国志』（宝永五年。菊屋七郎兵衛新板）、『けいせい禁談義』（『風流三国志』改題修訂本。宝永七年。菊屋七郎兵衛新板）、『けいせい伽羅三味線』（宝永七年、推定。菊屋七郎兵衛板）、『色縮緬百人後家』（享保三年、一七一八。いせや左兵衛板）、『色茶屋頻卑顔』（小本。元禄十一年。万屋仁兵衛）。これら好色を主題とする製作費用の安価な中型横本は、読者への直接販売、言わば貸本屋の介在を飛ばして、読者の直接購入を狙ったものと推測される。以下、文学史に見る小本の洒落本（遊里遊びを描く）、中本の黄表紙（劇画）、合巻本（黄表紙を合綴した形式の続き絵入小説）、滑稽本（会話体小説）、人情本（御女中本、泣き本）などは、大方は読者が本屋や本売から直接購入して読む種類の本であった。貸本屋を通さないジャンルの本の開発が進んで行ったのである。もともと小型横本は地誌（地理案内書）や実用本、趣味本に多く、中型横本は細見や役者評判記等の実用書に多く製本されてきている。

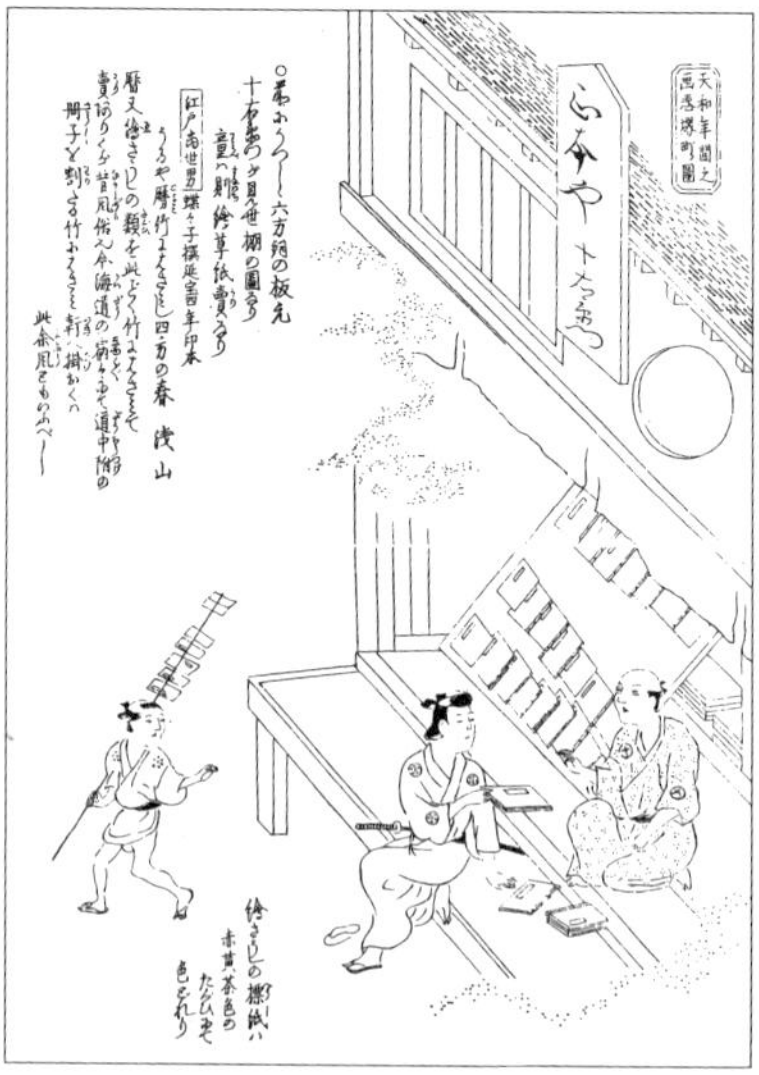

図5　『用捨箱』（天保12年）

さらに、同類の本売に絵草紙売がいた。天和頃（一六八一～八四）江戸堺町正本屋十右衛門の店頭図が柳亭種彦の『用捨箱』に掲載され（図5）、次のことが記されている。

前に写し丶六方詞の板元十右衛門が見世棚の図なり。童《わらべ》は即《すなはち》絵草紙売《うり》なり。

江戸当世男　蝶々子撰　延宝四年（一六七六）印本

うるや暦《こよみ》竹にはさみし四方の春　浅山

暦又絵《ゑ》さうし《草紙》の類《たぐひ》を、此のごとく竹にはさみ《挟》て、売歩《うりあり》くが昔風俗《むかしぶり》也。今海道《かいだう》の宿々《しゅくじゅく》にて、道中付《だうちうづけ》の冊子《さうし》を割《わり》たる竹にはさみ、軒《のき》へ掛《か》けおくは此の余風《よふう》とも言ふべし。

絵さうしの標紙《へうし》は赤・黄・茶色のたぐひにて色どれり

絵草紙は赤本、青本、黒本など小型子供絵本と推測される。竹に挟んで売り歩くのは番付売《ばんづけうり》も同じであった。一方、道中付売は後世まで続いており、慶応四年（一八六八）再刻『懐中重宝記』（嘉永三年（一八五一）新刻）には、

（この『懐中重宝記』を）売弘め度き御方は、四十冊を売弘め候へば、御名前彫り入れ申すべく候。尤も、手賃ニ相成り候ニに付、四十冊に満たざる分は、御名前相除き申すべく候

とある。この『懐中重宝記』に掲載の旅宿は三六八軒もあり、削除の墨格もある。記述に従って単純に計算すれば、一万四七二〇冊以上が街道の旅宿で売られていることになる（一八二頁参照）。

このように、生活に必要な実用書、読み捨ての好色本等が市中に売り歩かれ、買い求められていることが確認されるのである。

三　貸物屋、貸本屋

本売に対して、一方では本を貸し歩く者がいて、それは後には居着《いつき》の貸本屋の淵源となる。

まず最初に、一般的な物品を貸して賃を取る貸物屋の営業があったことを確認しておかなければならない。宝永六年（一七〇九）『本朝藤陰比事・六・一』「〇好色は世界の貸物屋」には次のようにある。

万づ借物屋、白無垢 浅黄上下、毎日無常野に送らぬ絶間なく、此の二色の貸し賃取つて五人口、…中より

下の諸商売人、皆借り物にて埒のあく世は広きことぞかし、近代これより思ひつきて、まはり遠き金かし、借屋賃の埒明かぬ世話を止めて、火間《ひあひ》のよき蔵ひとつにあらゆるかし物を積み置て、妾者の目見へ衣装、たとへ唐織 紗綾 縮緬 当世模様の帯、袷 湯具の玉までそえて、一日限に何匁何分、貧僧にかし衣 袈裟、お布施をはねてさし引、信心は荘厳にあり、銭ほどひかる背負仏一日に何分…、肩入侍に、貸し刀、揃い羽織踊り浴衣 花見幕 貸毛氈 弁当被衣 一夜貸の夜着蒲団、蚊帳括り枕 寝覚めの煙草迄

と列記が続く。それでもかし物や諸色有右衛門は賃料を回収できず、返弁の訴えに及ぶ。そこに記されるのは、

白無垢代五匁、黒小袖代三匁、帯の損料一匁二分、湯具六分、挿櫛代三分、

とある。また、正徳二年（一七一二）頃『弥市《おかう》梅田心中・上』には、次のようにある。

思へば我は貸物屋、小夜着、小蒲団、蚊帳、屏風、弁当、野風呂、寝覚めても賃さへ出せば、何時でも持って蹲《つくぼ》ふ見世の先、

これらは何でも揃えていて貸し出す貸物屋であった。

これに対し貸本屋は、本だけを蓄蔵して貸し出す者であることは言うまでもないが、もともとその出発は本売であり、当初は巡回する行商本屋であった。或は小間物売が本も持ち歩き、或は絵草子売も出現し、或は貸物屋

がいて、これらの商形態から貸本営業が始まったことは容易に推測できる。要するに貸本屋の淵源は、個人を巡回して営業する行商人であり、日常生活に必要な品物小間物類に、文房具や本を取り合わせ、その本はお客の需めに応じて臨機応変に、売ったり、貸したり、あるいは交換したりしていたが、後には本だけを取り扱う専業者になったのである。

「貸本屋」という語は、歌舞伎評判記、正徳四年（一七一三）『役者座振舞・坂（荻野八重桐評）』に出る次の「借《かし》本屋」の語が初出ではないかと思われる。

成程さふじや。当春、系図娘に、借《かし》本屋おまつと成、万菊殿の屋敷へ来り、恋の目づかひ、どふもどふも。万菊殿寝入られし所へ出、寝所へはいらんとせらるる思ひ入れ（中略）、何事でも切りかはつた芸。

江戸時代には「貸」「借」を使い分けせず、共用している。同じく歌舞伎評判記、元文六年（一七四一）『役者懐中暦・京（坂田市太郎評）』にも次の記事がある（図6）。

当顔見世神代巻に、有馬でのかし本屋、おつやと成ての出は、かし本の言ひ立、口跡《かうせき》さつぱりと、愛敬があつて。

図6　『役者懐中暦・京』（元文6年）

『役者懐中暦・京』の挿絵を見ると、説明文には「本うりつや／坂田市太郎」とあり、貸本屋と本売とは同じ者として扱われている。

貸本屋を歌舞伎に登場させるのは、当時人目を引く風俗の職業であったからと思われる。切り変わった芸とか、口跡さっぱりとか、愛敬があるとか評されていて、何とも艶で知的な匂いが漂う。出入りする所が、『役者座振舞』ではお屋敷の寝所、『役者懐中暦』では有馬温泉で、女貸本屋が寝所に入り込むしぐさには、風俗的な猥雑さがある。温泉の貸本屋は、城ノ崎や熱海温泉等各地に認められ、女貸本屋は嘉永七年（一八五四）『明鴉雪笠松・二・下』にも登場し、売春もしているが、それは一般に女の巡回する小間物売等に付き纏うものであった。

女ばかりではなく、男の貸本屋も巡回して同じような所為があった。図7は「貸本屋の年玉」とある色刷りの危《あぶ》な絵で、絵中の一枚に「大二四七／九十一十二」とあり、この月が大の年は天保四年である。本屋好兵衛はその天保四年正月、年賀の祝儀物に扇子と年暦を入れた危な絵を添え、大風呂敷に三冊本（春本）を包んで訪問している。浮世絵の一枚にはこの年を戯れ歌に「十一二の時かへ、四《し》ようと思った。／モウ十二、［十二分に］われ（割）てゐるだらう。さし（尺）を立ると七《しち》めんとふ（面倒）だから見てやるべい」と大工が弄っている。尺と斧は「さしてよき」の表象。「浅井板」とする方位表もあるが、これも貸本屋か本屋と思われ、大善・万徳の大吉神、天道方・天徳方の、今年の方向を示した配り物である（現在の暦の配布に相当）。浅井坂は『方角重宝記』（明和五年、一七六八）見返しの貼物であるが、その本の出版本屋とは関係がない。

歌舞伎を出したので、唐突ながら関連して言えば、歌舞伎台本が貸本に作られ、それが夜講（寄席での夜間の講釈）にも使われている記事が、天明七年（一七八七）『書初機嫌海・下・一』に出ている。「立役、敵役、女形、何でもする役者あり。かぶき芝居のせりふ書の借本《かし》有り。それを読み切りの夜講有り」とある。

ここで、貸本屋隆昌の状況をもっとも具体的に伝える資料として、よく知られているものを三つだけ紹介して

図7　「貸本屋の年玉」（天保4年）

置くことにする。

一は、享和二年（一八〇二）覆刻版『小栗忠孝記』の秋里籬島の序文で、これは貸本屋の巡回営業である。

徒然を慰むる物は、大和・唐《もろこし》の書《ふみ》、昔・今の物語の類なり。これを小書肆《さうしや》の輩《ともがら》、背に汗し、足を空にして、竪横《じうわう》に走《わし》り、町小路《まちこうじ》までも、日数《にかず》を限りて貸し歩く。見る者、僅《はつ》かの見料をもつて慰む事、当世のならはしとなりぬ。

二は、文化十年（一八一三）山東京伝の『双蝶記』の序文であるが、こちらは読者への勧誘である。

絵は即ち顔形《かほかたち》なり。作は即ち意気《こころばせ》なり。板木彫《はんぎほり》は紅白粉《べにおしろい》なり。摺仕立《すりしたて》は嫁入《よめいり》衣装《いしやう》なり。板元《いたもと》は親里なり。読んで下さる御方様《おんかたさま》は婿君なり。貸本屋様はお媒人《なかうど》なり。（作が愚かで婿君の御気に入らぬ所の多いのを）貸本屋様方のお媒人口《なかうどぐち》にて、かやう〳〵

の娘がござる。顔形は言ひ分なし、心ばへは少し愚かなれど、其の変りには舅姑の言葉を背《そむか》ず、婿君を大事にして、律義《りちぎ》一へん、所帯形気の娘でござる、先見合《まづみあひ》をして見給へと、拙《つたなき》を覆ひ、悪しきを善きに取りなして、勧め込んで下さらば、縁遠き此の娘も、よき婿君にありつくべし……是れ即ち力と頼み奉るお媒人の、貸本屋様の言ひなしによる所なり……。

三は、大正六年（一九一七）八月『風俗』二巻六号の記事である。

今は絶へたるが、貸本屋は、紺の大風呂敷へ、丈《たけ》高く貸本を積み上げ、中結《なかゆひ》の細引、挟板にきりりと〆《し》め、風呂敷の上よりは、太佐奈田《ふとさなだ》にて結び、絵入読本、実録、写本、随筆、軍談、人情本、或は、好みによりては異本枕の草紙（春本）を貸したる者なり。

ともに江戸時代の貸本屋の有様がよく描写され、その実態が具体的に推測できる。
さらに、以上の情況を具体的に描出するのが『祝言色女男思《いろなおし》』である（図8）。

本屋　ハイ〳〵承知致しました。いずれ穿鑿《せんさく》致しまして差し上げましょう。そして先日のはどうで御座りますナ。あの方は至って面白う御座りますか。御意《ぎょい》に入りましたか。ホイ大きに失念致しました。先達て仰せ付けられました、かの三の枕を持参致しました。へイ。ヱ、左様御座ります。イヤモウ只今は和印もけしからず念が入ります。ヱイハイ私共の仲間でも枕草紙《まくらそうし》を和印《わじるし》と申します。イエ笑本《わらいほん》故に、わ印と申しますので御座りましょう。イヤモウ只今申します通り当時（現在）のわ印は一ト通りではいけません。殊の外むつかしくなりました。何が余程穿《うが》ちがなければいけません。それに准じて書き入れ迄至極クドクなりました。左様で御座ります。イヱサ、今では御見物様の方が御目が込んでいらっしゃるから大抵な事では決して御喜び遊ばしません。前は只人物二人に少し書き入れが御座りますれば、それで済みましたもので御座りましたが、流行に従いまして、色々になりまする。ハイヱ、此本の外題《げだい》で御座りますか、ヘイこれは祝言色《いろ》女《な》男《お》思《し》ト申します

図8　『祝言色女男思』（文政8年）

貸本屋は背丈程の貸本を後ろに披《ひろ》げ、矢立を腰に差し、本の下置きの台箱から取り出したと思われる「貸「本控」」には「文政八（一八二五）」（当該年号）が見える。貸本屋がよどみなく冗舌に繰り出す口上は次のようになる。まず始めに得意客の次の注文を聞く、次に先日持参した本は面白かったかと伺う、その続きを持って来たと言う（いわゆる継本《つぎほん》で、読者を繋ぎ留める）。転じて、枕本を「わ印」というのは笑本だからと講釈する。現在のわ印は絵も書き入れも濃艶になったと言い、『祝言色女男思』を差し出す。いかにも客の気を惹く抜け目のない弁舌と容貌である。

貸本屋は居着《いつき》も続々出現するようになる。例えば「伝馬町／本屋清七／かし本」「姉小路通冨小路

角／本屋利兵衛」等の屋号で、各自に意匠の墨印を貸本に押して住所も明示する。「貸本所」「貸書肆」等とも称した。貸本屋は出版本屋も兼業し、「京書林／堺町通夷川上／橘治」（橘屋治兵衛）、名古屋の「風月／堂記」（風月孫助）、「書林永楽屋／尾州名古屋／本町四丁目」（永楽屋東四郎）の印等、その印記から全国に色々な貸本屋の存在が確認される。これらの墨印が大本や半紙本の浮世草子、読本類、浄瑠璃本に見えるのは、貸本屋を経由した証跡であり、読者に提供されていたことを物語る。尤も本を商売にする者は出版・貸本・新本・古本の外、紙・筆等文房具類等全般を扱い、行商もしており、その営業主力が何かで店屋の性格を見るしかない。

貸本屋の印記から居着の貸本屋が全国各地で営業していたことが分かる訳であるが、貸本屋の「蔵書目録」の伝存が極めて稀珍なため浮世草子や読本等が、実際にはどう扱われていたのかよく分らない。最近の地方史、県・市・町史には地方豪農の読書事情も紹介されるようになったが、大体それは経史子詩集であり、それに次ぐのが随筆や当代流行の読物であり、古い読物は少ない。名古屋の貸本屋『大野屋惣兵衛蔵書目録』は創業の明和四年（一七六七）から明治三十一年（一九五六）頃廃業時迄蓄蔵した売り立て目録で貸本蔵書内容が察知できる珍しい資料であるが、惣部数二万一四〇一部、西鶴本は十四部（好色本を除く）、艶・好色本は九十三部（西鶴好色本を含む）、八文字屋本は二九七部あった。城ノ崎温泉の貸本屋中屋甚左衛門の蔵書は享和年間（一八〇一～〇四）頃からの営業で明治三十七年に売り立てになり、その蔵書の多くは大阪中之島図書館や京都府立図書館等に入っている。水谷不倒『古書の研究』では『二代男』『余情男』『五巻書』以下七、八点は永田氏（有翠）に譲り、私は『一代男』以下二十点ばかりを獲得したとあり、その『一代男』は現在早稲田大学図書館に所蔵されており、中甚の貸本装備を留めている。即ち八巻八冊は四冊ずつ二部に分けられ、各部は見料三分である。落書には「長々と面白からぬ物語」とある。中之島図書館蔵の『頼光一代記』（『源頼光勲功記』）には『本朝桜陰比事』（元禄二年）

の巻一二がその丁付順に裏打にされており、これは当時西鶴本よりも新しい読物『頼光一代記』の方が貸本向けにはよい読物であったことを物語っている。貸本屋は、新しい読物の誕生により、営業内容も変容することになる。

貸本屋を営むには、入手本を貸本として装備する必要がある。それは現在の図書館の整理と本質は同じである。ここでは項目だけを掲げて置くことにする。

◇貸本の仕入。新刊の本屋から購入のほか、貸本屋を対象にした専門店もあった。本を調査していると次のような貼札や墨印によく出会う。

「貸本類仕入所幷古本売買仕候」

「万絵草紙／おろし所」

「流行人情続本仕入問屋」

「和漢御書籍売買所幷かし本類品々」

この外、貸本を写本で自家製作させる貸本屋もあった。『逍遥選集』第十二巻「少年時に観た歌舞伎の追憶（維新後の東京の貸本屋）」によると東京の池田屋清吉では実録物等を作成させる「写字生」を五人ぐらい傭っていたという。維新後のことであるから江戸に遡ることは可能であろう。出版禁止令によりそれに抵触する本を、専属作者を抱えて写本に制作させ、読者を獲得とする者であった。或は、その土地の読者向けにわざわざ既成の物語類や説話の改編改修をさせる本屋もあった。

◇貸本の装備。仕入れた本を貸本に仕立てる。

蔵書印（多くは墨印）を押し、分類や取扱注意等の付箋を貼り付け、見料を決める。

◇蔵書構成を考え、また紛失や破損等の対策をする。

以上の貸し賃を取る貸本屋とは別に、個人の間で書物を貸借する慣行もあった。それは第一章「近世初頭 書物と読書瞥見」に見た通りであるが、書物貸借は伝承されている見事な徳目である。繰り返し引用してきた資料になるが、最後にそのことを、ここでも又付け加えて置くことにする。

人の所へ物を借りに遣ることはしないのが慣習であるが、書物等は不図《ぶと》言い遣わしても気にしないでよいと『女用智恵鑑宝織』（明和六年、一七六九）にある。そこには『伊勢物語』『徒然草』『百人一首』は誰でも持っているが、女子の読むべき凡その書物は、『伊勢物語』『源氏物語』『栄華物語』『狭衣物語』『枕草子』『徒然草』『土左日記』『無名草子』『うつほ物語』とある。

書物借用の範例文は『女文翰重宝記』（享保五年、一七二〇年）に「五月雨の文」として載っている。毎度の引用になるが、ここでも又出す。

おやみ（小止）なき梅の雨、ひどく暮らし兼ねて居ますまま、申し兼ねますが、珍しい草紙もございましたら御借し頼み入れます。『源氏物語』『狭衣物語』『うつほ物語』『竹取物語』の類はあります。

これに対する返事は、御文の通り晴れ間もない五月雨の空、本当に日長く徒然《とぜん》さ同じ心に思います。「物の本の事仰せ下され候、いと安き御事に候、希敷品《めづらしき》も御座なく候へども、今《いま》は昔《むかし》の物語《ものがたり》、故事談《こじだん》二部御目に入候、これも又古めかしくや」と思います。

書物はいつでも借用を申し入れてよく、その場合、「御借《おかし》」とか「御恩借申度候」等との言い替えがある。借用を頼まれた人は喜んですぐに貸すこと、読書は五月雨のようなつれづれを慰めるもの、さらには備用の書、読むべき書に文学史上の古典が記され、それら古典は古めかしい等とある。

貸本屋が取り扱う本は読者の要求を入れて、見てきたように、これらとは切り替わった新しい読物が好まれた。即ち読者は、新しい読物を常に期待していることが察知されるのである。

言うまでもないことながら、貸本の読者は識字能力を身につけた者でなければならず、都市部にあっては貸本屋や草紙売が巡回できるほど、その数は多かった。何度も記しているように、それは寺子屋や丁稚教育の成果である。

第十章　名古屋の貸本屋大惣

一　名古屋の本屋と大惣の位置

江戸時代の名古屋の本屋については、太田正弘氏に『尾張出版文化史』（六甲出版、一九九五年）に詳しい調査があり、名古屋では一一六軒、尾張では一二七軒が確認されており、貸本屋は文化五年（一八〇九）には六十二軒あったという記録の紹介がある。私も、愛知県下で八十五軒の貸本屋の貸本印記を確認している。『尾張出版文化史』で解説される貸本屋兼業の本屋は次の十軒である。

味岡屋久次郎（文貫堂　明和六？〜明治）出版・貸本
井筒屋文助（皓月堂　天保〜明治）出版・古本・貸本
永楽屋吉助（百架堂　天保〜昭和）出版・古本・貸本
大野屋惣八（胡（湖）月堂　明和四〜明治）出版・古本・貸本。（他は後述、三一四頁参照）

松月堂（舎）勘助（文化～明治）出版・古本・貸本
菱屋久兵衛（萬巻堂　元文～安政）出版・古本・貸本
風月堂孫助（貞享～明治）出版・古本・貸本・製墨
松屋善兵衛（昭華堂　安永～明治）出版・古本・貸本・双六の刊行・文房雅玩・舶来諸品・薬
美濃屋清七（文華堂　文化～明治）出版・古本・貸本・薬
万屋東平（慶雲堂　文化～明治四十年）出版・古本・貸本

引用からも分るように、江戸時代の本屋は出版のみならず古本、貸本、さらには文房具、薬、明治になると舶来諸品等、多角経営で派手であるが、それは現在の本屋に同じく大中小の規模に応じ、文房具を中心に諸品の販売がある。問題は、これらの貸本営業者が蔵書印記から確認されても、貸本屋としての纏まった蔵書、貸本目録、あるいは営業記録、貸本付帳のようなものが発見されないのが残念である（但し、最近の全国の県・市・町・史では、寺子屋教育とともに、貸本屋の記録やその蔵書内容の記録もある）。当時貸本屋の蔵書は、顧客を一巡すると次の貸本屋へ売却されていたのであり、それも一定の流通経路が出来上っていたと推測されており、それは都市部から田舎へ流れ、読者が変る温泉地等が吹き溜まりになる。例えば、城ノ崎温泉の貸本屋 中屋甚左衛門のような場合である（拙著『近世貸本屋の研究』東京堂出版、一九八二年）。

それでは、大野屋惣八（略称、大惣）の貸本営業はどうだったのか。大惣は他の普通の貸本屋と違って、貸本とする本は転売せずに、蓄蔵されてきたのが最大の特色とされている（但し、後述するように、現在では本の行商もしていた資料の紹介があり、その時々の営業形態があったと思われる）。即ち、貸本の蔵書数二万二千余部が明治三十一年の売り立て目録に計上されており、実際にその多くが現在国立国会図書館、東京大学、京都大学、数は少ないけれども筑波大学、東洋文庫、外にも僅かずつではあるが、方々の図書館や個人蔵書に確認されている。このように一貸本屋の蔵書が特定の図書館にまとまって確認されるのは珍しいことである。大惣本の売立てについては「少年時に観た歌舞伎の追憶（貸本屋大惣其二）」（『逍遥選集』第十二巻）に経緯がある。

大野屋惣八については、『貸本書肆大惣江口家家内年鑑名古屋胡月堂 家内用』（小田原市立図書館蔵）があり、これは貸本屋三代目惣八（享和二年〜明治六年、一八〇二〜七三）が貸本屋大惣の歴史として編纂したものと思われる。この資料は、名古屋市の『郷土文化』（第六十四巻第二号、名古屋郷土文化会、二〇一〇年一月）に翻刻紹介したが、その後二〇一二年七月には、「文圃文献類聚28『貸本関係資料集成――戦後大衆の読書装置 第Ⅰ期第一巻「貸本文化」18〜20号』（金沢文圃閣）に収録された。また、御子孫の江口家には『家系』『過去帳』も現存していて資料読解には不可欠の資料であるが、最初にこの資料から貸本屋大野屋惣八の代々を略述してみよう。

○初代・惣八。享保十三年生、文化八年十一月四日没（一七二八〜一八一一）。初め富次郎、隠居名新六。兄弟二男三女の二男。兄は岐阜に移住、代々喜兵衛を名乗る紙商。初代は後述するように貸本の制作を名古屋の戯作者にさせ、自らも「緑陰軒」「南瓜の蔓（鶴）人（かぼちゃのつるんど）」等と称し、『通妓洒見穿』（享和元年、一八〇一）等を書いている。従来、貸本屋営業の始めは明和四年（一七六七）とされているが、なお明確にならない。

○二代・惣八。明和三年十月二十六日生、弘化四年七月十一日没（一七六六～一八四七）。初め清次郎。兄弟一女四男の末子。上の男子は早逝。初代を受け継ぎ発展させた。初代は写本を制作させたが、二代目は点数は少ないが出版もしている。

○三代・惣八。享和二年十月九日出生、明治六年没（一八〇二～七三）。幼名鉄次（治）郎。本名、清兵衛。元服後、貞蔵。隠居名、清山。兄弟一女三男の二男。長兄は弘化四年五十四歳で没するも貸本営業をしている。貸本屋を守り維持し、安政二年（一八五五）貸本見料を値下げした。『貸本書肆大惣江口家家内年鑑名古屋胡月堂家内用』の記録者。

○四代・惣八。三代惣八は、『系図』に見るように後妻との間に四男二女がいるが、その二男は天保五年十二月廿二日生、初め恒治郎、元服後惣八と改名、安政六年七月廿九日廿六歳で没した（一八三四～五九）。三代に先立つ死没であるが、惣八の名乗があるのは四代目継承が意図されたのであろう。この恒治郎（四代惣八）没後は生存の兄弟はこう（幸。弘化元年三月六日生）一人で、安政七年に村上彦七郎と結婚、文久元年（一八六二）九月廿三日総太郎を生み、翌二年閏八月九日十九歳で没する。

現在、四代・惣八とされているのはこう（幸）の一子、明治三十年九月廿四日三十七歳没の総太郎であるが、単純計算では五代目に当る。

○五代・惣八。総太郎はこう（幸）没後は大惣で育てられた。村上彦七郎は村上瀧野の義嗣で、大導寺本藩勤仕の暇に大惣の書籍目録編成や書物修理の補助をしていて、小寺玉晁の媒酌により婚約が整っていたが、兄弟が皆死没し、こう（幸）一人になり、両家ともに嗣子の問題が起って揉めたが、結局は婚約を守り結婚、大惣に引き移った。彦七郎には大惣の縁戚から再婚話も出たが調わず、その後別居して新家庭を持った。

（以上は『過去帳』とその書き込みから纏めた）

総太郎には三男二女がいたが、昭和廿年三月十九日、当時東京にいた元三以外は、現名古屋市守山区の疎開先で皆爆死した。図1は略系図である。

図1　『江口家略系図』

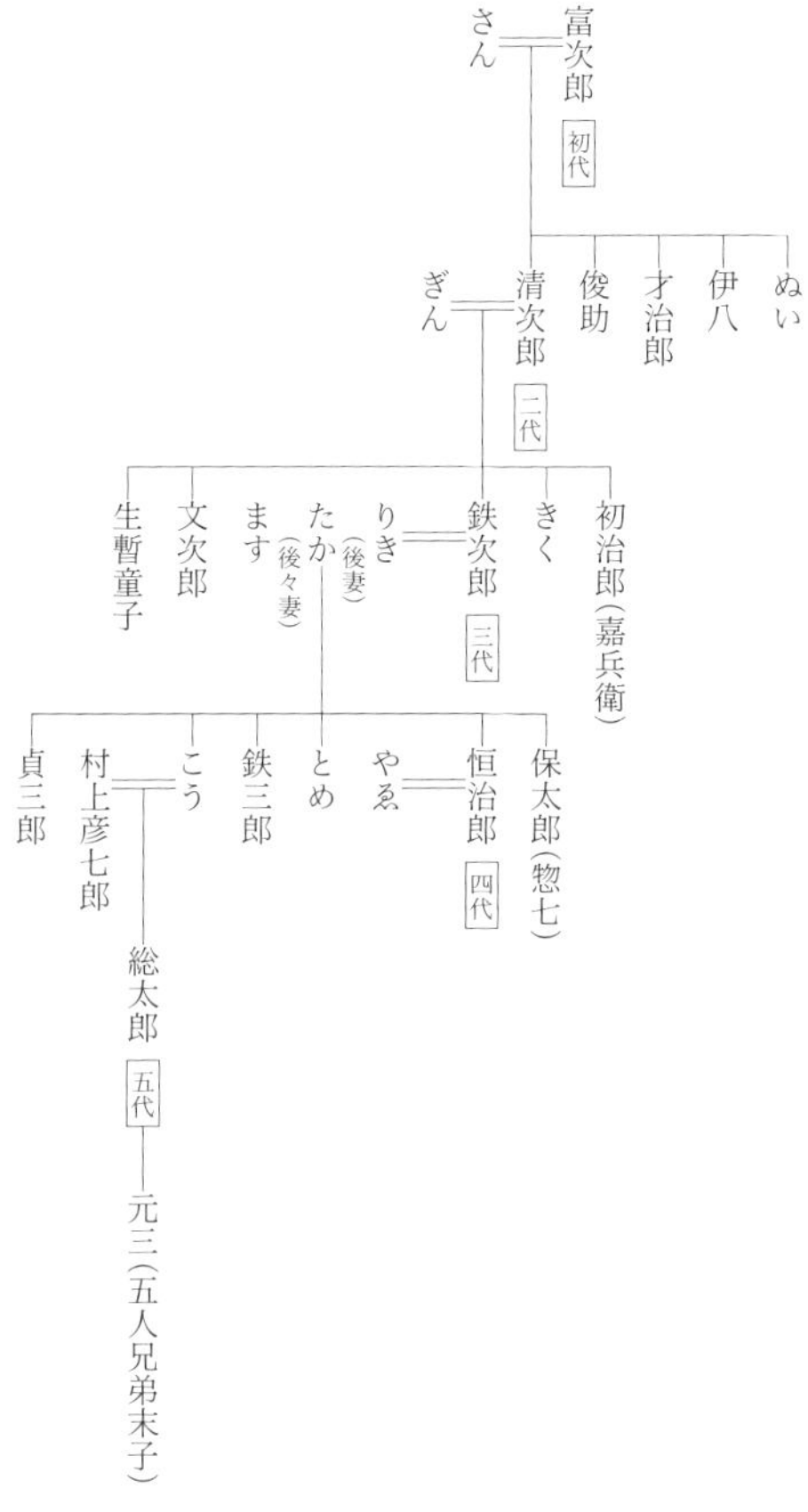

また、尾張の漢学者細野要斎（文化八〜明治十一年〈一八一一〜七八〉）には、漢文で記した「胡月堂歴代小伝」（『感興漫筆・十二』）があり、記事に重複もあるがこれも読み易くして、全文を紹介しておく。

○大野屋惣八。氏は江口。幼名は富太郎（ママ）、後に新六と改む。号は胡月堂。尾張名古屋の人。初め城西樽屋陌（まち）に住む。薬材を鬻ぐを以て業と為す。既にして本重町に移住。失策し破産 家屢空し（生活窮乏の意）。美濃岐阜に親属有り（其兄 を紙屋喜兵衛と曰う、美濃岐阜の人 家頗る富む）、金若干を贈る。総八素より書を好み、手写する所の者多し。賑給（施与）を得るに及び、此を以って資と為し、書数百巻を買う。是に於いて 伝馬陌に移住長者陌角 遂に業を改め、貸書肆を開く。後に又 長島陌に移住。業漸く盛ん。文化八年十一月四日没。享年八十四。石切陌法応寺に葬る。墓碑題に曰う、心光浄覚信士。

○嗣子 清次郎後総八と改む。善く父の志を継ぐ。益ます勤力を用い、書を聚め蔵に蓄う。家道日に隆（さかん）。凡そその蔵書の多きは府下の貸書肆第一、これと比肩する者なし。弘化四年七月十一日没。享年八十二。先塋の側に葬る。題墓に鶴翁齢忝信士と曰う。

○嗣子 清兵衛、即ち今の主人なり初め総八と称す。克（よ）く父祖の業を守る。家声籍甚たり（家の誉は世間に広まっている）。客は常に肆（みせ）に盈（み）つ。／嘉永壬子（五）孟冬之日　要斎識。

二　大惣略年表

『貸本書肆大惣江口家家内年鑑』により名古屋移住後の凡そを年表にすると以下のようになる。大野屋惣八の略称は大惣で、屋号は胡（湖）月堂、聚文舎、姓は江口氏という。

享保十三年（一七二三）に知多郡大野村から名古屋舟入町に住居し、酒屋を営む。

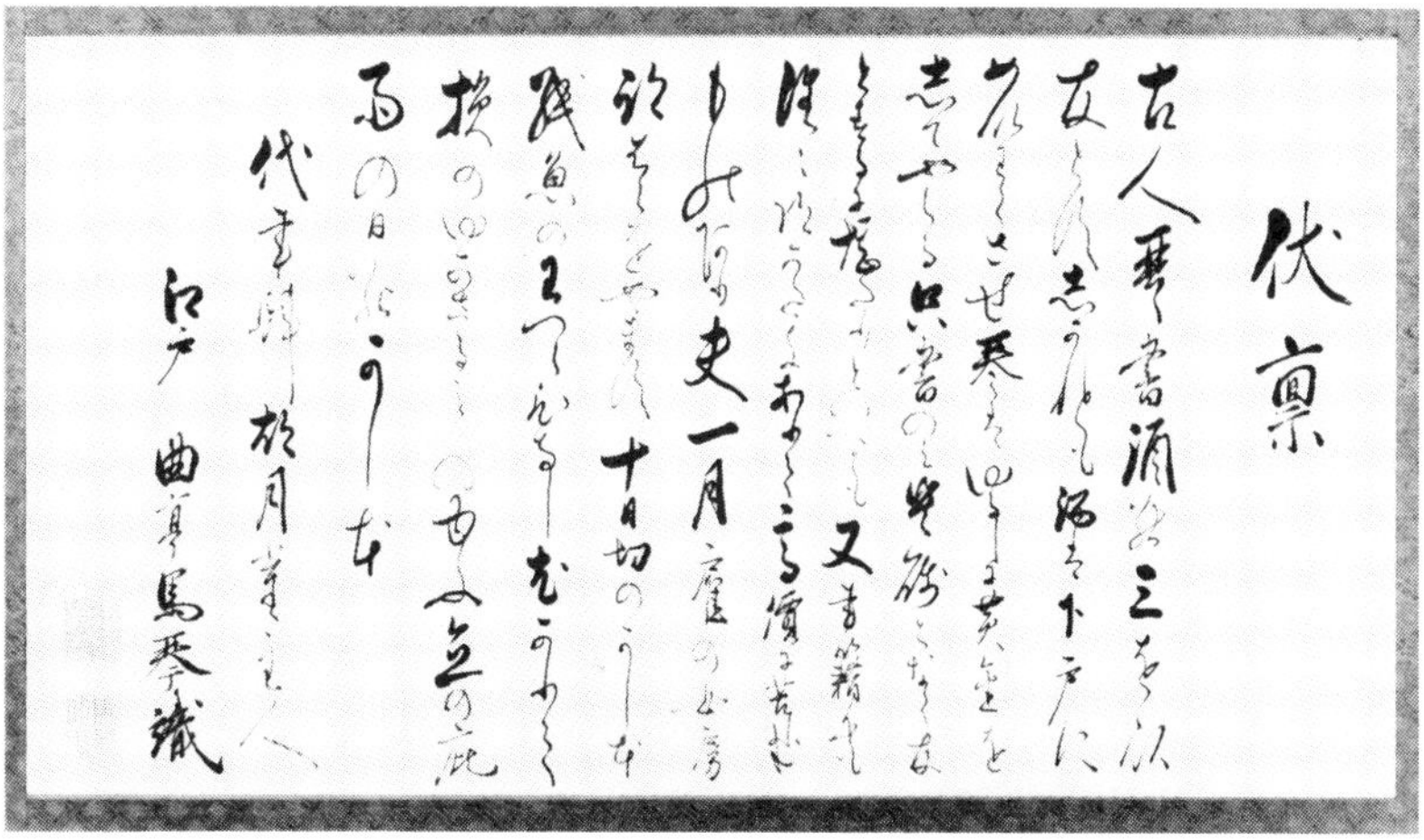

図2　『馬琴の口上書』(享和2年)

宝暦四年（一七五三）樽屋町で売薬願済み。

明和三年（一七七五）清次郎出生。初代惣八の次子。二代目惣八。

歴代の幼児教育については、『貸本書肆大惣江口家家内年鑑』に見られるが、その一部は第三章「一　学習・学問の普及」で既に紹介している。

同　四年十一月、沃花連の能書《のうがき》を配る。

この明和四年頃が貸本屋の開始とされている。


享和二年（一八〇二）六月二十七日、今に伝わる店張り出しの文章「伏稟《ふくひん》（伏して申上げる）」（図2・名古屋市博物館蔵）を牧野村神谷剛甫《きのめでんがく》の媒酌により、京坂旅行中の曲亭馬琴に頼み書いて貰う。謝礼銀壱両。要旨は、昔の人は琴・書・酒を友としたが、琴は免許に金をせしめられる。ただ書籍だけが貴賤共に友とすることができるが、書籍にも屢々入手し難いものがあり、高価で苦しむものがある。それ、一月契約の妾は産後の心配がなく、十日限りの貸本（大惣の日限）は紙魚《しみ》に悩むことがない。当然借りて損のないものは夕立の時の庇《ひさし》、雨の日に借りて読む本。

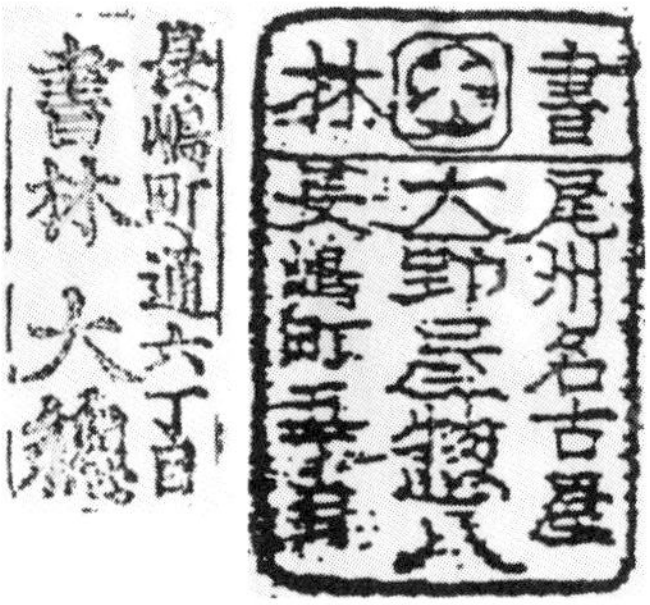

図3　大惣の貸本印記

同　二年十月九日、銕次郎出生。（二代目惣八の次子、三代目惣八）
同　二年十一月四日、長嶋町五町目西側江転宅。
図3は大惣の貸本印の内「長嶋町五丁目」と「長嶋町六丁目」とあるもの。表示は異なっても同一居所である（先代藤園堂主人伊藤健氏示教）。大惣の印譜は全二十八顆が確認されている（太田正弘氏『貸本屋大惣印譜』後出）。
同　五年十二月廿日、惣八組親に成る。
文化八年（一八一一）十一月四日、初代惣八没（年八十四歳）。
同　十年二月、南借屋借り添え、廿八日朝 南店壁抜く。○三月四日 惣八組頭に成る。○八月 本屋仲間安永講に加入、五日が本せり日。
同　十二年十一月八日、質商願い出。当日済み。
同　十三年十二月二日、道具屋株を門前町彦兵衛から、札代壱両弐分銀八匁で買う。
同　十四年九月廿六日、道具店出す。
文政元年（一八一八）十一月十九日、福寿講加入、毎月二十日が本せり日。
同　二年二月四日、古道具株一両一分で買う。
同　三年二月、本屋行事を仰せつかる。
同　四年正月、惣八町代役を仰せつかる。
同　八年四月八日、鉄砲町に出見世を出し、本屋仲間に振舞う。
天保元年（一八三〇）五月十五日、質屋株になる。

同　二年十月五日、十夜講に始めて加入、当番。○十一月二日大黒講、川市にて初会。浅甚居宅百廿両で買う。外に包み金一分。

同　三年二日、水滸后伝の願いを出す。○十月四日『琉球人行列図』の板行願いを出す。九月より催し、十月始め板出来、十一月十六日より摺り始める。

同　五年十二月廿二日昼、恒治郎出生（三代目惣八の二子。大惣四代目）

同　六年三月廿日、出店土蔵棟上げ。閏七月二十五日書林行事を仰せつかる。○八月十五日、組頭に成る。

同　十年六月二十九日、清兵衛（三代目惣八）町代役仰せつかる。

弘化二年（一八四五）三月朔日、見料帳に、願い改めとあり、見料を銭に改める（来年五月十二日には都而、商物正金に成る、とある）。同月十八日、袋町に、楊弓・投扇店願い済み。また、年代不明ながら図4のように、「御薬あらいこ 廿四文」「かみそめ油 十六文」のチラシもある（貸本の後表紙見返などに添付されている）。

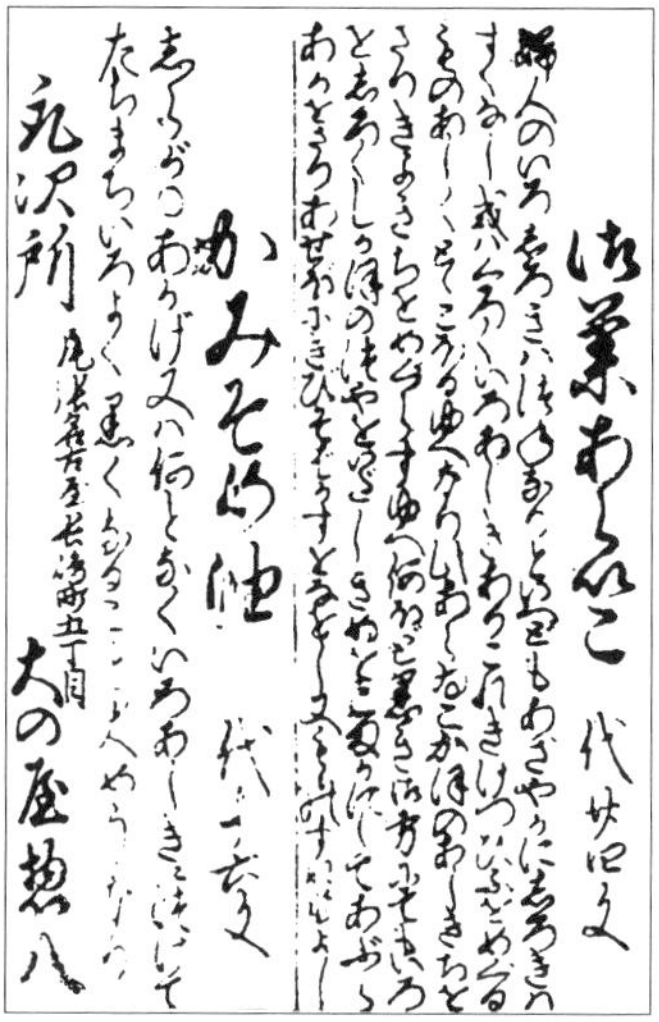

図4　「御薬あらいこ 廿四文」「かみそめ油 十六文」

同　四年七月、二代目惣八没。

同　四年十月十九日、書林行事を仰せつかる。

嘉永四年（一八五一）五月六日に、細野要斎の『感興漫筆・八』に次の記事がある。

「辛亥（四年）五月六日より貸書肆胡月堂大野屋惣八の請ふに因て、彼家の蔵書を分類して書目を改定す。胡月堂、今乃三代前より貸書肆を開く。蔵書甚だ多し。書庫二箇と、肆（みせ）に積む所と、巻数いまだ幾許あるを知らず。

改定書目の峻功、亦いづれの日に成るを期する事能わず」とあるが、翌年には竣功した。

同　五年五月、『感興漫筆・十』に『胡月堂蔵書目』が出来、「胡月堂蔵書目叙」の写しがある。

「商家之業は区（まちまち）。坐して鬻ぐ者有り、行きて売る者有り。閑なる者、劇（繁忙）なる者有り。廉（潔い）なる者 貧なる者、其の所為同じからずと雖も、皆所以は国家の用を給す。而して其閑且つ廉にして自ら楽しむも亦人に益ある者、夫れ書を以て人に貸す者は胡月堂主人、三世書を貸すを業とす。所蔵多く、国字書、上は経 史 子 集之解より、下は里談巷話之記に至る。蓄蔵せざるなし。歴年久しく家声四方に伝播す。客席肆（みせ）に盈つ。一日主人余に謂ひて曰く、我が家 今所有之蔵書目録、先世以来往々点検す。而して錯乱猶多く、未だ編成ること有らず。冀（こいねが）はくは生 之を訂正すれば幸甚。余其の志を善とし便ち諾す。毎暇日に肆（みせ）に抵（いた）り、乃ち旧書目に拠り 類を立て目を分ち、歳余竣功釐（おさ）め、十巻と為す。題して改正胡月堂書目と曰い、繕写して既に成る。因て其の事を編端に録し、且つ韵を貽（おく）り以て其の子孫に曰う。

三世の書冊　架に充ち庫に盈つ　子孫業を守り　家声に堕す莫れ

嘉永五年玄黙困敦蕤賓（五月）　要斎題」

この『胡月堂蔵書目』端本一冊（七十丁）が現在国会図書館に所蔵されており、朝倉治彦氏の『貸本屋大惣（古通豆本32）』（古書通信社、一九七七年。後出）に紹介がある。この『改正胡月堂蔵書目』は旧蔵書目録を参考し、これを改訂して十巻としたとあるが、明治三十一年売り立て時の蔵書数は二万一千余部にもなっていた（『大惣蔵書目録と研究 貸本屋大野屋惣兵衛旧蔵書目録』）。なお、客席店に満つとは、閲覧席のことであろうが、ここからは現在の図書館利用のようなことが想定される。

安政二年（一八五五）九月二十七日、諸色値下げに付き、貸本値下げ。次の五点を出す。

東雲草紙（一分五 改下二）。双葉草（同上）。圃老巷談（同上）。古朽木（一分二改一分）。風姿戯言（同上）。

「諸色値下げに付き、貸本値下げ」の記事は注目すべきで、即ち大惣は貸本見料を取っていたことを明らかにしている。（大惣の貸本見料については、色々報告がある。当初は無料、ある時は物納。坪内逍遥「少年時に観た歌舞伎の追憶（貸本屋大惣（其一）」（前出）には見料を取るようになってからも極めて薄利、逍遥が借りた明治十年前東京に比べてずっと廉であった。逍遥の大惣遺族への問合せに返事は、写本四十五冊 十日間 八分～一匁迄、草双紙十冊 五六分～八分迄、丸本（浄瑠璃本）三分～五六分、中本三冊五分、稗史（読本）はそれより幾らか高価。この十日間に対し一日貸もあり、例えば歌舞伎台帳『女土佐日記』は「合本四冊 御見料 一日三分ヅヽ」の付箋がある）。

同　五年九月、惣八・本利（本屋利兵衛）・本膳（本屋善兵衛）・本清（美濃屋清七）四人、この仲間で智多へ本買いに行く。

同　六年三月十五日、孔子講、本屋仲間。

慶応四年（一八六八）七月、風月（風月堂孫助）・永東（永楽屋東四郎）・みの伊（美濃屋伊六）・本観四軒、この連名で金弐両、書林仲間調達金、廿九日風月迄出す。

明治六年〈一八七三〉六月、三代目没。

同　三十年、四代目没。

同　三十二年、貸本屋を廃業する。

紹介の資料『感興漫筆』以外は、全て『貸本書肆大惣江口家家内年鑑』によっているが、『感興漫筆』の細野要斎の記述を見る限り、また後出国会図書館蔵『新説野鹿伝』（万延二年、一八六一）初編巻二最終丁裏落書きには「大惣や人の目玉でまゝお食ふ」もあり、大惣は貸本営業が主力であったことに疑いはないようである。『感興漫筆』には、『家内年鑑』や略年表に見る質屋、道具屋・古道具屋、楊弓・投扇、酒小売などの諸事業のことはどこにも触れられていない。細野要斎の韵は、文字通りに、三代続く貸本営業を忘れてはならないという注意警告なのであろう。従来、大惣を説明した代表的なものは前出「少年時に観た歌舞伎の追憶」であるが、そこでは大惣の貸本営業は、書の買い貯えは代々の遺習で、主として道楽からしたことで見料を取るようになってからも極めて薄利であったとある。即ち、「江口氏は（中略）知多郡在住の頃から、代々書を貯へることを道楽にしてゐた」というのである。細野要斎は同時代に大惣に親しく接し、目録まで編纂していながら、坪内逍遥が遺族から聞き取った所とは必ずしも一致しないが、その時々の経営方針があったのであろう。ここでは、江戸時代の主力事業は貸本屋、余業に諸事業があったことを確認しておきたい。但し、結果として諸事業の成果は書物蓄蔵の資力となっていたと推測される。加えて、石田泰弘氏が近年紹介された新出資料には、大惣の書物行商の記録がある（後出「四　現在の大惣研究」参照）。

三　大惣の文壇、利用者

大惣は、整版本を貸本にしていた以外に、作者を擁して貸本を独自に制作させていた。制作者については、拙著『近世の読書』（青裳堂書店、一九八七年）に「貸本屋大惣の文壇」として纏めているので、そこから要約するが、大惣初代のもとには以下に列記するように、十数人もの戯作者たちが、図5 6 7を見るように「大野屋惣八」「かし本　大野屋／貸本」を、版心柱記や版外に摺刷した原稿用紙を用いて書いており、また親子枠の摺り題簽下部に「大惣」のみを印刷して余白全体に書名を書き入れるようにしているのは（縦一四二ミリ、横一二九ミリ。例『秋葉山参詣一九之紀行』『ていせいしやれと婦しみ全』『徒談語』など）、大惣の注文に応じての制作であったと推定して、大惣の文壇と言ったのであるが、石川了氏には、彼等は化政期を中心にした尾張狂歌壇の人々であったとの考証がある（『江戸狂歌壇史の研究』汲古書院、二〇一一年）。

○椒芽田楽には『新織儛意鈔』（寛政十三〈一八〇一〉序）があり、本書巻末の「出来目録」には八作品が出る。

○満寿井豹恵（石橋庵真酔。彙斎。戯作名は御存カ）には『郭《さと》の池好』等八作品がある。

図5左頁の文面は次の通り。「右八部 長嶋町大野屋 伝馬町京口屋 巾下江川町三星屋 同樽屋町玉野屋 肆（カ）ケ所の書林へ指出し置候間 模寄の方ゟ御取りよせ 御評ばんよろしく御覧可被下候。猶追々珍らしき品出来仕候／熟々堂蔵」。四ケ所の本屋に写本を出していたことも分る。

○料理蝶斉には『女楽巻』がある。

○爰于《ここに》おきなさいには『囲多好髷』（寛政十二自序）がある。

○旭亭主人（別名は川東主人）には『天岩戸』（丙辰〈寛政八〉春三月序）がある。

○模釈舎には『駅客娼穿』（文化二年、一八〇五成稿）等三作品がある。

○悟鳳舎潤嶺には『浮雀遊戯嶋』（文化三年成稿春）がある。

○特記すべきことは、初代大野屋惣八には、戯作名に「南瓜の蔓（鶴）人」や「緑陰軒」があり、『通妓洒見《つぎしゃみ》

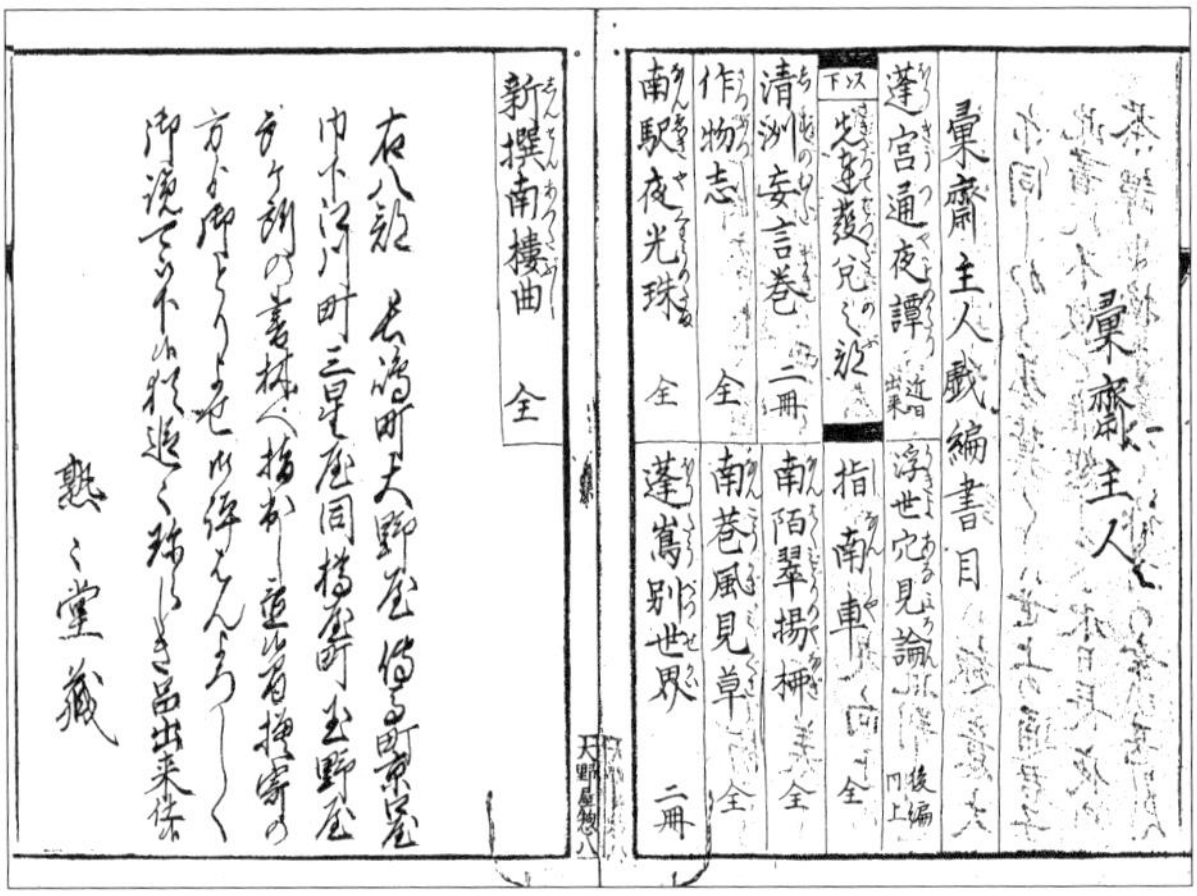

図5 『浮世穴見論』に広告する彙斎（石橋庵真酔）の著作が方々の本屋に出ていることを言う。

穿《せん》』（西の年新作〈享和元年辛酉、一八〇一〉）等の戯作があることである。また『軽世界四十八手』（寛政十二年序）の編集もしていて、それは江戸で評判の高い山東京伝作『傾城買四十八手』（寛政二年）を模倣したもので、田楽は第一の序文と挿画を書き、惣八は第二序文を書いている。有賀亭光は「切れる手」「端手な手」を、満寿井豹恵は「見抜かれた手」を、由賀翁斎は「不味な手」「真の手」を、於仁茂十七は「忍の手」を、川東京伝は「易い手」を、木下山人は「捻った手」を書いている。巻末の予告には「珍しき新作追々出来仕候間御覧可被下候」とあり、奥付も江戸の蔦屋重三郎を模して「書肆蔦舎梓」としている。これらのことは、大惣を中心とするグループが存在していたことを想像させるのに十分である。彼等が大惣で書いたのは洒落本、あるいは風俗絵本で、他の貸本屋が多く実録や、出版禁止令に悖《もと》る物を書かせたのに異なる。

○高力猿猴庵（高力種信。天保十一年、一八三一。七十六歳で没）の『猿猴庵日記』は名古屋市中内外の市井記事であるが、各種現存本の中では貸本用の大惣本が最も見やすいとされ、この類は名古屋市博物館資料叢書三『猿猴庵の本』等で紹介され、詳しい解説がついている。

○細野要斎 前述の『改正胡月堂蔵書目』十巻を作成した外に、『感興漫筆』にはさらに以下の事がある。▽嘉永四年（一八五一）三月四日、大惣に依頼され、『大東閨語』（艶本）に塡詞（詩余。楽譜に合うよう文字を埋めて歌詞を作る）を作り、序・凡例・題詞を添えて与えた。▽安政三年（一八五六）七〜九月、大惣が買った活字版『常陸帯』四巻を託されて平仮名に写した。後に大惣がその本を売り出したので買い求め、写本は万延二年（一八六一）正月大惣蔵の雲川弘毅所著『心学弁』を借り出し謄写した。▽文久元年（一八六一）六月、往年大惣から買った古写本『きふねのさうし』『ふじの人あなさうし』各一冊を、無益の冊として骨董舗に売る。▽乙丑（慶応元年、一八六五）に「小寺玉晃夢のあとおひ題言」を写し、その三に「不二見原西小路かつら町てふ妓女の評判記は、前後かけたれども、胡月堂のあるじより一奇なるまゝに爰にとぢ入ぬ」との記事がある。

『諸家雑談・二』にも、安政二年（一八五五）に大惣の話があり、同三年には大惣で貝原の『養生訓』を読んで六十余で壮健という納屋の商人（要斎も胡月堂で屢々面談しているという）の話を聞き、「『養生訓』を篤信してその効験を得たるは、感賞すべき事」と記している。

○二世平出順益（尾張藩医。文久元、一八六一。五十三歳で没）には、天保四年、五年の日記『癸巳日蹟』が残っており、そこには大惣利用の記事がある。

▽天保四年正月元旦「殺生石後日怪談五編馬琴作を大物にて借読す」。▽二日「蓑笠雨談馬琴作ナリを大物にて借る」。▽四日「大物にて骨董集初篇、飛鳥川当流男を借りる」。▽七日「西鶴織留を借る」。

▽十九日「大物に至る。笠亭仙果に逢ひて、申時伴ひて帰宅。清談、刻を移す中、笹の屋新七来る…」。

▽二十一、▽二十七日にも大物に行く。大物は文人たちの出会いの場所でもあった。

○小寺玉晁（明治十一年、一八七八。七十九歳で没）は家が貧しく、大惣の貸本の筆耕をして暮しを立てていた。著述は一五〇種余、『尾張芝居雀』『見世物雑誌』『尾張祭礼年中行事』等が代表作である。多くは『玉晁叢書』として早稲田大学図書館に所蔵。

○小田切春江（歌月庵喜笑。（明治二十一年、一八八七。七十九歳で没）の『名陽見聞図会』も「大野屋惣八」の用箋を用いていて、奥付には「天保四年癸巳正月出来　名古屋書林　大野屋惣八貸本」とある（図6）。図7も参考になる。

以上は、江戸時代の大惣での貸本制作者や利用者の例示であるが、このような状況から大惣の店先が常に賑

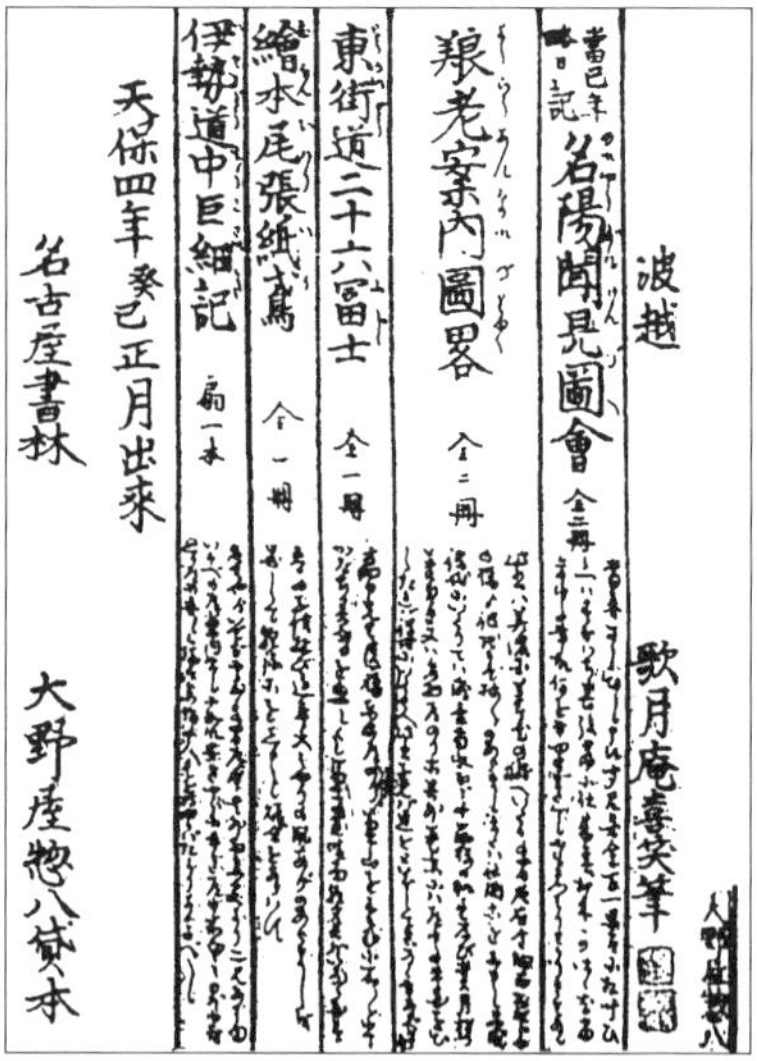

図6　『名陽見聞図会』奥付（天保4年）

図7　『修学院御幸記・安元御賀記・北山御幸記（御幸三記）』の板下用紙。柱記上に「かし本」下に「大野屋貸本」とある。

わっていたことは十分に想像できる。

四　近代の大惣本研究

○坪内逍遥（安政六年～昭和十年〈一八五九～一九三五〉）は、近代の大惣貸本利用者としても有名である。逍遥は東京専門学校（現、早稲田大学）教授、小説家、劇作家として活躍、近代日本の開化に貢献していることは、今さら言うまでもない。逍遥の大惣貸本利用はよく知られた「少年時に観た歌舞伎の追憶（貸本屋大惣其一）」（『逍遥選集』第十一巻）から引用する。

大惣は、先方は無意識であり、不言不説であつたのだが、私に取つては、多少お師匠様格の働きをしてゐたといつてよい。とにかく、私の甚だ粗末な文学的素養は、あの店の雑著から得たのであつて、誰れに教はつたのでもなく、指導されたのでもないのだから、大惣は私の芸術的心作用の唯一の本地即ち「心の故郷」であつたといへる。（中略）

顧客の主なものは学者、文人で、代々の主人中には、其当時の名家と別懇に交際したものもあつたらしい。大名屋敷なぞも其主な顧客であつた。中には、店の一室へ半日以上も坐り込んで、又格別の交際ある者は其土蔵内に入ることをも得て、恰も今の図書館代りに、此店を利用したものもあつたといふ。

坪内逍遥の『桐一葉』は「読み本体」と「実演用」とがあり、「大正六年（一九一七）四月、帝劇にての上演後の出版に添へたるもの」の「実演用」序には、この作は二十幾年前の旧作で、現在では心的態度も変ってきているから過去の劇界事情を暗示かたがた当時の劇作態度を最初に示しておくとした上で、その前にこの作の由来を話しておくとして、次のようにある。

それはもう随分遠い昔の事だ。斯うつと、明治十三四年までは馬琴の崇拝者であつた私は、一つ橋に在学当時、下手な馬琴流を模《ま》ねた変な歴史小説を書きかけた事がある。それは真田幸村の落胤か何かを主人公とした『侠客伝』まがひのもので、ほんの三四章書いたに過ぎなかつたが、それが即ち私が豊臣氏の末路に同情を寄せた始めである。夏季休暇中に名古屋へ帰省してゐてのわざくれであつたから、参考書の供給者は、主として同地の貸本屋大惣であつたが、『難波戦記』、『真田三代記』、『大阪軍記』なぞの外にも、同類の野史、稗史の珍らしいのがいろ〳〵あつた。片桐や木村に対する私の同情は、此際に生じた。併し私の曲亭熱は『小説神髄』以後全く冷却してしまつたので、自然と此歴史小説案をも棄てゝしまつてゐたが……。

（『逍遥選集』第一）

このことは、この頃の同類の脚本にも共通することであろう。

逍遥は、後に、「忘れじ君が家こそは我が心の故郷／元の大惣主人江口君のために　逍遥遊人」（名古屋市博物館蔵）とも揮毫している。

○逍遥が、大惣を文学教養の素地にしていることの論評は、近代文学史では必ず触れられているが、それらの中で正宗白鳥の論評が注目される。長くなるがこれも紹介してみよう。

（逍遥）先生が少年時代に、名古屋の貸本屋「大惣」の多量な蔵書により徳川末期の戯作者本《げさくしゃぼん》を読破され、上京後、当時の日本で手にし得られた僅少の英国の小説や文学論によつて刺激されて、新代の文学の取るべき道を朧げながら感得されたのは、頭脳の鋭敏さを示してゐるのであるが、しかし、「大惣」の蔵書を余り多く読まれたことは、先生の一生に累をなしてゐるのだ。「新日本の文明は士人無学の賜物なり」と、福沢諭吉翁が喝破してゐるが、徳川末期の溝泥文学に、感受性の鋭敏な年少時代に浸つてゐた者は、その泥の臭みが一生脱けきらない訳である。批判力、反省力に富んだ先生は、その臭みから脱せんとされたが、それは不可能なことであつた。そして、故郷愛着幼児追懐の人間の通性として、先生は、ともすると、溝泥文学溝泥芸術に郷愁を覚え、たびたびそれを美化せんと企てられた。脱せんとし、或は脱したつもりでゐながら、過去を愛慕するところに、人間心理の交錯を私は見たのだが、そこに、坪内逍遥独特らしい詩趣を、私は全集を読みながら感じた。

だから、先生は「先駆者」のやうでありながら、内面からの先駆者になり切れなかつた。鋭敏な頭脳を具へながら、先生は、真の先駆者たるべき環境に恵まれてゐなかつた。「大惣」の末期文学と英国の十八世紀文学。これを、早くからロシヤの近代文学に接触し得られた二葉亭四迷や、新興独乙の鬱勃たる芸術と思想の雰囲気に幾年か身を置いて来た鷗外に比べると、逍遥先生は先駆者たるべき心魂の糧が貧しかつた……。

（現代日本文学全集『坪内逍遥　二葉亭四迷』筑摩書房、一九五六年）

白鳥は、逍遥の文学を貸本屋「大惣」等の「溝泥文学溝泥芸術」から得て発展したと正当に理解しながらも、評価はそれとは別に近代文学の先駆者を基準にしている。評価は分析の結果によるべきであるが、西洋近代文学と関係させて、ないものねだりに論じており、白鳥の評価は裏返しが必要であろう。なお、二葉亭四迷と大惣との関係は、筆者は確認していない。

○水谷不倒（安政五年～昭和十八年〈一八五八～一九四三〉）は、東京専門学校卒で、逍遥と交遊があり、江戸文学研究の草分けであるが、大惣本の処分に立会っている。『古書の研究』（駿南社、一九三三年）に次の記事がある。

私の家は僅か二丁半余を去る所にあり、父が読書子であつたから、毎日本を借りに行く。四、五歳の時から其使に付いて行き、後には毎日私が使にやられる事になり、其代り何でも好きな物を借りて来て読む。そんな関係で大惣とは深い親しみを有つてゐた。

○渡辺霞亭（元治元年～大正十五年〈一八六四～一九二六〉）は、名古屋の主税町生れで、岐阜日々新聞などを経て、東京朝日新聞から大阪朝日新聞に転じ、小説執筆専任になった。彼は多く歴史上の人物に題材を得て、例えば『渡辺崋山』等平明軽快で一般大衆の興味をそそる作品を書いた。「有名な貸本屋から借りて多読したというから多分、坪内逍遥博士の幼少の頃よく通った大惣へ出入したのであろう」（一九六四年五月十三日『中部日本新聞』）。

五　現在の大惣研究

○金森徳次郎（明治十九年〜昭和三十四年〈一八八六〜一九五九〉）は名古屋の皆戸町生れで、新憲法起草者の一人であり、初代国会図書館長として知られる。次は『私の履歴書　文化人15』（日本経済新聞社、一九八四年）からの引用である。

青びょうたんめいたこの小さな悪童は反抗意識をいだいて雑書を読み雑学にふけった。当時、名古屋に大惣という古い貸本屋があって徳川時代の文学書を一通りそろえていた。この店は坪内逍遥先生が長くヒイキされた店で、現在ではその当時の在庫本は東京の大学や上野の図書館などに保存されており、その蔵書印のあるものは古本屋でも値が高いそうだが、そんな店へ出入りして雑書を借りて読んだ。もちろん十六、七才の子供のことだから江戸文学の高級品に親しんだわけではないが、手当り次第に随筆ものや軽い国文学の書（多くは和紙木版刷）をむさぼり読んだ。鳥の子紙に草仮名で美しく書いた筆写本もあった。大部の随筆「塩じり」の筆写本もあった。堅いもの柔らかいものさまざまで、今から思うと早熟であったと思わざるを得ない。

○平林治徳氏（大阪女子大学長。明治二十二年〜昭和三十四年〈一八八九〜一九五四〉）とする同じような記事が江口元三氏の考証ノート(4)に写してあり、日本経済新聞と別の筆記具による出所根拠があるが、同紙の記事索引等によっても確認できない。そのことを断ってノートから引用して置く。

小学時代から中学時代にかけて、島田町の大惣にはよく通ったものだ。やゝ古びた、小じんまりした店頭の風景は今も目にはっきり浮べることができる。借り出したのは、歴史もの 草双紙もの、其頃の新版も読んだように思う。その頃は西鶴もの 其の他主なものは、東京移転後で、われ〳〵はその残本を読まして貰ったに過ぎないが、知識慾を満足させたことは絶大で、大惣がなかったら、私も今の私とは変ったものになっていたような気がする。この意味から大惣は私にとって学問、教養の恩人である。中学時代には同級の欣君（筆者注＝元三氏の次兄。第三師団司令部付、陸軍少将、昭和二十年三月二十五日守山の廿軒家の疎開先で爆死）と仲が好かったので……大惣で知合っていた欣君とたま〳〵机を並べるようになったためもあって、特に親しく友達としても往来するようになった。店の次の間で家族の方々がごた〳〵している中に薄暗いランプの下にチャプ台を置いてそこで勉強している欣君の姿は忘れることが出来ない。

（新旧仮名遣いの混同を統一した）

○沼波瓊音（明治十年〜昭和二年〈一八七七〜一九二七〉）は、明治二十二年（一八八九）に愛知県尋常中学に入学し、大惣より小説類を貸りて読んだ。東大を卒業、一高教授を勤めた俳人で、『俳諧音調論』の著がある。

○山村魏氏は「大惣のこと」として、昭和二十二年（一九四七）一月「郷土文化」（第二巻一号）に、次のように書いている。大惣研究の重要性を指摘し、現在の大惣研究の端緒となったと考えられるもので、ほぼ全文を引用しておくことにする。

大正の初め頃まで桑名町にあつた貸本屋大惣は文化文政頃から続いた店で、主人は代々大野屋惣八を襲名しみな相当の文化人だつたから、その蒐集した書籍文献も多種多様で各方面の珍籍稀本が多かつた。終戦後巷間に簇出しつゝある安価な貸本屋とは、その質量に於て断然異つて、これはまさにその当時に於ける市民図書館たるの観があつた。随つて名古屋出身の文学者にしてその恩恵を蒙らないものはなかつた。しかも伊原青々園の名著『日本演劇史』は大惣に所蔵されてゐた演劇に関する資料を坪内逍遥博士が買ひとられ、それを伊原が借覧し整理して体系づけたものだと聞いてゐる。東京帝大の図書館に保存されてゐる洒竹文庫は、現在の俳諧に関する文献中有数のものであるが、これも多くは大惣にあつたもので、大野洒竹が親友の沼波瓊音の処へ遊びに来るごとに大惣に立寄つて、主人惣八が貸本だから売れないと断るのを無理にねだつて買ひあつめたものであつた。……兎に角大惣の所蔵本は珍重で充実してゐたことは以上を以てしてもほゞ知れるところで、戦災によつて文化財を多く失つた今日、大惣を偲ぶこと切なるものがあるのは、恐らく独り筆者のみではあるまい。

大惣が文化文政頃から続いたとするのは凡その言及であろうが、『日本演劇史』の成立については不審もある。大正十三年九月三版『日本演劇史』（早稲田大学出版部）を見ると、逍遥は序文で推奨し、青々園は緒言に「十年来、此の著述につき幾多の奨励と訓示と及び便宜をさへ与へ給ひしは坪内雄蔵先生なりき」（明治三十七年三月記）とあるが、逍遥が大惣から買得した演劇資料を整理したという記載はなく、材料は関根只誠の遺筆から過半、安田善之助の蔵本悉皆、の謝辞があるだけである。但し、大惣が市民図書館としての役割をし、名古屋出身の文学者がその恩恵に浴したという山村氏の指摘は画期的な顕彰であり、それは見てきた通りに確認される。

○「貸本屋『大惣』を語る」座談会は、郷土文化会主催で、昭和二十七年十月七日、名古屋市鶴舞中央図書館で開催されている。恐らく前掲「郷土文化」（第二巻一号）の山村魏氏「大惣のこと」に触発されてのことと推測されるが、丁度この十月一日には新築の鶴舞中央図書館が竣工していて、その記念の座談会でもあったであろう。出席者は、次の通り。

伊藤亮三・尾崎久弥・栗田元次・山田秋衛・山田幸太郎・鬼頭素朗・市橋鐸・石原金一・渥美かをる・青木穣子・伊藤観魚・江口元三・安藤直太朗の各氏。（その他数氏）

この座談会の内容は翌年四月「郷土文化」第八巻一号に掲載されている。

○山田秋衛画伯（日本画、当時六十四歳。明治二十一年～昭和四十三年〈一八八八～一九六八〉）は座談会に出席し、十月一日の開館式にも出席していて、案内された殺風景な館内になごやかな感じを出そうと「金沢文庫」と「大惣貸本店」の図を描いて翌年二月十七日に贈っている（昭和二十八年二月十七日、中部日本・毎日新聞等）。

○江口元三氏（江口家七代目）は、同年六月と十二月、「郷土文化」第八巻二、四号に、「貸本屋『大惣』の今昔」、およびその（二）を執筆されている。

○安藤直太朗氏には「貸本屋大惣の研究」（昭和四十八年、氏の著『郷土文化論集』所収。抜刷別冊）がある。前記の鶴舞中央図書館の座談会に出席されてから、江口元三氏に直接話を聞き、また綿密なメモや資料の提供を受けての執筆という。

現在の大惣研究は、前記の座談会や、元三氏の文章、元三氏の示教に始まるこの安藤直太朗氏の研究から展開してきていて、元三氏の代々の伝聞や推測も入り混じり、現在では新しく確認し直さなければならないこともあるが、最初の本格的な大惣研究で、現在の研究の出発点になっている。

○朝倉治彦氏『貸本屋大惣（古通豆本32）』（古書通信社、一九七七年）。国会図書館蔵 細野要斎改編『胡月堂蔵書目』の紹介である。

○拙著『近世貸本屋の研究』（東京堂出版、一九八二年）も先行研究の恩恵に浴し、『貸本屋大野屋惣兵衛旧蔵書目』を分析検討した。

○太田正弘氏の『尾張出版文化史』（六甲出版、一九九五年）には、大惣の貸本見料に関して、及び坪内逍遥が江口欣氏（大惣の後裔）に質問した返事を記した「大惣の主義として、一旦買入れた書類は、たとひどんな高価で買はふといふ客があっても、決して売らないといふ方針であったので、蔵書は殖えるばかりであった」（前出「少年時に観た歌舞伎の追憶（貸本屋大惣其二）」）という大惣を特色づけてきた伝承への言及がある。後者については、近時、大惣から書物を購入しているという、次の新資料の紹介がある。

○石田泰弘氏は、「近世豪農の読書事情――尾張国海西郡荷之上村服部弥兵衛家の場合――」（「愛知県史研究」第七号所収。『愛知県史・資料編16・近世2』二〇〇三年三月、にも一部資料収録）において、服部家が名古屋の本屋等三十数軒から購入した「購書録」を分析され、文化六年（一八〇九）～天保七年（一八三六）の間（初代・二代）に、大惣からも書物購入があり、その件数は一六〇件になるという研究史上重要な発見紹介をされた。その中で一番多いのは永楽屋東四郎からの一八六件、この外には美濃屋（本屋）清七から四十四件、風月堂から二十三件、本屋伊六・本屋藤兵衛・万屋東平衛からそれぞれ十二件、などがある。このことから、大惣にも店頭での貸本営業の外に、行商の部門もあったことが明らかになるが、恐らく貸本閲覧用の本と、行商販売用の本は別々の管理であったと考えてよいであろう。なお、丑（文化十四、文政十二？）年の九月から極月廿四日迄の覚書（領収書）も県史資料編に翻刻紹介があり、そこには「米之書札摺代 七分／同右紙半紙三状

(帖)代 壱匁壱分」、また「墨壱 七分／墨壱丁 壱匁弐分五」等各種の墨の値段がある。

なお、石田氏からは服部家の『購書録』のコピーを恵与されており、この際一二注目した点を書き留めて置くことにする。服部家に出入りする本屋は、いわば「物之本」類を持参し、『農家重宝記』や『春曙抄』の類は数える程でしかない。古本・新本・新板・古渡本を持参しており、それも新本よりも古本の方が圧倒的に多い。購入には下物《したもの》(下取《したどり》)に、前に購入した本が出されることも度々である。下物の値段は購入値段の六割から八割に見積られている。買って貰って買い戻す、これも古本屋商売の一つと、近頃も老舗で聞いた。

また大惣は本屋久兵衛の取次もしている。

それどころか、

▽文化十年八月二十五日には名古屋桜町天神の僧 嵐酔書『専斎雑話』の写本の取次を「弐匁五分／写代 紙代共」で委託している。

▽同十二年五月八日にも嵐酔筆『幣帚記 七冊』を「十三匁五分／写代 紙代 仕立代共」で委託している。

このように大惣に委託し、写させた本を以下に列記して置く。題名やその値段が纏まって明らかになるのは珍しいことであり、写本製作の一面も明らかになる。

▽『梅村載筆』「五匁三分／写新 紙共」。

▽文政六年『農家立教』「写新紙共／三匁」。同『鳩巣小説』「写新紙共／五匁八分」。

▽文政七年五月廿日『職方外記 二冊』(元本鈴木〔朖カ〕先生所蔵)「八匁九分一厘／写代。一匁八分／系(罫)引紙 百五枚」。(写代紙共一枚ニ付、約八・五厘)。

▽文政八年十月十五日『蘐園秘稿 一』『景教流行中国碑頌 一』『経史荘嶽音 一』『葬礼略』「合七匁余／紙

共」。

▽文政十年『昔咄 前篇』「墨付三百六十丁 写新／十四匁四分／紙共」（写代紙共一丁ニ付、約一・四厘）。『金府紀校〔較〕』「墨付三百十四丁 写新／十二匁四分六厘／紙共」（写代紙共一丁ニ付、約四厘）。『東照宮御文』「墨付二十一丁 写新／八分四厘／紙共」（写代紙共一丁ニ付、四厘）。『暦年小史』「五十三丁 写新／二匁一分五厘。外に仕立代」（写代紙共一丁ニ付、約四・一厘）。『鈴木〔朖〕先生の文章』「四十四丁 写新／二匁五分／紙共」。（写代紙共一丁ニ付、約五・七厘）。

▽文政十年『長島細布』「写新／三匁八分。仕立代九分」。

▽文政十一年『塩尻 写』「廿九匁九分五厘／墨付五百九十九葉。外七匁三分／紙代 外仕立代」。（写代一葉ニ付、五厘）。『春能詠』「一匁六分八厘／写代」。（金森徳次郎は『塩じり』の筆写本もあった、と記している。前出）

▽文政十二年六月『秋草』「六匁七分／写新 紙共」。

▽天保二年六月『御定書』「写／二匁七分六厘。カミ〔紙〕一匁一分三厘。表シ〔紙〕三分」。『裁許律抜書』「写／八分一厘。紙／三分五厘」。

▽天保三年九月『多度祭礼古図』「写／四匁五分」（大惣取次〔誰ノ取次カハ記載ナシ〕）。

▽天保五年二月『塩尻 新写』「紙数八百十五枚〔　〕／五十五匁〔　〕」。（写代紙共一枚ニ付、約六・七厘）。

このような新写本の製作をする本屋は名古屋では大惣に限られる。大惣には写字生を抱えていることが明らかであり、他の本屋に比べて経営規模は格別であったことがここからも窺える。なおこの外にも、大惣には桐大本箱二十二匁五分とか、『西山遺事 古写本三冊』（六匁五分）の「表紙替代 九分」等もある。

一方、『村上忠順蔵書目録』には天保元年春に、「弐匁 千載和歌集 尾州名古屋大野屋店」の記事がある。

このように見てくると、大惣も多くの本屋・行商本屋・貸本屋と同じように、文房具も含めた営業をしていたことが明らかになった。

現在、大惣の旧蔵書を材料にした研究は数多いが、大きなものを簡潔に紹介しておくことにする。

○『未刊名古屋本小説集』全三冊（『名古屋市文化財双書』第三三・四〇・四四号、一九六三・六六・六八年）は、尾崎久弥氏（明治二十四年～昭和四十七年〈一八九一～一九七二〉）の編著。本稿「四　名古屋の本屋と貸本屋大惣」で紹介した大惣の貸本制作者らの戯作を編集、翻字したものである。尾崎久弥氏には「大惣の大の蔵印なつかしや我が洒落本にこゝらありける」（一九四五年三月詠作再出）もある。

○『貸本屋大惣蔵書印譜』（編集・発行者ナゴヤ藤園堂。一九七〇年三月一日発行。限定八部非売品）。押印十八種を収録。

○唐松健夫氏蔵『大惣蔵書印票』（編集・唐松健夫氏）。後掲「貸本文化」一九八二年十月増刊号「特集・貸本屋大惣」に編集して掲載。原本一枚の押印は二十四種ある。

○『洒落本大成』全三〇冊（中央公論社、一九七八～一九八七年）は、洒落本大成編集委員会編。大惣本も数多く収録されている。

○「貸本文化」一九八二年十月増刊号「特集・貸本屋大惣」は、貸本文化研究会会誌（代表大竹正春氏）。内容は、名古屋の「大惣」資料（長友千代治）／我が家の歴史（江口元三記・服部仁補編）／大惣年代表（江口元三記長友千代治翻字・解説）／「大惣本を求めて――『大野屋惣兵衛蔵書目録』刊行のために――」（柴田光彦）／京都大学「大惣本」購入事情（広庭基介）／東京大学の「大惣本」について（延広真治）／外国の図書館における大惣およびその他の貸本屋旧蔵本（ピーター・コーニッキー）／「貸本屋大惣」見学会記（大竹正春）。

○『大惣蔵書目録と研究 貸本屋大野屋惣兵衛旧蔵書目録』本文篇・索引篇　二冊（青裳堂書店、一九八三年三・八月）は、柴田光彦氏編著。早稲田大学に所蔵する原本の蔵書目録は全十五冊である。

○『貸本屋大惣印譜』（覆印）（瀬戸市西古瀬戸町八　太田正弘、一九八七年八月）。

○「京大『大惣本』購入事情の考察」（『大学図書館研究』第二四号、学術文献普及会、一九八四年五月）は、広庭基介氏の論文である。大惣の売り立て本は京大 東大が購入、東京高師（現在、筑波大学）、帝国図書館（現在、国会図書館）、東洋文庫にもあり、早稲田大学には入っていない（但し、小寺玉晃の写本はある）。また、京都大学に入った本は東京大学に良い本が入った残り本という俗説も訂正した幅広い考察がある。

○『近世人の読書をめぐって』は、昭和六十八年四月十一～二十日、京都大学付属図書館展示ホールで開催された約一〇〇点の展示カタログ。同図書館に所蔵の大惣本約三七〇〇点の目録、第一分冊の刊行記念。

○『京都大学蔵大惣本目録』第一～三分冊（京都大学附属図書館、一九八〇～八九年）は、書名の読み方の他、大惣の分類番号、京大での購入価格等の注記もある。

○「京都大学蔵大惣本稀書集成』全十七冊・別巻一冊（臨川書店、一九九七年終結）は、京都大学文学部国語国文学研究室編。内容は次の通り。浮世草子／談義本・滑稽本／読本Ⅰ・Ⅱ／軍記／実録／雑話Ⅰ・Ⅱ／歌舞伎台帳／歌書／連歌／絵本／写本小説／名古屋戯作／仏書／教訓書／語学／大惣本目録。

大惣旧蔵本全体から選択構成されると一層よかったという意見がある。

終わりに

最後に貸本屋大惣から、学び取れることを纏めてみたい。

一は、書物収集に資力のあったことである。前述のように薬屋、酒屋、質屋、道具屋、古道具屋、楊弓・投扇店、新刊発行等、各種の利潤の上る営業があり、貸本屋経営の資力になっていたと想像され、貸本の蔵書は他の貸本屋のように、転売して新しい貸本を仕入れる必要はなかったと思われる。書物の行商は別部門だったと思われる。

二は、貸本屋としての成長期に、友達仲間に見識のある本の愛好者や読者がいて、親密な交流があったことである。特に初代は仲間として戯作もし、文壇を形成していた。三代には細野要斎のような頼れる漢学者もいて、目録の改訂編集も依頼している。優れた利用者や読者が周辺にいたのが発展の要因である。

三は、多くの利用者に役立つ蔵書が、読物から堅い専門書まで、広く収集されていたことである。前述のように、坪内逍遥や金森徳次郎等、明治昭和期に各方面で日本の指導者となる人達の人格を形成する蔵書があった。

四は、その蔵書は引き継がれて、後代に重要な研究資料になるほど莫大な蔵書であった。

改めて要約すれば、書物に理解のある管理運営者と熱心な利用者がいて、多くの知識人と接触交渉があり、潤沢な予算があり、常に収集に努めていたことが発展の要因であったと言える。

これらのことは、現在の図書館運営にも参考になるであろう。

あとがきに代えて――『浄土宗回向文和訓図会』――

江戸時代における四民の文事や読書事情についてあれこれ調査し、雑誌や講座等に書いたり、また講演資料を起筆したものを、ここに一書として纏めることにした。そのため投げ入れのようで、資料使用にも重複があり、不得要領もあるが、何とか纏めあげたものである。今は江戸時代の四民の漲る学習意欲を資料とともに読み取っていただくことを願うのみである。

さて、書物の末尾には、何故にこのような観点の書籍をまとめるに至ったか、ということが記されるものではあるが、ここにお誂え向きに『浄土宗回向分和訓図会』という短文があった。

本稿は佛教大学在職中、平成八年に、求められて『佛教大学報』四六号コラム「仏典を読む」に書いたものであるが、これを増補改訂してあとがきに代える。

――・――・――

私は近世文学を研究するのに、出版文化や読書史と関係づけ、古典の流布と大衆化の問題、又その遂行者である通俗作者や啓蒙学者、挿絵作者（画工）、さらには彼らと連動して書物製作を統括する出版書肆などを調査対象にしてきたが、それぞれを相互に関連させながら論じることを念頭においてきた。そこには、商業出版による啓蒙教化、教養娯楽、生活教習が顕著であった。

幕末から明治初期にかけて、大阪で活躍した通俗作者の一人に、好華堂野亭《こうかどうやてい》（弘化三年、一八四六。五十九歳没）、挿絵作者（画工）に松川半山《まつかわはんざん》（明治十五年、一八八二。六十五歳没）がいるが、彼らの事蹟は拙著『近世上方作家・書肆研究』（東京堂出版、一九九四年）に纏めている。好華堂野亭は浄瑠璃の添削者、仏教図会もの、幼童向けの啓蒙教化書を数多く著述している。松川半山は風景画・人物画の名手であり、その画業は無量であるが、『西国三十三所名所図会』（嘉永六年、一八五三）や『淀川両岸一覧』（文久元年、一八六一）等信仰や生活を画題にする代表作があり、明治十年文部省編纂の教科書『博物図教授法』では註解と挿図を担当している。二人はこのように、それぞれ独立して著述があるばかりでなく、文と画を分担し提携し合った共同の著述のあることも注目される。

もっとも松川半山よりも先に、好華堂は上方屈指の浮世絵師柳斎重春《りゅうさいしげはる》（嘉永五年、一八五二。五十一歳没）と提携していて、好華堂の読本に重春が挿絵を担当しており、主として大坂の石倉堂河内屋長兵衛から刊行していることも前著で報告している。これに対し、仏教図会ものは宗教心の篤い半山が担当しており、宋栄堂秋田屋太右衛門からの刊行である。江戸時代中期にもなると、個人の才能や特色を生かして提携し合う時代になっているのであるが、勿論その背後には統括者として、作者と画工の才能を組み合わせて相乗効果を上げ、それによる利益を目論む出版書肆の存在があったのである。出版書肆は、それぞれの才能を見抜いて起用、評判を取る組み合わせをしていたと推測される。

『浄土宗回向文和訓図会』は図会ものと言われ、題名通りに『浄土宗回向文』を訓釈し、挿絵を描き、通俗読み物に仕立てたものである。図会ものの最初は秋里籬島（文政末頃〜一八三〇。高齢で没カ）の『都名所図会』（安永九年、一七八〇）で、秋里籬島は畿内や東海道など各地の名所図会の外に、『源平盛衰記図会』『築山庭造伝』『絵引節用集』にも対象を広げている。

籬島の後に出たのが好華堂で、好華堂には佛教に関連する通俗読物も数多いが、その中でも松川半山と提携した『浄土宗回向文和訓図会』『阿弥陀経和訓図会』（以上、天保十五年）、『般若心経和訓図会』（天保十五年／弘化三年）『観音経和訓図会』（嘉永二年、一八四九）の四部作がある。これらは大本の丹表紙で統一され、大阪の秋田屋太右衛門が版行の統括者であった。

『浄土宗回向文和訓図会』初版本は大本三巻三冊。好華堂主人著。松川半山画図。弘化三年（一八四六）の冬、勝尾峯蓮門真阿顕興題（序。自筆版下）、見返しに真阿上人校正とあるが、これは監修者に相当するのであろう。発行書肆の連盟の相違から、次の三版があったことを確認できる。①天保十五年（一八四四）甲辰正月新刻、書肆数が江戸五軒・京都一軒・大坂二軒とある本。②「三都書物問屋」として江戸六軒・京都一軒・名古屋一軒・大坂一軒とある本。③「発行書肆」として江戸七軒・備前二軒・備中一軒・京都一軒・大坂一軒とある本。いずれも統括は大坂心斎橋通安堂寺町の秋田屋太右衛門（田中宋栄堂）である。販路の拡大が見て取れる。

③の広告には、板元秋田屋が「浄土宗回向文絵抄 好華堂主人著 松川半山画図 全二冊」の広告をしており、「浄土宗朝夕勤行の回向文をはじめ発願経、焼香文、懺悔文、三礼九拝の訳を詳しく註解して、功徳無量のことを知らしめ、又絵図を加えて解し易きようにし、元祖上人一枚起請まで記せし浄土宗必用の書也」と記している。「浄土宗回向文絵鈔」の広告には「阿弥陀経　全二冊」「般若心経　全一冊」「観音経早読絵抄　全一冊」が同じように見えるのであるが、いずれについても確認できていない。多分、広告のみで実際は出版されなかったのであろう。

○巻上は「円光太師の略伝」で、「誕生瑞現之事」「勢至丸上京於叡山修学之事」「撰擇集《せんちゃくしゅう》御述作幷大原問答之事」「源空上人流罪幷帰洛御往生之事」よりなる。即ち法然上人の誕生から修学、悟りへ至る伝記である。

半山の挿画は口絵も含めて十一図ある。「上人病床にて女性《にょしょう》に一枚起請《いちまいきしょう》を書与へ給ふ」は半丁全面であるが、他はその二分の一、四分の一もある。

○巻中は「善導大師《ぜんどうだいし》二河白導之譬喩幷大意」「看経《かんきん》之心得幷焼香文」「三宝三礼《さんぽうさんらい》」「十方如来奉請文《にょらいふじょうもん》」「懺悔文《さんげもん》」「発願文《はつがんもん》」「百万遍之起源《おこり》」「利剣名号の文《りけんのみょうごうのもん》」「切回向《きりゑこう》」「四弘誓願文《しぐせいがんもん》」。半山の挿画は九図ある（数え方は同前）。

○巻下は「元祖太子一枚起請略解《りゃくげ》」で、「一枚起請 一名吉水遺誓とも申せり」。半山の挿画は八図ある。（数え方は同前）

即ち、以上の内容を、好華堂が総振仮名付で易しく註解講釈したものに半山が挿画を付けているのである。序文には「よく我が在家有信をして、その法要を暁《さと》り知《しら》しむ」ものである、と推奨している。

浄土門は、智《ちゑ》のある者もない者も、賢い者も愚かな者も、平等に極楽往生させる宗法であり、たとえ学才のある者が、理非善悪を弁えた身であったにしても、愚に還れ、と説かれる。これを根本の原理とする。

巻下に記される「一枚起請文」のことは、法然上人の御遺訓として、佛教大学の学生手帳にも掲載されており、浄土門安心起行の奥義に常に親しむようにしてある。その要諦の結句が次である。

智者《ちしゃ》の振舞《ふるまひ》をせずして唯《ただ》一向《かう》に念仏《ねんぶつ》すべし

この「一枚起請文」は一号館前の中庭に石碑が立ち、大会議室正面には揮毫がある。

好華堂は、「その文短く簡易《やすらか》にて、婦女童子《をんなわらべ》も解《げ》し易き仮名文なりといへども、文意は深長にして、一朝一夕に説き尽し難（い）」ので、在家有信の者に法要を悟らせ、面白く自然に仏道信心に導くために註解したと言っているが、その要点を紹介してみると次のようである。

○「ふるまひ」は「行跡《ふるまひ》」と書く。智恵学才《ちゑがくさい》があれば至極の賢者は知らず、普通《よのつね》の人は学問を鼻にかけ、ちょっとした事も漢語で言い（今ナラ英語ナド外来語ニナロウ）、他人を見下し、俗客《ぞくかく》じゃの愚物《ぐぶつ》のと陰口に謗《そし》り、自然《おのずから》人に誇る心が生じて、智者の行跡をし、人に忌み憎まれる人が間々多い。中には、賢者の語を悪く聞いて、当たらぬことに引き当て、却って人に嗤《わら》われる者もいる。（中略）学問は身嗜《みだしな》みにすることなので、猥《みだり》に口に出して学者めかしてはならない（中略）たとえ博学多才の人でも、念仏門に入った者は、智者の行跡をすべきではない。（下略）

○「一向《いっかう》」は和訓では「ひたすら」と読んで、唯一《ただひと》つに向うことである。観音・薬師・妙見など諸仏菩薩は多いが、あれこれと心を散らさず、ただ阿弥陀如来一仏《いちぶつ》に向かって一心に念仏せよとの御示しである。その例証は『徒然草・九十二段』、弓の達人が的を射るのに乙箭《おとや》を持たず甲箭《こうや》一本を持って射るのが一心を定める工夫である、と説く。心を散らさずひたすらに、助け給へ南無阿弥陀仏と唱えよとある。この段は「一枚起請文」の結句として、特に肝要の御文章なのでよくよく味わうとよいとある。専修念仏のことが分りやすい。

私にしてみれば、好華堂や松川半山を調査しており、縁あって佛教大学に奉職し（但し、私は神道家の末裔である）、聖句に接することになり『浄土宗回向文和訓図会』を紹介したのであるが、教えに学び、潔くありたいと思っている。

本書を纏めるについても多くの方々に色々な形で御教示を忝くした。

パソコンの操作及び保守・維持については、常々田中誠二氏と牧原潤氏の指導を受けた。

尚、編集・製作等については、勉誠出版吉田祐輔氏に多大な御配慮を得た。

各位に深甚の謝意を表します。

初出一覧

第一章「近世初頭の書物と読書瞥見」（新稿）

第二章「近世における出版と読書」

（松塚俊三・八鍬友広編『識字と読書――リテラシーの比較社会史――』昭和堂、二〇一〇年。原題名「日本近世……」の日本を省き、増補訂正）

第三章「近世庶民の学問とは何か」（佛教大学国語国文学会「京都語文」第一四号、二〇〇七年十一月。増補訂正）

第四章「江戸初心者の勉学」（第一節～第十二節は「日本古書通信」二〇〇八年一～十二月。増補訂正。十三は新稿）

第五章「日常生活の中の文事」（新稿）

第六章「江戸美人の読書」（田村俊作編『文読む姿の西東』慶應義塾大学出版会、二〇〇七年。増補訂正）

第七章　「再説・浄瑠璃本の需要と供給」

（「浄瑠璃本――その需要と供給――」『黄金時代浄瑠璃とその後』〈岩波講座、歌舞伎・文楽　第九巻、一九九八年〉に「浄瑠璃本の需要と供給」として載る。その後拙著『近世上方浄瑠璃本出版の研究』〈東京堂出版、一九九九年〉に増補収録したが、さらにそれを読み易く補訂した）

第八章　「食事作法」

（第一節は「師の教え」（『大阪市立大学国語文学会会報』第五九号、二〇一四年二月）を増補訂正。第二節・第三節は新稿）

第九章　「貸本屋略史」

第十章　「名古屋の貸本屋大惣」

（第九章と十章は、第62回（二〇〇八年度）東海地区大学図書館協議会研究集会（二〇〇八年八月八日）講演要旨「貸本屋史上の大物――公共図書館の原点――」が『東海地区大学図書館協議会誌』第五三号に掲載された。題名も内容も大幅に改訂増補して、二章に構成し直した）

索　引

凡　例

・事項、人名、書名、雑誌名、章題名を五十音に配列した。
・『　』は書名、「　」は雑誌名・章題名である。

【あ行】

【か行】

【さ行】

【た行】

【な行】

【は行】

【ま行】

【や行】

【ら行】

【わ行】

著者略歴

長友千代治（ながとも・ちよじ）

昭和11年宮崎市生まれ。35年佐賀大学卒業、45年大阪市立大学大学院博士課程修了。大阪府立図書館司書、愛知県立大学・京都府立大学・佛教大学教授を歴任。著書に、『近世貸本屋の研究』（昭和57年）、『近世上方作家・書肆研究』（平成6年）、『近世上方浄瑠璃本の研究』（平成11年）、『江戸時代の書物と読書』（平成13年。以上東京堂出版）、『江戸時代の図書流通』（思文閣出版、平成14年）など。編書に、『重宝記資料集成』全45巻別巻総索引（臨川書店、平成16～21年）など。

江戸《えど》庶民《しょみん》の読書《どくしょ》と学《まな》び

著者　長友千代治
発行者　池嶋洋次
発行所　勉誠出版㈱
〒101-0051 東京都千代田区神田神保町三-一〇-二
電話　〇三-五二一五-九〇二一㈹

二〇一七年十月十一日　初版発行
二〇一七年十二月二十日　第二刷発行

印刷 製本　中央精版印刷

ISBN978-4-585-22193-7　C3021

江戸時代初期出版年表
天正十九年～明暦四年

出版文化の黎明期、どのような本が刷られ、読まれていたのか。江戸文化を記憶し、今に伝える版本の情報を網羅掲載。広大な江戸出版の様相を知る。

岡雅彦 ほか編・本体二五〇〇〇円（＋税）

元禄・正徳 板元別出版書総覧

元禄九年から正徳五年に流通していた七四〇〇に及ぶ出版物を、四八〇以上の板元ごとに分類し、ジャンル別に網羅掲載。諸分野に有用な基礎資料。

市古夏生 編・本体一五〇〇〇円（＋税）

シーボルト日本書籍コレクション 現存書目録と研究

ラテン語版目録未収載書を含むのべ七九二点にわたる典籍の現存書目録を収載し、当該コレクションの文化史的・書物史的意義を示す十三の論考を収めた基礎文献。

人間文化研究機構国文学研究資料館 編
本体一五〇〇〇円（＋税）

近世・近代初期 書籍研究文献目録

前近代から近代初期における書物・出版に関わる、のべ一四〇〇〇以上の研究文献を網羅的に分類・整理。日本文化史・思想史研究必備の書。

鈴木俊幸 編・本体八〇〇〇円（＋税）

書籍流通史料論 序説

貸本屋や絵草紙屋、小間物屋等の営業文書や蔵書書目・看板・仕入れ印など、書籍流通の実態を伝える諸史料を博捜。書籍文化史の動態を捉える。

鈴木俊幸 著・本体一〇〇〇〇円（＋税）

出版文化のなかの浮世絵

世界の第一線の論者に導かれ、伝存する作品や資料に残る痕跡から、かつて生活とともにあった「浮世絵」という多色刷りの文化遺産を時代の営みのなかに捉え返していく。

鈴木俊幸 編・本体三八〇〇円（＋税）

秋里籬島と近世中後期の上方出版界

上方出版界の大ベストセラー、『都名所図会』。その作者秋里籬島の伝記・著作を多角的に検討し、変動期の上方における文化的状況と文芸形成の動態を明らかにする。

藤川玲満 著・本体八五〇〇円（＋税）

生産・流通・消費の近世史

具体的なモノの移動に着目し、その生産・流通・消費の有様を把握。環境・資源・生態系との対話から産まれた技術や生業の複合性から近世の人々の生活を描き出す。

渡辺尚志 編・本体八〇〇〇円（＋税）

後水尾院の研究
研究篇・資料篇・年譜稿

古典学や有職学の復興を領導した後水尾院の文事を明らかにする論考、未公刊歌集資料四点、年譜稿により後水尾院の総体とその時代の実相を再現する画期的成果。

日下幸男 著・本体二八〇〇〇円（＋税）

中院通勝の研究
年譜稿篇・歌集歌論篇

激動の時代を生きた通勝の営みと時代状況を、年譜稿として集成。また、通勝の歌学歌論を伝える未発表資料を翻刻。堂上歌人中院通勝の総体を捉える画期的成果。

日下幸男 著・本体一二〇〇〇円（＋税）

深草元政『草山集』を読む
近世初期学僧のことばと心

数多くの著作が版行された元政の文学の精髄を集めた詩文集『草山集』の全編を読みやすい読み下し文にして収載。元政そして『草山集』の魅力を伝える解説を附した。

元政庵瑞光寺　川口智康 編・本体四八〇〇円（＋税）

加賀前田家と尊経閣文庫
文化財を守り、伝えた人々

伝統事業の成立過程、前田家の展開と文化活動、文庫伝来の古文書・古記録・系図類を解説。日本文化の根幹を未来へと伝えていく前田家・尊経閣文庫の営みに光を当てる。

菊池紳一 著・本体四八〇〇円（＋税）

浸透する教養
江戸の出版文化という回路

従来、権威とされてきた「教養」は、近世に如何にして庶民層へと「浸透」していったのか。「図像化」「リストアップ」「解説」の三つの軸より、近世文学と文化の価値を捉え直す。

鈴木健一 編・本体七〇〇〇円（＋税）

形成される教養
十七世紀日本の〈知〉

〈知〉が社会の紐帯となり、教養が形成されていく歴史的展開を、室町期からの連続性、学問の復権、メディアの展開、文芸性の胎動という多角的視点から捉える画期的論集。

鈴木健一 編・本体七〇〇〇円（＋税）

テキストとイメージを編む
出版文化の日仏交流

テキストとイメージが協働する挿絵本という「場」を舞台に、「人」「モノ」の織りなす日仏の文化交流を多角的視点より描き出す。

林洋子／クリストフ・マルケ 編・本体四八〇〇円（＋税）

訓蒙図彙
江戸のイラスト辞典

江戸時代に作られたわが国最初の絵入り百科辞典、解説もあらたに復刊！　約八千の語彙と約千五百点の図を収録、日本語・日本文学、風俗史、博物学史の有力資料。

小林祥次郎 編・本体一五〇〇〇円（＋税）

詩歌とイメージ
江戸の版本・一枚摺にみる夢

近世の諸作を、画と文の連関・絵師と俳諧師との関わり・制作に携わった版元や彫師など、多角的な視点から捉え、国文学・美術史の最新の知見を示す。

中野三敏 監修／河野実 編・本体一〇〇〇〇円（＋税）

『誹諧絵文匣』注解抄
江戸座画賛句の謎を解く

実在・架空の著名な人物百四名を題材とする画賛句集『誹諧絵文匣』（享保七年刊）より四十六句を注解。和漢の諸文献、絵手本類などを博捜し、江戸座俳句を読み解く。

加藤定彦 編著・本体八〇〇〇円（＋税）

鍬形蕙斎画 近世職人尽絵詞
江戸の職人と風俗を読み解く

松平定信旧蔵にかかる名品全篇をフルカラーで掲載し、文学・歴史・美術史・民俗学など諸分野の協力による詳細な絵解・注釈・論考を収載。近世文化研究における基礎資料。

大高洋司・大久保純一・小島道裕 編・本体一五〇〇〇円（＋税）

ちりめん本影印集成
日本昔噺輯篇

ちりめん紙に彩られた日本昔噺の世界を全編原色原寸で公開。八ヶ国語、計九十二種を集成した決定版。日本出版文化史・異文化交流史における重要資料。

中野幸一・榎本千賀 編・一〇〇〇〇〇円（＋税）

中国版画史論

様々な分野の書籍の挿絵版画と一枚刷り版画の代表作例に焦点をあて、版画の様式的変遷、技術的進歩、出版事情をはじめ、画家、刻工、版元の活躍等を考究する。

小林宏光 著・本体一二五〇〇〇円（＋税）

日本における中国画題の研究

浮世絵・絵本の中に現れる中国画題を読み解き、図様と典拠を丁寧に比較することにより、日本における中国画題の特徴を明らかにする。

張小鋼 著・本体九〇〇〇円（＋税）

中国書籍史のパースペクティブ
出版・流通への新しいアプローチ

書物をめぐるコミュニケーションを担う人びとの営みを描き出した本邦初公開の必読論文を収載。これからの中国書籍史研究の可能性と展開を示す画期的論集。

永冨青地 編訳・本体六〇〇〇円（＋税）

G・E・モリソンと近代東アジア
東洋学の形成と東洋文庫の蔵書

比類なきコレクション、貴重なパンフレット類を紐解くことから、時代と共にあったG・E・モリソンの行動と思考を明らかにし、東洋文庫の基底に流れる思想を照射する。

公益財団法人 東洋文庫 監修／岡本隆司 編
本体二八〇〇円（＋税）